# 和食ことわざ事典

永山久夫 著

東京堂出版

# まえがき
## ――「ことわざ」の中に伝えられてきた食生活の知恵、そして長寿法

「人生一〇〇年の時代」がやってきた。

日本女性の平均寿命は八七歳で世界トップレベルであり、同じく男性も八一歳の時代である。

一〇〇歳まで長生きする方が、どんどん増えている。定年退職してから、四〇年の時間をどう使うか。答えは、自分で出さなければならないのが、長寿時代である。

人生五〇年の時代は、男と女が、それぞれ仕事をする人、家庭をきりもりして子育てする人の役割を終えるだけで亡くなっていた。

現代はちがう。自分の才能や能力を花開かせて、人生を楽しむ時間が、定年後に四〇年もある。

こんなに老後時間が長いのは、世界中で日本だけだ。

「八〇の手習い、九〇に間に合う」ということわざがあるが、そのような時代になってきたのである。物ごとを始めるのに、遅すぎるということはない。今、何かを学んでおけば、後になって役に立つという意味だ。

まだ三〇歳、四〇歳だからといって油断していると、脳や肉体の老化はあっという間である。

現代ほど医学の発達していなかった時代、人々はどのようにして病気を防ぎ、治していたのか。

体調の変化に対応するための食べかたや、食材の選択法が重要なポイントで、その対処法を伝えているのが、食にまつわる「ことわざ」である。

四季折々の旬食の楽しみ方、酒に関する爆笑ことわざなど、へえーと感心させられることわざもある。

「ことわざ」は、古くは「呪言」と同じであった。「言葉」によって、わざわいを除去し、病気を治す。だから、「言術《ことわざ》」なのである。日本は、「言霊《ことだま》の幸《さきわ》う国」とも呼ばれてきた。言葉に宿る不思議な力によって、幸せになれるという意味。日本の別称で、「人々の知恵の輝く国」という意味だろう。

長い歴史を通りながら、人々の頭の中に記録されてきたことわざ。土地、土地に、古くから口伝えによって残されてきたことわざ。後者のほとんどは、筆者が各地の町や村の古老から、五〇年かけて直接聞き書きしたものである。いずれの場合でも、長年にわたって役に立ってきたものばかりだ。

自分で健康管理を要求される時代である。いうまでもないが、人生は健康の方が楽しい。

「夢の実現に、健康は欠かせない」

一二〇歳の超長寿にチャレンジする夢、作家や画家など芸術家にだってなれる、シニア時代のニュービジネスを立ち上げることだって可能だ。

人生は楽しみがいっぱい。夢を実現するためのキーワードを本書によって、発見して頂ければ幸いです。

和食ことわざ事典■目次

本書に掲げたことわざ等の文言には現代において不適切な表現が含まれているものもあるが、当時の社会意識や認識を反映したものであり、その歴史性を考慮してそのまま収録することにした。

（編集部）

# 第一章　「食」に関することわざ

# 先人に学ぶ食の知恵

この列島国の上で、日本人が生活を開始して以来の未曾有の飽食のなかで、年々だめになっていく食べものに対するセンサー能力の低下には、恐るべきものがある。

人間のからだにとって、何を食べることが最善なのか、それを選択する本能的な直感力をもっともっと鋭くしないと、健康を維持することが困難な時代になっている。

毎日大量にからだのなかに入ってくる防腐剤などの食品添加物、農薬や公害物質などによる汚染など、食べものをめぐる環境は悪くなるばかりである。

からだによい食べものの選択のしかた、食べかたを、いまこそ先祖の知恵に学ぶべきではないだろうか。

「ことわざ」は、生活の実践のなかから生まれたメッセージであるだけに、時代を超越して内容の新鮮さを失わない。

**灰汁《あく》が強《つよ》い**

ワラビやフキノトウなど植物に含まれている苦味などがあく、その苦味が強いこと。転じて、ものの考え方や性格にしつこさやあくどさのある人をいう。しかし、山菜などはほろっとした苦味が、むしろ魅力になっている場合が多い。

**灰汁《あく》が抜《ぬ》けたひと**

いやなくせなどの俗気がなくなって洗練されたひと。または、粋《いき》なひと。

**味《あじ》の好《この》みは十人十色《じゅうにんといろ》**

食べものに対する好みは十人十色でさまざまだ。したがって、味のよしあしをひとと口論したところで始まらないという意。

**味《あじ》は塩《しお》にあり**

料理をうまくもまずくもするのは、塩かげんしだいである。味つけに塩を欠くことはできない。塩を多く用いると素材のもち味が死に、少なすぎるとうまみを引き出すことができない。もっとも、運動不足になりがちな現代人にとって、塩分のとりすぎは血圧の上昇をまねくからご用心。

**味見《あじみ》ずのきらい**

味見もしないできらうこと。食べてみもしないのに、きらいと決めてしまう。つまり、食わずぎらい。転じて、真実を知ろうとしないで、頭からきらうこと。

**味《あじ》をやる**

この場合の「味」は、うまみとかおもしろさという意味。うまいことをする、または、気のきいたことをする、なまいきなことをする、てぎわのよいことをするなどの意。浮世草子の『傾城禁短気《けいせいきんたんき》』に「色里にも名をのこすほどに味をやりて」とある。

**油《あぶら》のきいた口車《くちぐるま》**

油をさしたばかりの車のように、舌がよくまわること。舌を回転させて、しゃべりまくることをいう。

**甘《あま》い粉《こ》にむせる**

思いがけないよいことに出合い、よろこびすぎて失敗すること。麦こがしのように、甘い粉をあわてて食べようとするとかならずむせるものだ。

**甘《あま》い酢《す》ではいかぬ**

相手が相当にずるがしこくて、甘い考え方ではうまくいかない。一筋なわではいかない相手のこと。「甘い酢」は、考えや態度が甘いこと。砂糖を混ぜた酸味の少ない甘口の酢からきたもの。

**甘《あま》いものには蟻《あり》が寄《よ》る**

甘いものにアリが集まってくるように、うまい話や利権のあるところには、かならずひとが近づいてくるものだ。

**いい所《ところ》とって食《く》う所《ところ》なし**

うまいところはとられてしまって、残っているのはかすばかりということ。

**家《いえ》になくてはならぬものは玄関《げんかん》と女房《にょうぼう》**

家にはかならず玄関があるように、妻も絶対に必要である。主婦のいない家ほど殺風景なものはない。男やもめが短命の場合が多いのは、食生活が単調になり栄養がアンバランスになりがちだからである。

**塩噌《えんそ》の世話《せわ》**

「塩噌」は塩とみそのことであるが、〝みそ〟だけをいう場合もある。どちらも食生活の基本となる調味料で、毎日の食事には欠かせない、したがって、食事の世話をすることをいう。日々の暮らしの世話をすることにも使う。日本人は、米や麦、大豆、野菜など植物中心の食事をしてきたが、それらに含まれているカリウムとバランスをとるためにも、塩分は不可欠であった。

**おかずは品数《しなかず》**

副食物を「おかず」というが、「御数」のことで「数々とりそろえる」という偏食のいましめがこめられている。「惣《そう》（総）菜《ざい》」も同じで、「惣」は「すべて」という意味だから、副食物は品数が多いほど健康によいということ。品数が増えるほど、栄養のバランスがよくなるからだ。「おかず」ということばが登場してくるのは、江戸時代になって白米食が普及してからで、白米の栄養的な欠陥を「おかず」の数を増やすことによって、補う必要がでてきたからである。

### 餓鬼《がき》が斎《とき》についたよう

「餓鬼」は、常に飢えと渇きに苦しむ亡者のこと。「斎」は、法事などで参会者に出される食事、または、僧の食事のことである。「斎」は「時」からきている。「餓鬼が斎についたよう」は、がつがつとむさぼり食う様子をいう。

### 柿《かき》の木《き》百《ひゃっ》本《ぽん》持《も》てば百石取《ひゃっこくど》りと同《おな》じ

柿の木から上がる利益が非常に多いことのたとえ。百石取りの武家と同じくらいの収入を得ることも、それほど困難ではなかった。

### 柿《かき》は三月《みつき》の飯米《はんまい》

秋になって米のとれるまでの端境期《はざかいき》となりやすい三か月間ほどを、干し柿などを代用食として食べて飢えをしのぐということ。宝暦年間（一七五一〜六四）、九州の鹿児島藩が徳川幕府の命令によって、木曽川や長良川などの治水工事をおこなうため、領民から重税をとりたてたときに生まれたことわざといわれている。事実、古くは鹿児島藩にかぎらず、屋敷内に柿の木をかならず植えたのは、飢饉対策が第一の目的であった。

### 欠《か》け徳利《とっくり》で出《で》ほうだい

欠け徳利の酒はどっとあふれ出るように、口が軽くてよくしゃべること。口から出まかせ放題にいうことのたとえである。

### 金湯《きんとう》の固《かた》きも粟《ぞく》にあらざれば守《まも》らず

どのように守りのかたい城でも、食糧がなければ守り通せるものではない。「金湯」は「金城湯池《きんじょうとうち》」の略で、金属で築いた城と熱湯をたたえた堀、つまり、非常に守備のかたい城という意味である。籠城する場合、いかにガードの堅固な城でも、兵糧がきれたらおしまいである。

**食《く》い気《け》ばかりで色気《いろけ》なし**
ただ食うことばかり考えていて、色気がまるでないこと。

**食《く》いだめ寝《ね》だめは何《なん》にもならぬ**
前もってふだんより余計に腹に詰めたり、寝たりしておいても、時間がたてば空腹にもなるし眠くもなるから無意味である。生活の規則を守って仕事に精を出せという意味。

**食《く》いに食《く》う**
がつがつとむさぼり食うこと。まわりを気にせず、ただ食いまくること。

**食《く》いものと親《おや》の仇《かたき》は逃《の》がすな**
だいじな機会は逃がすなという意味で、食べものを出されたら遠慮しないで食べるべきだ。

**食《く》いものと念仏《ねんぶつ》はひと口《くち》ずつ**
念仏は皆で口々に唱えるように、食べものが全体に行きわたるほどないときには、全員にわたるように、少しずつ皆で分けあって食べるのがよい。「念仏と食いものはひと口がだいじ」「食うことと念仏は、一口でもよい」も同じ。

**食《く》いものの恨《うら》みはこわい**
食いものに関するうらみはいつまでも残り、なかなか忘れないものだ。人情本の『契情肝粒志《けいせいきもつぶし》』に「なるほど、食いものの意趣《うらみ》は恐ろしいものだ」とある。

**食《く》いものは小勢《こぜい》で食《く》い、仕事《しごと》は大勢《おおぜい》でせよ**
食べものは少人数のほうがたくさん食えるからよいが、仕事は反対だ。大勢でかかったほうが、楽でよい。転じて、利益は少人数で分けてひとり当たりの分け前を増やし、苦労は多人数で分担して苦しみを軽くせよという意味。『千紅万紫《せんこうばんし》』という書物に「財を生ずるに大道あり、食物は小勢で食い、仕事は大勢でせよ」とある。

**食《く》いものもあるのに鉄砲汁《てっぽうじる》**
「鉄砲汁」は「フグ汁」のことで、あたると死ぬところからこの名前となった。いまでもフグ調理師の免許をもった専門家でなければ料理できないほど、フグは猛毒の魚である。フグの毒素が正確に解明されていない江戸時代は、フグ中毒は日常茶飯事だったらしい。

臆病《おくびょう》は葱ばかり食ふ雪の夜

片棒をかつぐゆうべのふぐ仲間

どふだ又死のふかと来る鰒の友

以上の川柳は江戸時代のものであるが、「ふぐは食いたし、命は惜しし」で、こうなるとフグ汁も命がけである。そのスリルがたまらないといえばそれまでであるが、あの万事につけて用心深い俳人・芭蕉までが「あら何《な》ともなやきのふは過《す》ぎてふくと汁」とよんで、ホッとしている。好奇心をおさえきることができずにおそるおそる、フグ汁に箸をつけたのである。

### 食《く》うことは今日食《きょうく》い、言《い》うことは明日言《あすい》え

うまいものは早く食べてしまったほうが得だが、言うことは先にのばしたほうがまちがいがないものだということ。

### 食《く》う膳《ぜん》の勧化《かんげ》

坊さんが堂塔建立などの寄付を一所懸命になって募るのも、しょせんは自分の生活費を集める努力をしていることなのだ。「勧化」とは寺の建立や修復のために寄付を集めること。「鼻の下の建立」「鼻の下食う殿建立」も同じ。

### 食《く》うだけなら犬《いぬ》でも食《く》う

ただ食って生きているというのでは不甲斐ないことだ。それなら、犬でもできる。人間なら価値のある仕事をしなさいということ。

### 食《く》うに倒《たお》れず病《やまい》に倒《たお》れる

通常の食費だけで破産することはないが、医療費のために財産を失うことは多い。なにごとも病気には勝てぬという意味であるが、だからこそふだんの食事の内容が問題になる。食品添加物の多いものや加工食品をさけ、より自然に近い旬の食べものを選択してきちんと食べていれば、めったに病気などするものではない。免疫力を活性化させるのは食べものなのだ。

**空腹生《くうふくなま》あくび、寒《さむ》さ小便《しょうべん》**

空腹になるとあくびが出るし、寒くなると小便をもよおすということ。「寒さ小便、ひだるさ（空腹）あくび」ともいう。

**食《く》うべき折《おり》に食《く》わざるは粮《かて》なきものとなる**

食事はとれるときにとっておかないと、しまいには食えなくなってしまう。すべてチャンスは逃すべきではないという意味。『源平盛衰記』に、「食うべき折に食わざるは、粮なき者となる也、とく急げ急げという」。

**食《く》うものと飲《の》むものは出《で》るがよい**

口から入れたものは排泄しなければ健康によくない。大小便の通じが、健康の維持にとって、重要であることをいったもの。超精白した白米飯や白パン、それにやわらかい食べものが全盛となり、あまりにも消化がよすぎるために、現代の日本には〝便秘人間〟が急増している。便秘はガンをはじめ万病のもとである。通じをよくするために、野菜を食べて食物繊維をとりたい。食物繊維には、腸の環境をよくして宿便を一掃するだけでなく、有益な善玉菌を増やして、コレステロール値を下げるなどの働きもあるのだ。

**食《く》えどもその味《あじ》を知《し》らず**

心がその場になければ、何を食べても、その味はわからない。ものを食べるときには、精神を集中して真味を味わわなければ損である。どのような食べものにも、本来そなわった味があり、それを心をこめて味わうのが食の真髄である。

**口開《くちあ》けて、五臓《ごぞう》の見《み》ゆる蛙《かえる》かな**

カエルの口は大きいので、開くと内臓まで見えてしまう。転じて、口数の多い者は、ひとに見せる必要もない内情までさらけだしてしまうから、つつしまなければならないというたとえ。

**口《くち》が動《うご》けば口《くち》がやむ**

ものを食っている間は、文句を言うほうは止まる。口うるさいひとをいう。

**口食《くちく》うていっぱい**

食べることで精一杯で、生活にぜんぜん余裕がないこと。暮らしにまったくゆとりがない状態をいう。浮世草子の『赤烏帽子《あかえぼうし》 都気質《みやこかたぎ》』に「さりとては、口食うていっぱいな事じゃ」と出ている。

**口《くち》に甘《あま》きは腹《はら》に害《がい》あり**

味がよくて口当たりのよいものは、つい食べすぎてしまうので腹にもたれるから、健康にはよくない。過食は肥満と万病のもとである。また、ご馳走はあきやすいという意味にも使う。

**口《くち》に孝行《こうこう》する**

ご馳走を食べて、舌のきげんをとることをいう。また、美味なる食事をするために苦労すること。

**食《く》わずと頬《ほほ》なで**

何も食べていないのに、いかにも食ったふりをして悠然と頬をなでること。同じようなことわざに「武士は食わねど高楊子」がある。

**食《く》わずに君《きみ》をも思《おも》われぬ**

自分が食うや食わずの生活をしていては、たとえ主君のことでも顧みる余裕はない。「衣食足りて礼節を知る」と同じ。食の確保が、すべての出発点なのだ。

**食《く》わずに死《し》なんで、食《く》い過《す》ぎて死《し》ぬ**

食事の貧しさで命を落とすことはめったにないが、過食が原因で病気になり短命で終わってしまうことは少なくない。食べ過ぎは肥満を呼び寄せ、成人病を引き寄せる。また、大食いはガンの原因になることも知られており、過食はまさに死への近道である。

**食《く》わず貧楽高 枕《ひんらくたかまくら》**

貧しい生活はしていても、心は安らかなこと。清貧に甘んじる豊かな心境をいう。たとえ、あばら家に住んではいても、心は王侯のようにぜいたくだということ。

**食《く》わせておいて、さてといい**
ご馳走をふるまい、義理にも頼みごとを断れない状態にしておいて、さてと要求をきり出すことをいう。「うまいものを食わすひとに油断するな」も同じ。

**食《く》わないものはたまる**
ものは食べれば自然になくなっていくが、食べないでたくわえると長い間には驚くほどたまるものだ。

**食《く》わぬ殺生《せっしょう》**
食料にするわけでもないのに、むやみに生きものを殺すこと。また、いたずらに金を使って、無意味なことをすること。いたずらな罪作り。井原西鶴の『西鶴置土産』に「さてもふびんや、この女郎どもを買捨てにしておくは、食わぬ殺生罪にもなるべし」とある。

**食《く》わん日《ひ》は経《た》たん**
ものを食べなければ、一日も暮らせないこと。

**五月《ごがつ》のかつえ日《び》**
陰暦の五月は、米の収穫はまだまだ先のことであり、イモ類もまだとれないので、ちょうど食糧の端境期に当たるために食べものに苦労する。したがって、前もって食糧の保存には留意せよという意味。「かつえる」は飢えるとか、空腹を感じるという意味である。

**子《こ》持《も》ち二人《ににん》扶持《ぶち》**
乳飲み子を持つ母親は、二人分食べる。または、たくさん食べなければからだがもたない。

**子《こ》持《も》ちの腹《はら》には宿無《やどな》しがいる**
子持ちの母親はいくらでも底なしに食べるものだとういうたとえ。「宿無し」は、居候《いそうろう》のこと。

**昆布《こんぶ》のだしは水《みず》でとれ**
コンブは水にひたすだけで、十分にダシがとれる。コンブのうま味の主成分はグルタミン酸であるが、夏なら一時間、冬なら三時間も水につけておくだけで、とけ出てくるからだ。もちろん加熱すれば、時間を短縮してコンブのうま味をとることができる。鍋にコンブと水を入れて火にかけ、沸騰する寸前にコンブをとり出す。煮たてると、うま味をそこなう成分が出てきて、逆にまずくなるから注意する。たとえば、ぬめりのもとであるアルギン酸が出てきて、どろりとした汁になり、味もしまりがなくなってしまう。

## 「采配《さいはい》」は「菜配《さいはい》」

戦場で隊長が部下を指揮することを「采配をふるう」というが、この「采配」は実は「菜配」に通じている。母親が、家族の健康を考えながらおかずを配るのが「菜配」というとらえ方だ。栄養のバランスがとれていれば健康は維持できるし、病気にもならずにすむ。「菜配」は、もっとも基本的な健康法であり、家族思いのおかあさんの知恵なのである。

## 皿《さら》に桃《もも》を盛《も》る

皿に桃を盛っても、尻のすわりが悪いから、すぐにくずれてしまう。安定性の悪いことをいう。

## 猿《さる》の柿笑《かきわら》い

自分のみにくさを忘れて、ひとを笑うことのたとえ。サルが自分の赤い顔を忘れて、カキの実の赤いことを笑うところからきている。

## 三献《さんこん》のふるまい

農民のいう〝三献〟のことで、「もち」「そば」「白米めし」の三種のご馳走を出すこと。

## 食《じき》には友《とも》を忘《わす》る

食べもののためには、親友のことも忘れてしまう。欲望のためには、恥も外聞もかなぐりすててしまう人間の弱さをいったもの。

## 舌鼓《したつづみ》をうつ

料理があまりにうまいので、思わず舌を鳴らすこと。「山海の珍味に舌鼓を打つ」などと使う。

## 七五三《しちごさん》のご馳走《ちそう》もお茶一杯《ちゃいっぱい》

七五三のようなりっぱなご馳走でも、お茶がまずいとすべてがだめになってしまう。お茶の吟味には細心の注意をはらわなければならない。

**常八月《じょうはちがつ》に常月夜《じょうつきよ》、早稲《わせ》の米《こめ》にどじょう汁《じる》、女房《にょうぼう》十八《じゅうはち》われ二十《はたち》**

こうあればよいという願望をならべたもの。年中気候は八月（陰暦）のようによく、そのうえ毎晩月夜で、早稲のうまい米にドジョウ汁を添えて食べられて、女房の年は十八で自分は二十ときたら、これ以上幸せなことはない。

**食《しょく》あれば法《ほう》あり**

社会のなかで食べていくためには、守らなければならない法やモラルがあるということ。

**食後《しょくご》の一睡《いっすい》は万病丸《まんびょうがん》**

食後のひと眠りは、健康のためにたいへん効果がある。「万病丸」は万病に効くといわれる丸薬のこと。

**食後《しょくご》の湯《ゆ》は三里《さんり》行《い》っても帰《かえ》って飲《の》め**

食後には、どんな無理してでもお茶か湯を飲むものであるというたとえ。食後の白湯《さゆ》は消化を助けるだけでなく、気持ちにゆとりが生まれるので胃の働きもよくなる。

**食《しょく》して語《かた》らず寝《い》ねていわず**

「黙して語らず」のもじり。のらりくらりしているばかりで、役に立つことはなんにもしないこと。

**食前方丈《しょくぜんほうじょう》一飽《いっぽう》にすぎず**

たくさんのご馳走を一丈（約三メートル）四方も並べたところで、その一部分に箸をつけただけで満腹になってしまい、それ以上を食うわけにはいかない。人間がいちどに食べられる量には限界がある。欲もほどほどにしなければ、かえって無駄になってしまう。

**食《しょく》に餅《もち》をきらう**

餅はうまいが常食にはならないこと。餅ばかり食べていると、あきがくる。

**食《しょく》の細《ほそ》い者《もの》は荒仕事《あらしごと》はできない**

食欲のない者に力仕事はできない。食欲がすべての出発点である。

**食《しょく》は命《いのち》の親《おや》**

食べものがなくては生命は存在しない。食べものは、まさに命を育てる親である。しかし、その食も選択をあやまると、命自体をあやうくする。

**食《しょく》は未《ひつじ》の尾《お》と申《さる》の頭《あたま》をせよ**

江戸初期までの一日二食だった時代の夕食の時間をいったもの。「未の刻」は午後の一時から三時まで。「申の刻」は午後三時から五時までだから、だいたい三時ごろに夕食をとるのがよいという意味。『北条氏直時分諺留』に記されている。

**心中《しんじゅう》より饅頭《まんじゅう》**

義理をたてるよりも、食いもののほうがよい。「花よりダンゴ」と同じで、精神的な満足よりも実益のほうがありがたいといっている。

**素口《すぐち》に福楽《ふくらく》なし**

「素口」は口のなかが空っぽの意味で、食べるものがないこと。つまり、食べるものがないほど貧乏していたのでは、福の神もやってこない。

**擂《す》りこ木千回《ぎせんかい》、味千倍《あいせんばい》**

とろろ汁をつくるとき、擂り鉢のなかに汁を加える前に、とろろを擂れば擂るほど味がよくなるということ。これには、ちゃんとした裏付けがある。心をこめて擂れば擂るほど、味がまろやかになるだけでなく、コクが出てきて粘り気が均質になるから、のど越しもなめらかになる。そのうえ、よく擂ると、とろろのなかに含まれている消化酵素（アミラーゼ）の作用も活発になるから、消化率も向上する。「ごろごろ千回、味千倍」という場合もある。

**擂《す》りこ木《ぎ》で芋《いも》を盛《も》る**

太くて丸い擂りこ木棒で、丸くてつるつるすべる里イモを器に盛りつけるのは困難だ。転じて、不可能なことをしようとすることのたとえ。

**擂《す》りこ木《ぎ》で重箱《じゅうばこ》を洗《あら》う**

することが大まかで、気配りがすみずみまで行きとどかないことのたとえ。「楊枝で重箱のすみをほじくる」の反対である。

**擂《す》りこ木《ぎ》のとしは後《あと》へよる**

樹木は歳月がたつほど上に伸びるが、擂りこ木棒は逆に古くなるほど短くなってしまう。

**擂《す》りこ木《ぎ》棒《ぼう》で腹《はら》を切《き》る**

擂りこ木棒で腹を切れるわけがない。不可能なことのたとえ。

**擂《す》りこ木《ぎ》を食《く》わぬ者《もの》はなし**

むかしは、みそは擂ってからみそ汁に用いた。したがって、擂りこ木が擂りへって、その木粉がみそに混じるため、みそ汁を飲むものはみんな擂りこ木も食べることになる。日本人なら身分の上下を問わず、みそ汁を食べない者はいないという意味。日本人はみそ汁民族なのである。

**擂《す》り鉢《ばち》に擂《す》りこ木《ぎ》、まな板《いた》に庖丁《ほうちょう》**

付きものとして決まっていて、不可分のものをいう。擂り鉢に擂りこ木はつきものだし、まな板と庖丁も離せない。

**大食《たいしょく》腹《はら》に満《み》つれば、学問腹《がくもんはら》に入《い》らず**

食べすぎて腹がいっぱいになると、頭のほうが留守になってしまう。

**旅《たび》は食《く》いもの食《く》らいもの**

旅に出て、何よりも楽しいのは各地の珍しい食べものや料理を味わうことだ。「旅は憂《う》いもの辛《つら》いもの」のもじり。歌舞伎の『独道中五十三駅』に「腹がへってちっとも歩かれず、旅は食いもの食らいものとは、よくいったものだなァ」とあるそうである。

**亭主《ていしゅ》と箸《はし》は丈夫《じょうぶ》なのがよい**

弱い亭主と折れやすい箸は実に困る。

**とちめん棒《ぼう》を振《ふ》る**

「橡麺棒《とちめんぼう》」は、トチの実を粉末にして穀粉とねり合わせ、そば切りのような食品をつくるとき、うちのばすために使用する棒。「とち麺」は手早く処理しないと冷えてのびなくなるので、棒をあわてて振りまわすことから、うろたえる意味に使われる。また「とちめく（あわてる）坊」、つまり、あわてるひとから来たという説もあるが、前者のほうが正しい。なお、トチの実は縄文人の準主食であり、稲作文化渡来以前には重要なカロリー源であった。

## ぬかみそ漬《づ》けは〝知恵《ちえ》漬《づ》け〟

ぬかみそ漬けは、知恵のこもった漬けものという意味。米は精白すると、玄米のときよりも味がよくなるだけでなく、消化も向上する。しかし、一方では栄養豊富な玄米の外皮や胚芽の部分が除かれてしまう。米が種子の役目をするためには欠くことのできないのが胚芽。胚芽には、粗タンパク粗脂肪、ビタミン$B_1$、$B_2$、$B_6$、E、パントテン酸、葉酸、そのほか各種のミネラルが含まれており、とくにビタミンB群は他の食べものにくらべてずば抜けて多い。この胚芽やぬかを活用したのが、ぬかみそ漬け。ぬかや胚芽に含まれているビタミンやミネラル類を、ナスやキュウリ、カブなどに吸収させ、そっくり回収して食べる。しかも、ぬかみそ漬けは発酵によって、乳酸菌や酵母酵素群が合成されているから消化もよくなり、総合的には玄米を食べる以上の栄養効果をあげることができる。ぬかみそ漬けは、まさに日本人の「知恵漬け」である。

## 猫舌《ねこじた》の鉄砲食《てっぽうく》い

熱いものがきらいなひとは、よく味わいもせずに飲みこんでしまう。「猫舌」は、熱いものが飲み食いできないひとのことで、ネコが熱い食べものをきらうところからいう。

## 猫舌《ねこじた》の長風呂《ながぶろ》好《ず》き

猫舌のひとは、とかくぬる湯が好きで入浴の時間も長いものだ。猫舌のひとは、単に食べものだけでなく、生理的にも高温になるような環境をきらう傾向が強いという。

**寝越《ねご》しと食《く》いだめはできない**

　いくら後日のためとはいっても、前もって寝ておくことも食いだめをしておくことも不可能である。「寝越し」というのは、後日の分を前もって寝ておくこと。

**猫《ねこ》の魚辞退《うおじたい》**

　本心では、それが欲しいのに表面をつくろって辞退してしまう。当座だけで、長続きしないことのたとえとしていう。同じようなことわざに「猫の魚を食わぬふり」がある。

**猫《ねこ》も茶《ちゃ》を飲《の》む**

　ネコでさえお茶を飲んでひと休みする。午後の三時ごろに休憩してお茶を飲む農家のならわしをいう。ほかに分不相応なことをすること、または、生意気なひとまねのたとえにもいう。

**のどもと過《す》ぎれば熱《あつ》さを忘《わす》れる**

　とび上がるほど熱いものでも、のどから胃に送りこんでしまえば、熱いという感覚は消えてしまって、口に入れたときの苦痛を忘れてしまう。のどもと過ぎれば熱さを忘れるといっても、熱いものを飲みこめば胃の粘膜を傷つけるのはいうまでもない。

　苦しみも一時だけのことで、過ぎてしまえばケロリと忘れるものである。また、苦しいとき、ひとに助けられても、楽になるとその恩を忘れてありがたく思わなくなることのたとえにもいう。

**のどもと過《す》ぎれば鯛《たい》も鰯《いわし》も同《おな》じ**

　うまいまずいは舌の上までのことで、食道を落下させてしまえばみな同じことだ。「のど三寸」と同じ。

**鼻《はな》へ食《く》うと長者《ちょうじゃ》になる**

　燈火もつけずに、暗がりのなかで口と鼻の穴をまちがえそうになりながら食事をするほどの倹約家なら、いずれ金持ちになれる。

**腹《はら》がへったら田《た》を作《つく》れ**

　貧乏して空腹をなげくより、まず働くことだ。

仕事に精を出しているかぎり、空腹で困るようなことはおこらない。

**腹《はら》がへっては戦《いくさ》はできぬ**

空腹のままでは、何をやっても満足な仕事はできない。行動する前に、腹ごしらえをするときにいう。

**腹《はら》がへりまの大根《だいこん》**

ことわざ　➡第四章「野菜」に関する

**腹《はら》つづみを打《う》つ**

腹いっぱい食べたあとで、腹をつづみのように打ち鳴らしてよろこぶ。平和で生活が満ち足りているようす。また、タヌキが満月の夜などに、腹をたいこのように叩いて遊ぶことをいう。タヌキの腹つづみは、古くからの伝説である。

**腹《はら》の雷《かみなり》、雪隠《せっちん》で夕立《ゆうだ》ち**

腹がゴロゴロ鳴っているとき、トイレ（雪隠）に行けば、まず腹下りはまちがいない。

**腹《はら》の皮《かわ》が張《は》れば、目《め》の皮《かわ》がたるむ**

腹のなかがいっぱいになれば、まぶたがたるんで自然に眠くなる。ひとは満腹すると、怠惰になるものだ。

**腹《はら》も身《み》のうち**

胃腸もからだの一部であり、食欲のままむちゃな大食いをしてこわせば、結局、自分が苦しむことになる。暴飲暴食のいましめにいう。洒落本《しゃれぼん》の『南閨雑話《なんけいざつわ》』に「もうよしにしよう。腹も身の内とやら親類とやらだ」とある。

**腹《はら》を日《ひ》に干《ほ》す**

腹のなかを空っぽにすること。飲み食いをひかえることをいう。

**春《はる》の晩飯《ばんめし》あと三里《さんり》**

春の日は長いから、晩めしを食べたあとで、なお三里も歩くことができる。一里は約四キロだから、三里というと約一二キロになる。

## 春《はる》の料理《りょうり》には苦味《にがみ》を盛《も》れ

芽を出したばかりの山菜を食卓に盛れという意味。山菜や若芽には、たいがいかすかな苦味が含まれている。ほとんどの場合、抗酸化成分である。春のやわらかい山菜や野草には、他にもビタミンCやカロテン、ミネラル、酵素などが豊富に含まれており、冬ごもりでたるんだ体細胞や脳細胞をひきしめ、生命力を補強するうえで効果がある。

## 貧乏人《びんぼうにん》の粥《かゆ》はゆるくなる

貧乏するとすべてにけちくさくなり、かゆまで水のやたらに多いものになってしまう。

## 太《ふと》り過《す》ぎのライオンはいない

ライオンばかりでなく、野生の動物はからだの必要以上に食べたりはしないから、その四肢は筋肉質で鋭く引きしまっている。地球上の生物のなかで、楽しみのため、必要以上に食べるのは人間だけで、反自然的な飽食の結果、肥満や糖尿病、動脈硬化などさまざまな〝食い過ぎ病〟で苦しむはめになる。調味料や香辛料をふんだんに使い、必要以上に手を加えて料理をするから、〝太り過ぎのライオン〟になってしまう。ダイコンにはダイコンの、イワシにはイワシのといった具合に、どのような食べものにも、そのもの本来の「素味《もとあじ》」があるはずであり、その持ち味を引き出すのが料理の基本と心得るべきだろう。

## 蛇《へび》が蚊《か》を呑《の》んだよう

ぜんぜん腹にこたえないこと。蛇が蚊の一匹や二匹呑んだところで少しも腹のたしにならないところからいう。ケロリとしている様子。江戸川柳に「酒五升、蛇が蚊を呑んだようなこと」がある。

## 麦《むぎ》わら蛸《たこ》に祭鱧《まつりはも》

ムギの収穫期、つまり初夏のタコと夏祭りのころのハモは、ともに味がのっていてうまい。ハモは関西の代表的な魚で、とくに京都の祇園祭にはなくてはならないものである。

## 目《め》で見《み》て買《か》うな、味見《あじみ》て買《か》え

買いものをするときにはとかく外見で選びがち

であるが、スタイルのよさと味とはかならずしも一致しない。器量のよしあしよりも、味本位に選択すべきである。外観やブランドにつられて割高なものを買うようでは、かしこいショッピングとはいえない。

**ものは言《い》い残《のこ》せ、菜《さい》は食《く》い残《のこ》せ**

思ったことを何でもぺらぺらとしゃべってしまうものではない。おかずも全部食べてしまわないで少し残すのがよい。物事は控えめが大切という教訓。

**やかんで茹《ゆ》でた蛸《たこ》**

やかんで茹でられたタコは、手も足も出せない。にっちもさっちもいかないことをしゃれていう。手のうちようのないことのたとえとして使う。また、家のなかにじっと閉じこもっていること。洒落本の『卯地臭意《うじしゅうい》』に、「このとんちきめは、やかんでゆでたたこじゃァあんめえし、内にばっかり居やあがって」とある。

**焼《や》き栗《ぐり》が芽《め》を出《だ》す**

できるはずのないことのたとえとしていうが、常識的には不可能なことが、まれには実現することにも使う。「枯れ木に花が咲く」と同じである。

**焼《や》き栗《ぐり》と間男《まおとこ》の味《あじ》は忘《わす》れられぬ**

夫のある女が、他の男とひそかに浮気する快感を焼き栗の味のよさにかけていったもの。

**山《やま》に近《ちか》ければ山《やま》を食《く》い、海《うみ》に近《ちか》ければ海《うみ》を食《く》う**

山間部に行ったら山でとれるものを食うべきだし、海辺だったら、もちろん海産物だ。それぞれの土地でとれる材料で料理するのがいちばんうまいし、健康にもよい。

## 「食」に関することば集

### 「食」のいろいろ

**衣食**《いしょく》　衣服と食事。
**遠味**《えんみ》　遠方からとどけられた食べもの。
**海味**《かいみ》　海からとってきた食べもの。
**間食**《かんしょく》　食事と食事のあいだにものを食べること。「おやつ」など。
**玉食**《ぎょくしょく》　味のよい食べもの。
**香羞**《こうしゅう》　香気の高い食べもの。
**時味**《じみ》　旬のもの。季節もの。
**滋味**《じみ》　滋養の多い食べもの。
**重詰**《じゅうづめ》　重箱に詰めた食べもの。
**草具**《そうぐ》　粗末な食べもので、「粗食」のこと。
**精進物**《そうじもの》　肉類を用いない料理。
**駄餉**《だしょう》　旅行にたずさえていく食料。「路料《ろりょう》」とか「程糧《ていりょう》」ともいう。
**断物**《たちもの》　病気などを治すため、神仏に祈願して断った食べもの。
**付焼**《つけやき》　しょう油をつけて焼いた食べもの。
**包飯**《つつみいい》　木の葉などで包んだ飯をいう。
**鼎食**《ていしょく》　美味珍味のごちそう。
**適味**《てきみ》　口に合う食べもの。
**店屋物**《てんやもの》　飲食店からとり寄せた飲食物。
**生物**《なりもの》　田畑でつくられる食べもの。
**盤飧**《ばんそん》　皿に盛った料理。
**火物**《ひのもの》　火熱を加えた食べもの。
**百味**《ひゃくみ》　さまざまな珍しい食べもの。
**豊羞**《ほうしゅう》　豊かな食べものをいう。
**薬餌**《やくじ》　薬になる食べもの。

## 「食事」のいろいろ

生命の維持に必要な栄養をとるため、毎日習慣的にものを食べることが「食事」で、つぎのように多彩な同義語がある。

喫食《きっしょく》、飯食《はんしょく》、めし、したため、したく、えじき、しょく、世事《せいじ》、ごはん、ごぜん、めしあがりもの、まま、まんま、おまんま、おなか。

なお、古くは、うか、うけ、け、けごとなどともいった。

**一箪食一瓢飯**《いったんのしょくいっぴょうのはん》　貧しい暮らしでの食事をいう。

**片食**《かたげ》　一日に一食しかとらないこと。「一食《いちじき》」ともいう。

**こじゅうはん**　朝と昼の間にとる軽食。

**午饌**《ごせん》　昼飯のこと。「午食」とか「午飯」「昼食」「中飯」ともいう。

**三飯**《さんぱん》　朝、昼、晩の三度の食事で、「三食」ともいう。

**宵衣旰食**《しょういかんしょく》　衣服を改めて食事をすること。

**常食**《じょうしょく》　日常的にとっている食事、または食べもの。

**炊金饌玉**《すいきんせんぎょく》　ぜいたくな食事のこと。

**対食**《たいしょく》　さし向かいでする食事のこと。

**茶子**《ちゃのこ》　朝食前にとる簡単な食事。

**ちゃぶる**　お茶漬けを食べること。

**朝飧**《ちょうそん》　朝飯のことで、「朝餉《あさげ》」ともいう。

**斎**《とき》　僧家の食事のこと。「時《とき》」からきている。

**二食**《にじき》　朝餉《あさげ》、夕餉《ゆうげ》のことである。

**陪食**《ばいしょく》　身分の高いひとといっしょに食事すること。

**早御膳**《はやごぜん》　定時よりも早くとる食事。

**晩飯**《ばんめし》　「夕餉《ゆうげ》」のこと。「晩餉」「晩餐」ともいう。

**非時**《ひじ》　午後の食事のこと。

**放飯**《ほうはん》　大めしくらい。

**御食物**《みけつもの》　天皇の御食事で、「供御《くご》」とか「御物《おもの》」ともいう。

## 「食う」のいろいろ

「食う」の同義語にはつぎのような言葉がある。たべる、くらう、やっつける、ぱくつく、まえる、きこす、きこしめす、めしあがる、うけ、うか、はしくだる、はむ、やる、きっす、啖《たん》食《しょく》、餌食《じしょく》、喫食《きっしょく》、下嚥《かえん》、餐食《さんしょく》、咀嚼《そしょう》。

**悪食《あくじき》**　いかもの食い。普通は食べないようなものを口にする。

**快啖《かいたん》**　快く食べること。

**牛飲馬食《ぎゅういんばしょく》**　むやみに飲み食いする。

**金衣玉食《きんいぎょくしょく》**　美しい衣服を着て美食を味わう。

**口祝《くちいわい》**　お祝いにものを食べること。

**健啖《けんたん》**　盛んに食うこと。

**虎餐狼啖《こさんろうたん》**　悪食のことをいう。

**座食《ざしょく》**　働かないで暮らすことで、「いぐい」ともいう。

**滋食《じしょく》**　うまいものを食べること。

**酒饌《しゅせん》**　酒と食べもの。

**食牛之気《しょくぎゅうのき》**　牛をも食べるほどの大きな気性。

**食言《しょくげん》**　言ったことを実行しない。いつわる。

**食傷《しょくしょう》**　食あたり。または食べあきること。

**食色《しょくしょく》**　食欲と性欲。

**食前方丈《しょくぜんほうじょう》**　➡ 第九章「食」に関するおもしろことば

**食田《しょくでん》**　田地からの収入で暮らすこと。

**食封《しょくほう》**　領地、または知行所。

**茹腥《じょせい》**　生ぐさものを食べること。

**食挙《しょっきょ》**　天子が食事をすること。

**たぐる**　めん類を食べること。

**啖膾《たんかい》**　なますを食うこと。

**啖食《たんしょく》**　むさぼり食うこと。

**箸休め《はしやすめ》**　ちょっとしたおかず。

**飯羹《はんこう》**　飯とあつもののこと。ご飯とみそ汁についてもいう。

**飯袋《はんたい》**　めし袋。むだに世を送っているひとをあざける言葉。

**木食《もくじき》**　木の実や若芽ばかり食べて修行すること。

## コラム　和食のツボ ①

# 和食の美は「五色」にあり

和食の料理の美しさは「五色」にある。

和食は色のバランスがとれていて、盛られた料理の色彩が美しいのだ。からだにいい食材は、大体「白、黄、緑、赤、黒」の五色におさまる。健康によい食事は、カラフルなはずだ。和食がそれを証明し、和食ファンは世界中に増えている。食事をするときに、目の前の食事に「五色の料理」が揃っていれば、元気のいい生命を維持するうえで必要となる成分が、ほぼまんべんなくとれるはずだ。

元気で精気のあふれている細胞をつくるのは、生命力が充満している食材、できたら、その季節のもの、つまり旬のものが望ましい。

日本の行事のなかで、もっとも重要なお正月料理の「おせち」にも、五色の色彩が重視されている。

おせち料理を詰めるのは外が黒で、内が朱色の漆器が正式。お重は、春、夏、秋、冬の四季をあらわす四段重ねとする。この四段重ねに、おせち料理を五色のバランスをとりながら詰めていく。

ふだん、自分で料理する場合だったら、食材は「五色」をベースに考えて、食卓の上がカラフルになるように盛りつける。おせち料理がカラフルなのは、単にお正月らしいはなやかな料理を演出するだけではなく、彩りよく食べることによって、栄養のバランスをとり、健康を守りなさい、という先祖さまからのメッセージといってよい。時代が変わっても、おせち料理がつくられ続けているのは、伝統の正しさを現代人が知っているからではないだろうか。

むかしの人の知恵にある「体にいい料理には色がたくさん」を現代に生かすためにはどうすればよいだろう。

まず、食卓に並ぶ料理を「色」でチェックする。つねに「五色の料理」があれば、健康管理に役に立つ。

「五色」のそれぞれの色に該当する食材をあげてみよう。

第一番目は「白」。白は日本人の主食である米である。脳の唯一のエネルギー源となるブドウ糖の供給源として重要。米には、物忘れの防止や記憶力をよくするなどの作用で期待されているレシチンも含まれている。米以外の白色系では、豆腐、とろろイモ、ダイコン、ジャガイモ、白ゴマ、タマネギ、ネギなども注目したい。

第二番目は「黄」。とくに大豆系が注目される。納豆、みそ、きな粉、煮豆、ゆば、凍り豆腐など。他では卵黄、魚卵、チーズ、カレー、サツマイモ、ミカン、カボチャ、レモン、カキなど。このところ脚光を浴びているのが大豆に含まれているイソフラボンで免疫力を強くして、女性の若さを保ち、骨折を防ぐ成分である。

第三番目は「緑」。野菜の緑には、想像以上に強い長寿力が含まれている。草や木の葉を食べている草食獣のほうが、肉食獣よりもはるかに長生きしている。日本の健康な長寿者が多い村で長生きしている方々は、ほとんどが野菜好きで、みそ汁に用いたり、おひたしなどにして常食している。野菜にはビタミンCやカロテン、抗酸化成分などが多く、老化を防ぐうえで役に立っている。

第四番目は「赤」。食材の赤い色素には、老化を防いだり、免疫力や抗酸化力を強化する成分が豊富。三大赤色といってもよいくらいの実力派は、サケ、アズキ、トマト。いずれも細胞の若さを保って老化を防ぐ抗酸化成分が豊富である。サケの赤い色素はアスタキサンチンで、生物の色素であるカロチノイドの一種。脳の老化を防いで認知症を予防するともいわれている。

トマトの色素のリコピンにも抗酸化力があり、ビタミンCやEも多い。アズキには老化を促進させる活性酸素を除去するパワーの強力なアントシアニンが含まれている。頭の回転をよくするビタミン$B_1$や葉酸も含まれている。

第五番目は「黒」。黒ゴマ、ヒジキ、コンブ、ワカメ、モズク、黒豆、ナス、ウナギ、ドジョウ、玄米などで、脳の働きをよくし、細胞の若さを保つ成分が豊富なものがほとんどである。

食用海藻は、どの種類にしても、人間の健康に役立つ成分を豊富に含んでおり、そのひとつがヌルヌルした粘性の強い多糖類のフコイダン。水溶性の食物繊維だ。

フコイダンには、細胞を酸化からガードする抗酸化力に加え、免疫を強化したり、血管中に発生しやすい血栓を防ぐ働きもある。フコイダンには、胃潰瘍の原因となるピロリ菌を減らす効果でも注目されているのだ。フコイダンの多いモズクなどを食べると、免疫力の強化に加えて、ガン細胞を攻撃するＮＫ（ナチュラルキラー）細胞が活性化するといわれている。

モズクはよく水洗いして、水気をさっと切り、酢、しょう油、砂糖を混ぜてつくった合わせ酢のものにすると、さっぱりしていて美味である。

コラム　和食のツボ ②

## 和食の基本は五味、五色、五法

和食が、その長い成り立ちの歴史のなかできわめた、料理法と盛りつけ、食による健康管理の基本は、常に「五味」、「五色」、そして「五法」のなかにある。

「五味」は、人間が感じる味覚の基本は五種類あるというとらえ方で、「辛い味」、「酸っぱい味」、「甘い味」、「塩からい味」、そして「苦い味」のこと。つまり、辛酸甘鹹苦《しんさんかんかんく》である。

養生術の大家である貝原益軒《かいばらえきけん》（一六三〇〜一七一四）は、有名な『養生訓《ようじょうくん》』のなかで、「五味偏勝」という言葉を用いて、ひとつの味を好みにまかせて食べ過ぎはよくないといっている。バランスよく食べろという意味だ。

「五色」は、「白」に「黄」、「緑」、「赤」、そして「黒」と、それぞれの色相をととのえること。

「五法」は、五種類の料理法のことで「生で食べる」、「煮て食べる」、「焼いて食べる」、「蒸して食べる」、そして「揚げて食べる」である。

五色の旬の食材を用いて、五色をととのえ、その食材に合った料理法で仕上げれば、立派な和食が完成する。その料理は健康に役立つのはいうまでもない。

# 第二章　「米」と「めし」に関することわざ

## 「米のめし」を食べることが悲願だった

日本の神事や、正月などの重要な行事は、すべて「米づくし」である。米の酒を飲んで、餅やお赤飯を食べ、白米飯を盛る。これほどコンピューター文明が進んでも、二〇〇〇年来続いてきた、米を中心とした伝統的文化は変わらない。

むかしは、神社やお寺にお参りするときには、洗米を紙に包んだ〝おひねり〟をたずさえていくのが当たり前だった。米は他の食べものとは別格で、神聖な穀物であり、ふだんの食べものではなかった証拠である。だから、お祭りや節日など、ハレの日にだけ白米飯を食べたのである。

ついこの間まで、山村などには「振り米」という風習があった。臨終まぎわのひとの耳元で、竹筒のなかに入れた米粒を振って、その音を聞かせるのである。一生の間、米のめしをろくに食べずに死ぬのではふびんだから、せめて「米の音」だけでも聞かせてやろうという思いやり。もっとも、米には「霊力」が宿っているから、その力で生命力を回復させてほしいという、願望もこめられていた。

米を「霊穀」と書いて「チカラ」と呼んだのも、米のめしを食べると、からだのすみずみまで力がみなぎると信じていたからだろう。

土地によっては、女の大厄であるお産の前後に餅や白米めしを食べさせたのも、厄ばらいするためである。むかしの旅人は、山越えする前には餅を食べて、足腰に力を充満させた。これを「山越え餅」とか「力餅」と呼び、よく峠の茶屋などで売っていたものである。

それほど米は大切なものであり、特別な日にしか口にできない貴重品だった。ハレの日に米のめしを食べるというのは、働き通しで疲労した肉体に、米の〝霊力〟をとりこむことによって、疲れをいやして活力を養い、ひいては長寿を祈ることでもあった。

稲作社会の成立以来、日本人は毎日米を食べることのできる生活を理想とし、その実現を願望してきた。米の常食は、日本民族の二〇〇〇年来の悲願だったのである。

その願いが、終戦によってかなえられた。米は、ようやく生産者のもとに回帰し、だれでも望むだけ食べられるようになった。米食史からみれば「ハレの日」の日常化である。

ところが、高度成長によって生活にゆとりが出てくると、パンと肉類に偏重した食の欧米化に傾斜してしまう。食の洋風化がもたらしたものは、高脂肪と高カロリー、肥満や高血圧など、生活習慣病の急増だった。

行き過ぎれば軌道修正がおこり、もとに戻ろうとする復元作用が働くのは力学的にいっても自然である。それが、最近の和食の見直しであり、米に対する評価の高まりだろう。

米は、日本列島の気候や風土に実によくマッチし、また、狭い耕作地でより多くの収穫量をあげることができるという、理想的な主食である。脂肪や加工食品の量を減らして米食比率を高めること、つまり、「米への回帰」は健康のためにもたいへんによい。

米の量を増やすと、イモや野菜や大豆製品、それに魚を食べる機会が増加し、コレステロールの多い動物性タンパク質や脂肪の摂取量が減ってくる。ガンや動脈硬化といった成人病も少なくなる。

「米作り」と「米のめし」に苦労しながらも、私たちの先祖は、ここに挙げたようなさまざまな知恵のメッセージを残していった。

**朝《あさ》めし前《まえ》**

朝めしを食べる前にもできるようなやさしい仕事。簡単にできることのたとえとして使う。同じようなことわざに、「朝めし前のお茶漬け」がある。空腹時のお茶漬けは、さらさらとたやすく食べられる。物事のきわめて容易なことのたとえ。

**甘酒《あまざけ》になってくる**

考え方や仕事の内容がだんだん甘くなってくること。怠け気分になる。

**甘酒《あまざけ》に酔《よ》ったお多福《たふく》のよう**

お多福（おかめともいう）があま酒に酔ってニコニコしているように、福々しくて愛想のいい様子をいう。

**甘酒《あまざけ》をふるまう**

おだてていい気持にさせる。「あめをなめさせる」ともいう。

**有《あ》るときおごる米《こめ》のめし**

あとで困るとわかっていても、余裕があると、ついつい浪費してしまう。

**一合《いちごう》雑炊《ぞうすい》、二合《にごう》粥《かゆ》、三合飯《さんごうめし》に四合鮨《しごうすし》、五合餅《ごごうもち》ならだれでも食《く》う**

日本人の主食である「米」も、調理や利用の方法によっては、食べる量もかなりちがってくることを表現している。「雑炊」は米の食いのばしのため、水と野菜などをたくさん入れて炊いたもので、米の量はきわめて少ない。「粥」は水だけで米の成分をのばしたもの。むかしは、一食に米を二・五合食べていた。「鮨」にすればうまいから四合くらいは平気だし、「餅」にすると、成分が圧縮されて形が小さく見えるため、ついつい食べ過ぎてしまう。

**一合《いちごう》取《と》っても武士《ぶし》は武士《ぶし》**

たとえどのように小禄《しょうろく》でも、武士であれば、高禄をはむものと同じ武士としてのプライドもあれば本分もある。町人や農民とは身分がちがうのだ。浄瑠璃の『敵討襤褸錦《かたきうちつづれのにしき》』に「一合取っても武士は武士、たがいに心恥合いて」とある。

**一膳《いちぜん》めし**

どんぶりやお椀に盛りきりにしためしのこと。旧軍隊時代の食事も〝一膳めし〟で、アルミの食器に盛りきりにしたところから「金《かね》の茶わんに金のはし、仏さまでもあるまいし、一膳めしとはなさけない」などという替え歌まで生まれた。また「一膳めし」は、神仏へのお供え飯や死者への〝枕飯〟の意味もある。「一膳めし屋」といった場合は、簡単な大衆食堂という意味。

**一膳《いちぜん》めしは縁起《えんぎ》が悪《わる》い**

盛りきり一杯のめしは、葬儀のときに死者に供えるものであり、ふだんはこれを不吉としてきらう。死者に供えるめしを「枕めし」とか「一盛りめし」というが、もともとは、生死の境にある霊魂を、米の力によって呼び戻そうという考えが儀式化されたものである。

**一膳《いちぜん》めしは食《く》うものではない**

盛りきり一杯のめしは、死者に供えるものであり、あまり縁起のよいものではない。「一膳めしはけがをする」とか「一膳めしを食うと化け物に出会う」などのことわざも、その不吉さをいったもの。

**一粒《いちりゅう》に百手《ひゃくしゅ》の功《こう》あたる**

米が一粒生産されるまでには、一〇〇回もの手間がかかっている。米が非常に苦労の末につくられていることをいう。

**いつも飽《あ》かぬ熊野《ゆや》、松風《まつかぜ》の米《こめ》のめし**

米のめしはいつ食べても飽きることのないように、謡曲の「熊野」と「松風」は、聞くたびに感動を新たにする名曲である。

**いつも月夜《つきよ》に米《こめ》のめし**

一年中月夜と米のめしが続けば、世の中は万歳だ。転じて気楽な生活の意味。浮世草子の『世間学者気質』に、「いつも月夜に米のめしとは当然の理屈、誰もそうはありたきものなれど」と出ている。

**稲《いね》は「いのち」の「ね」**

稲は、日本人の「生命」の「もと」という意味。「いね」を分解すると「い」と「ね」になる。「い」は〝息〟とか〝命〟を意味し、「ね」は〝根〟。つまり「稲」は「いのち」の「根」となる。

**うちの米《こめ》のめしより隣《となり》の麦《むぎ》めし**

他人のものは、なにかにつけてうらやましく見えるというたとえ。同じようなことわざは、つぎのように多い。

○うちの飯より、隣の雑炊
○うちの鯛《たい》より、隣の鰯
○うちの鯛より、隣の大根汁
○他人のめしは白い
○よその花は赤い

**おかゆには十《じゅう》の徳《とく》がある**

「おかゆ」を食べると十の徳がある。普通のごはんより水分の多い半流動食が「おかゆ」で、病気などで衰弱したときに食べると体力がつく。からだがあたたまり、胃腸の疲れが治ったり、風邪気がとれたりする。仏教では「おかゆの十徳」として、つぎのように説いている。

第一の徳、血行をよくし、艶やかにする。
第二の徳、気力をすこやかにする。
第三の徳、寿命をたもつ。
第四の徳、身心をやすらかにする。
第五の徳、弁舌をさわやかにする。
第六の徳、消化をよくする。
第七の徳、風邪を除く。
第八の徳、飢えを防ぐ。
第九の徳、渇きを消す。
第十の徳、便通をととのえる。

**同《おな》じ釜《かま》のめしを食《く》った仲《なか》**

寝食をともにした仲。他人同士ではあるが、いっしょに生活して苦楽をともにした親しい仲をいう。

**思《おぼ》し召《め》しより米《こめ》のめし**

口先だけの親切心よりも、ご飯のほうがありがたい。好意だけでは腹はふくれない。「召し」を「めし」にかけたしゃれで、「思し召しより搗《つ》いためし」や「お主様より、お金様」も同じ内容。

**米《こめ》が上《あ》がると家賃《やちん》が下《さ》がる**

米価が高騰すれば、生活が苦しくなって一般的な購買意欲は減退するから、不景気となって家賃が下がってしまう。米中心の経済社会では、そのようなこともあったが、現在では食生活が多様化しており、米価もむかしほどの影響力はない。

**米食《こめく》い虫《むし》**

「ごくつぶし」。軽蔑していう。食べることだけは一人前であるが、他にはなんの役にもたたない人間のこと。一般的には「穀象虫」のことである。

**米食《こめく》った犬《いぬ》が叩《たた》かれずに、糠食《ぬかく》った犬《いぬ》が叩《たた》かれる**

玄米を精白するときに出る種皮と胚芽が混じった粉が糠。糠よりも「白米」のほうが価値があるのはいうまでもない。大きな悪事を犯した者が罪をのがれ、小さな悪事をはたらいた者が罰せられることのたとえ。首謀者がのがれて、末端の関係者が罰せられるのはよくあることである。「雑魚《ざこ》ばかりが網にかかる」も同じ。

**米相場《こめそうば》の迷子《まいご》**

米相場に財産をつぎこんで無一文となり、路頭に迷うひとをあざけっていう言葉。現在でいったら、株式相場で信用取引をおこない大損した者ということになるだろうか。

**米《こめ》つき猿《さる》の糸《いと》が切《き》れたよう**

米つき猿というのは、玩具のひとつで、糸をあやつると、木製の猿が米をつく動作をする。しかし、糸が切れてしまうと動かない。そこから、いくら動かそうと操作しても、びくともしないことをいう。『無駄酸辛甘』という洒落本に「米つき猿のこよりの抜けた様に、らちのあかねえ舟だ」とある。頭をさげっぱなしの様子についてもいう。

**米《こめ》つきばった**（米搗飛蝗）

　ショウリョウバッタのことで、後足をそろえて持つと、からだを上下に動かして米をつくように見える。アクションが似ているところから、ペコペコと頭をさげて、ひとにへつらう者を軽蔑していう。「こめつきばったが礼に来たよう」も同じ。

**「米《こめ》」の字《じ》の祝《いわ》い**

「米」の字を分解すると「八十八」になるところから、八八歳の祝いをいう。つまり「米寿《べいじゅ》の祝い」。

**米《こめ》の不作《ふさく》の年《とし》に普請《ふしん》する**

　米が不作になると、世の中は不景気になって労賃や資材が安くなる。したがって、そのような年に家を建築すると、安くつくから経済的だし、金も残る。

**米《こめ》のめし**

　何回接しても、飽きのこないもののたとえ。米のめしは、毎日食べても飽きないところからきている。味が淡泊で、どのような副食物にもよくあうためで、現在、地球人口のうち、ほぼ半分は米を主食にしている。その比率は、パンを主食にしているひとびとより多い。しかも〝米食人口〟は世界的に増加傾向にある。飽きないだけでなく、味がよく、充足感があって、そのうえヘルシーなため。「女房と米のめしには飽かぬ」という場合もある。

**米《こめ》のめしが天辺《てっぺん》に回《まわ》る**

　ぜいたくな白いご飯の生活に慣れて、すっかり気がゆるんでいる。ぜいたく病にとりつかれて、救いがたくなってしまった状態のたとえ。

**米《こめ》のめしとお天道《てんとう》さまは、どこへ行《い》ってもついて回《まわ》る**

　日本人がこのんで口ずさんできたことわざ。お天道さまはどこへでもついて回るように、どこでも食っていくくらいのことはできるものだ。物事にくよくよしない、楽天的な生き方をいう。「ここばかりに、日は照らぬ」も同じ。

現在なら、このことわざも通用するが、むかしはむしろ「いつも月夜に米のめし」といって、白いご飯を常食することが大衆の願望であった。

### 米《こめ》のめしと女《おんな》は白《しろ》いほどよい

ご飯は白いほど上等で味がよく、女も色が白いほど美しく見える。色白の女性は、顔形に少しくらいの欠点があっても、色の白さがそれをおぎなう。

同じようなことわざに「色の白いは七難かくす」がある。「七難」は仏教用語で、火難、水難、鬼難、盗難など七種の災害のことをいうが、ここでは、多くの欠点という意味。もっとも「色の黒きは味がよい」もあり、外見だけではわからない。「玄米」は色こそ黒いが、栄養のバランスからいったら、白米に数倍まさる。

### 米《こめ》のめしに鯛《たい》の魚《うお》

最上のご馳走をいう。米は穀物の王様であり、鯛は魚の王様。「米のめし」はもちろん「白いおまんま」のことで、むかしは祭日など特別な日でなければ口にはできなかった。

### 米《こめ》のめしに骨《ほね》

せっかくのご馳走に、その味をそこなうものが混じっていることのたとえ。転じて、うわべは親切らしく見えるが、その底に悪意がひそんでいること。「餅の中の籾《もみ》」や「うまいものに砂」も同じ。

### 米《こめ》のめしは仕事《しごと》がはかどる

米のめしは、アワやヒエなどの雑穀めしやかてめし（ダイコンやイモなど増量材の多いご飯で、米の量は少ない）より足腰に力がみなぎるから、仕事の能率も上がる。また、働きのよい者は、よく食べるという意味もある。米は高カロリーなうえに腹もちがよく、充実感も強いから、日本人のように満腹感がないと食事にものたりなさを感じる民族にとっては、理想的な主食であった。しかし、現在ではカロリー源よりも健康によい点が評価され、世界中に〝米食ファン〟を増やしている。

**米《こめ》のめし、まめだか、節供《せっく》のまんま**

「まめだか」は「たっしゃでいたかい？」。「まんま」は「ご飯」。節供に出された白いご飯を見て「米のめしよ、久しぶりだったなア。元気でいたかい？」と語りかけている。むかしは、節供や祭日など特別の日でなければ、白米めしは食べられなかった。

**米《こめ》のめしより思《おぼ》し召《め》し**

おいしい、白い米のめしもありがたいけれども、それをご馳走してくれたひとの気持ちがもっとうれしい。贈り物をするときには、何よりも心づくしが大切である。

**米《こめ》のめしを食《く》うのは簡単《かんたん》だが、麦《むぎ》めしを食《く》うのは難《むずか》しい**

ぜいたくな暮らしに走ることは容易だが、麦めしを食べるような質素な生活を続けるのは難しい。いったんぜいたくの味を覚えてしまうと、質素な生活にはなかなか戻れない。

**米《こめ》は天照大神《あまてらすおおみかみ》の目《め》**

米の尊さをさとすたとえ。米粒の形が眼に似ている。日本人は、米櫃《こめびつ》を氏神さまのごとくたてまつり、その中身を大切にしてきた。米は命の綱だったからである。このため、米を粗末にすると眼がつぶれるといったことわざは、いまでも各地に残っている。

○米をこぼすと火事になる（広島県）
○米を踏むと足がまがる（福島県）
○米粒をもてあそぶと貧乏人になる（秋田県）
○米を踏んでけがをすると治らない（滋賀県）
○一粒の米には三柱の神さまが宿っておられる（新潟県）

**米《こめ》は搗《つ》いて食《く》え、木《き》は割《わ》って焚《た》け**

米は搗いて食べたほうが味がよいし、木は細く割ってから用いたほうがよく燃える。ものを生かすには、その特質を知ることだ。

**米《こめ》は実《み》が入るとうつむくが、人間《にんげん》は実《み》が入るとあお向《む》く**

稲は実れば実るほど頭を下げるが、人間はとかく稲穂の反対になりやすい。金ができたり、地位が上がったりすると、尊大な態度をとるものだ。

## 米櫃《こめびつ》がかわく

米を入れておく箱が米櫃。この米櫃から、毎日必要量の米を小出しにして飯を炊く。したがって、食う米がなくなること。転じて、生活に困ることをいう。

## 米櫃《こめびつ》に蜘蛛《くも》が巣《す》をはる

米櫃が、長いあいだ空っぽになっている。貧乏生活の形容として使う。同じような生活内容を表現したものに『万葉集』のなかの有名な「貧窮問答歌」がある。作者は山上憶良《やまのうえのおくら》で「かまどには火気《けぶり》ふきたてず、甑《こしき》にはくもの巣かきて、飯炊《いいかし》くことも忘れて」というくだり。「甑にはくもの巣かきて」の「甑」は、米を蒸す容器であり、長い間使用していない極貧の状態を歌ったものだ。

## 米櫃《こめびつ》をうるおす

金もうけをする。大きな収入がどかっと入ること。つまり、米櫃も満腹する。

## 米櫃《こめびつ》をかじる

その道で、すこしはめしを食っている。「米」とまではいかないが、その容器の「米櫃」くらいならどうにかという意味で、多少は、その道に通じていること。

## 米《こめ》、まんま、とと

「まんま」は「ご飯」、「とと」は「魚」のこと。米のご飯に魚のおかずで、ぜいたくな生活をいう。反対に貧しい生活は「麦めしにたくあん」。

## 米屋《こめや》と質屋《しちや》は三代続《さんだいつづ》かぬ

どちらも貧乏人をいじめるあこぎな商売なので、その呪詛を受けて家運が傾く。米屋が質屋と同じように、貧しいひとたちの怨みをかっていた時代のことわざ。ほとんどの日本人が中流になってしまったいま、夢物語に過ぎないが「米屋と質屋」を「サラ金」におきかえてみると、がぜん光彩を放ってくる。

**米屋《こめや》は三度目《さんどめ》に変《か》えよ**

最初のうちはよいが、慣れるにしたがって悪い米を売りつけるようになりがちであるから用心したほうがよいということ。

**米《こめ》を数《かぞ》えて炊《た》く**

米を一粒一粒数えたうえで飯を炊く。つまらないことに手数をかけるたとえ。また、いらぬことに、こせこせと気を遣うこと。いくら米が貴重といっても、これでは時間の浪費になって、かえって損をしてしまう。

**米《こめ》を食《く》う虫《むし》**

米なしには一日も送れない人間という生きものをいう。江戸中期の洒落本に「人間をさして裸虫という。また、米を食う虫ともいえり」とある。「米の虫」と呼ぶ場合もある。

**米《こめ》をこぼす**

もったいないことをする。また、惜しいことにたとえていう。

**菜物作《さいものづく》りの米食《こめく》わず**

「菜物」は「おかず」の意味、料理のこと。ひとのために料理をつくるひとが、忙しくてゆっくりご飯を食べるひまもないことをいう。「紺屋の白《しろ》袴《ばかま》」に同じ。

**仕方《しかた》なしの米《こめ》のめし**

ふだんはムギやダイコン、イモなどを混ぜためしを食べているが、それらの増量材も使い果たしたために、不経済とはわかっていても、お祭りか嫁入りのときでもなければ口にできないとっておきの米のめしを食う。損とわかっていても、それ以外にないときにはしかたがないこと。「しょうことなしの米のめし」ともいう。

**上《じょう》馬《ば》米十俵《こめじっぴょう》**

上等な馬の値段は一〇俵分の米に相当する。むかし、農村では米の値段をもとにして物の取り引きをした。一俵は六〇キロだから一〇俵で六〇〇キロ。現在の価格で、米一〇キロを五〇〇〇円（スーパーなどの普通の米の価格）とすると、一〇俵は約三〇万円となる。これが上馬の値段である。

### 食《しょく》に餅《もち》をきらう

➡ 第一章「食」に関することわざ

### 雪隠《せっちん》で米《こめ》を噛《か》む

「雪隠」は「トイレ」のこと。だれにも邪魔されずに、ひとりっきりでゆっくり味わうこと。うまいものを独占するたとえ。

### 千石《せんごく》とれば万石《まんごく》うらやむ

上をみたらきりがない。人間の欲望には際限がないこと。千石取りになれば、つぎは万石の扶持《ふち》がうらやましくなるものだ。

### 千石万石《せんごくまんごく》も米五合《こめごごう》

千石万石の知行をもっていても、食べる米の糧は一日五合が精いっぱいで、ふつうのひとと変わらない。どんなに富をもっていても、食べる量には限界があること。「千石万石もめし一杯」も同じ。

### 千畳万畳《せんじょうまんじょう》ただ一畳《いちじょう》、千石万石一杯《せんごくまんごくいっぱい》のめし

千畳敷き万畳敷きのような広大な屋敷に住んでいても、寝るのに使う空間はたったの一畳にすぎない。また、どんなに高い石高を得ていても、食事をするときにはふつうのひとと同じように一杯ずつしか食うことはできない。必要以上に欲をかいても、なんの役にも立たない。

### 握《にぎ》りめしの竹《たけ》の皮《かわ》

むかしは、握りめしを包むのに竹の皮を用いた。つまり「竹の皮」は「まま（飯）を包む皮」。この「ままの皮」を「儘《まま》の皮」にかけて、どうにでもなれというしゃれになっている。

### 八十八《はちじゅうはち》の升《ます》かき

米寿《べいじゅ》を祝った八十八歳の老人に、米の升かきに竹を切ってもらって使用すると商売が繁昌すると

いわれている。「升かき」というのは、ますに盛った米などの穀類を平らにならすために用いる短い棒のこと。「とかき」ともいう。浮世草子の『世間娘容気』に、「八十八の升かけまできって、畳の上にてめでたう往生せられぬ」とある。

**ひとつ釜《かま》のめしを食《く》う**

同じ釜で炊いためしを食べることによって、親密な連帯感が生まれてくることを指す。日本の祭りごとには、古くから神前で共飲共食をするならわしがあるが、これも、神さまを通して村人の連帯意識を強化するのが目的である。

**米塩《べいえん》の資《し》**

生きるために不可欠な「米」と「塩」を買う金のことをいう。生計をまかなうための費用で、生活費のことである。

**水《みず》がめに落《お》ちためし粒《つぶ》のよう**

水にふやけためし粒のように太っている。水ぶくれのこと。

**娘《むすめ》と糯米《もちごめ》は、年《とし》の暮《く》れに片《かた》づく**

むかしの婚礼は、たいがい農閑期の冬期におこなわれたために、予定のある娘は、だいたい年の暮れまでには嫁に行った。糯米も同じで、年の暮れまでには、正月用の餅として片づいてしまう。

**めし食《く》った後《あと》と損《そん》した後《あと》には長《なが》くいるものではない**

用のすんだところにいつまでも居残っていても、よいことはない。

**めし粒《つぶ》**

「ごはん粒」のことであるが、ぺたりと付いたまま、なかなか離れないものとか、邪魔でわずらわしいもののたとえにも使う。たとえば「古女房は足の裏のめし粒」。愛妻家には無関係であるが、『軽口頓作《かるくちとんさく》』に「老女房は足のうらのめしつぶ」とある。

**めし粒《つぶ》で鯛《たい》を釣《つ》る**

あまり価値のないもの、あるいは、わずかな元手で大きな利益をあげること。豊富な句例と各地の物産をあげた『毛吹草《けふきぐさ》』に「魚一匹で天下をとるは、麦めしで鯉を釣竿や」とある。「えびで鯛をつる」や「麦めしで鯉を釣る」ともいう。

**めしに付《つ》く**

「めし」は、毎日時間を決めてとる食事のことであるが、「仕事」という意味もある。したがって、職にありつくとか、勤めに出るという意味になる。川柳に「道鏡は、しとねの上で、めしにつき」。

**めしの上《うえ》の蠅《はえ》**

めしの上に、うるさく集まってくるハエ。何度追い払っても、しつこく寄り集まってきて、打ち殺すこともできないものをいう。

**めしの食《く》い上《あ》げ**

生活ができなくなる。つまり、生計の道を失うこと。

**めしのこげを食《く》えば、聟入《むこい》りのときに犬《いぬ》に吠《ほ》えられる**

釜の底の「こげめし」は、むかしから犬の餌として与えられてきた。したがって、こげまで人間が平らげてしまえば、犬の食料はなくなってしまうから、犬にうらまれる。

**めしの種《たね》**

食っていくための仕事。生活の手段。『当風辻《いまようつじ》談義《だんぎ》』という書物に「渡世のすぎわいをめしの種」とある。

**めし櫃《びつ》の底《そこ》をはたく**

食う米が払底する。したがって、生活に困ること。財産をすっかりなくしてしまうという意味もある。「めし櫃」は、「めしばち」ともいい、めしを入れる木製の容器。丸形または楕円形でふたがある。

**めし前《まえ》の煙草《たばこ》と、死《し》ぬ前《まえ》の念仏《ねんぶつ》は実《み》にならない**

食事の前に煙草を吸っても、食欲が減退するくらいなもので、むしろ有害。念仏は死後にありがたみがあるように、煙草は食後の一服がうまいものだ。「朝めし前の煙草と、死ぬときの気付薬は、何も効かない」も同じことわざ。

**めしも喉《のど》を通《とお》らない**

心痛のあまり、食欲が極度に減退している状態。

**めしよりも好《す》きなもの**

食事のことさえ忘れてしまうほど好きなもの。三度のめしよりも好き。江戸時代の滑稽本に「めしより好きな岡釣師」とある。

**めしを食《く》ってすぐ横《よこ》になると牛《うし》になる**

行儀の悪さをいましめていうことわざであるが、食後は、むしろゆったりとくつろいだほうが消化もスムーズにいって、胃の調子もよい。『俚言集《りげんしゅう》覧《らん》』に「飯を食ってただちに寝ると牛になるというのは、小児をみちびくためのことわざなり」と出ている。

**めしをこぼすと目《め》がつぶれる**

貴重な米飯を粗末にあつかうことをいましめていう。

**餅《もち》が搗《つ》ける**

正月用の餅が搗き上がった。転じて、正月の仕度が完了すること。

**餅食《もちく》って火《ひ》に当《あ》たる**

焼かない生餅を食べてから、自分の腹を出して火にあぶる。物事の順序が逆なことのたとえ。

**糯米《もちごめ》と年寄《としよ》りは、師走《しわす》に果《は》てる**

年末になると、糯米が底をつくように、むかしは年寄りもそのころに寿命がつきる場合が多かった。強い寒気に耐えられなくなるためだ。

**餅搗《もちつ》きと喧嘩《けんか》は、ひとりではできない**

餅搗きにはこね取りをする手伝いがいるし、喧嘩には相手が必要。どちらもひとりですることはできない。

**餅搗《もちつ》く力《ちから》と、子《こ》を産《う》む力《ちから》は親《おや》はくれない**

餅を搗くときと、子を産むときは自分の力でするしかない。こればかりは親も力を貸してやるわけにはいかない。

**餅《もち》に砂糖《さとう》**

餅が食えることだけでもありがたいのに、さらにぜいたくな砂糖までついている。話がうま過ぎて、ちょっと信じられないことのたとえ。

**餅《もち》の皮《かわ》をむく**

ぜいたくな生活になれて、餅を食べるにも皮をむく。栄華のかぎりをつくすことをいう。

**餅《もち》の中《なか》から屋根《やね》瓦《がわら》**

屋根瓦が、餅のなかから出てくる。ありえないことのたとえ。

**餅《もち》の日《ひ》**

陰暦で月の一五日のこと。「餅《もち》」は「望月《もちづき》」の略で、満月をいう。

**餅《もち》の飯《めし》**

ぼた餅のことをいう。

**餅《もち》は器量《きりょう》が悪《わる》くても、大《おお》きいのがよい**

形は不細工でも、大きい餅のほうが得。ものを選択する場合、外面《そとづら》よりも実質や中身のほうがだいじだということ。

**餅《もち》は乞食《こじき》に焼《や》かせろ、魚《さかな》は殿《との》さまに焼《や》かせろ**

餅は、乞食が早く食べたい一心でたびたび裏返して焼くようにするのがよく、魚はゆったりとかまえた殿さまのように、あわてないでじっくり焼くのがよいというたとえ。

**餅《もち》は粉《こ》でとれ**

搗《つ》きたての餅をのしたり、形にとったりするには、取り粉をじゅうぶん使わないとうまくいかない。物事をなしとげるためには、それにふさわしい方法をとるべきであるという意味。

**餅《もち》は餅屋《もちや》**

　餅は餅屋が搗《つ》いたのが一番うまい。専門のことは、その道の専門家にまかせ、素人はよけいな口出しをしないほうがよい。「餅は餅屋、酒は酒屋」である。

**餅腹《もちばら》三日《みっか》**

「餅腹七日」ともいう。餅は米の成分が濃縮されているから、カロリーが高いだけでなく腹もちがよい。ふつうののし餅一切れで、米飯の一・五～二膳分くらいに相当する。肥満が気になる女性は、食べ過ぎに御用心！

**やかんで米《こめ》をとぐよう**

　やかんのなかで米をとぐのはむずかしい。不便なことのたとえとしていう。

**やり升《ます》、とり升《ます》**

　売るときには小さな升を使い、買うときには大きな升を使う。いずれにしてもよいことではない。あきらかな不正である。

**粒粒辛苦《りゅうりゅうしんく》**

　穀物の実のひと粒ひと粒が、すべて農民の苦労の結晶である。農民の辛苦が、なみたいていではないことのたとえ。転じて、物事を成就するために、こつこつと苦労をつむこと。

## 「米」の変わった呼び名

日本人にとって、米ほど価値があり、しかも利用上の多面性をもった穀物は、他にはない。

米は利用の仕方によって、さまざまな食べものに転身していく。米粒のまま炒れば「いり米」となり、炊けば「めし」となる。めしを握れば「おにぎり」となり、小さなおにぎりに魚介などをのせれば「鮨」となる。海苔で巻けば「のり巻き」だ。めしを水洗いしてから日干しにすれば保存食の「干し飯」となる。米を蒸してから搗けば「餅」になり、その餅をうすく切って干し、火にあぶれば「せんべい」となり、干し餅を砕いて焼けば「あられ」となる。

米の食べ方、加工法の多様性は、それだけ米が日本人にとって重要であり、食生活のなかに深く浸透していた証拠である。したがって、米の呼び方も多い。日本列島に開花した、米文化のシンボルとしての、その呼び名をいくつかあげてみよう。

**秋待草**《あきまつぐさ》　江戸時代の書物に出てくる。稲草のことである。

**一粒万倍**《いちりゅうまんばい》　⬇第九章「食」に関するおもしろことば

**稲種**《いなだね》　『古事記』に用いられている。「米」のこと。

**いね**　「い」は「息」または「命」の「い」であり、「ね」は「根」。〝生命の根〟からきた言葉。

**供米**《くまい》　神仏にお供えする米である。

**ごくさん**　「穀さん」で、もちろん米のことであるが、米は五穀のなかの殿さまという意味。

**ことし米《ごめ》**　今年とれた新米のこと。

**こめ**　「こめ」の由来には次の諸説がある。
①「こ」は「食《く》」の転音で、「め」は「芽」または「実」のこと。「食う実」という意味。
②形が目に似ているところから「小目」という説もある。
③「小さい実」がなまって「コメ」になった。
④もみがらのなかに「こもる」ところから「こめ」と呼ぶようになった。
⑤「こめ」は「好米」である。
⑥天地の精霊が「こも」っている。

**猿《さる》の牙《きば》**　まっ白い精白米をいう。猿の歯がきわめて白いところからきた呼び名。

**しね**　米の古代語で、平安時代中期の漢和辞典である『和名抄《わみょうしょう》』にある。たとえば、「粳《うるち》米」は「うるしね」である。

**シャリ**　「舎利《しゃり》」は梵語《ぼんご》で仏陀の遺骨のこと。「白米」が小さな骨片に似ているところからつけられたもの。米を尊ぶ意味がこめられている。米粒やご飯粒の呼び名。鮨めしをとくに「シャリ」といい、白米めしを俗に「銀シャリ」と呼んだりする。

**ただまい**　「唯米」で「もち米」に対する「うるち米」のこと。

**たなつもの**　水田からとれるもの。稲の種のことで米をいう。

**田《た》の実《み》**　稲の実、つまり「米」のこと。『源氏物語』に「この世のもうけに、秋の田の実を刈りおさめ」とある。

**ちから**　「霊茎《ちくき》」、つまり「霊」のこもった「茎」という意味で、稲の古代語。

**陳米《ちんまい》**　「老米」のことで、古米をいう。

**とうぼし**　「唐法師」で「大唐米」とも呼ばれた古いタイプの稲。玄米の種皮に赤い色素をもっている。悪天候に強いところから、西日本を中心にして中世から近世にかけて普及した赤い米である。

**にぎしね**　「和稲」と書く。もみがらを除き去った米、すなわち玄米。「和稲」に対してもみがら付きのものを「あらしね」と呼んだ。

**はちぼく**　「八木」と書く。「米」の字を分解してシャレて呼んだもの。古い用語で、『吾妻《あずま》鏡《かがみ》』に出ており、平安時代末期にはすでに使用されていた。

**米泉《べいせん》**　酒のこと。酒は原料となる米のなかから、コンコンと泉のように湧き出してくるうまい飲みもの。

**菩薩《ぼさつ》**　仏のつぎの位が菩薩であるが、高僧を尊称していう場合もある。米は大切であり、粗末にしてはいけないということを説くためにつけられたものだろう。井原西鶴の作品のなかに「酒の一滴は、菩薩七十粒より出づる」とある。

**水《みず》かげ草《ぐさ》**　稲のこと。『万葉集』のなかの柿本人麻呂の歌に「天の川、水かげ草の秋風に、なびかふ見れば、時は来にけり」がある。

**よね**　「しね」と同じ。『和名抄』に出てくるが、現在でも宮言葉として残っている。「しね」が「死ね」に通じるところから、これを忌み言葉としてきらい、「し」を「吉《よ》」に変えて「よね」になったもの。

コラム　和食のツボ ③

## 苗代ギャバ

いまは、ほとんどが機械化された田植えであるが、むかしはすべて手植えで、しかも若い女性が主役であった。

稲の苗を水田に植える作業は、米を主食とする日本にとって、もっとも重要で神聖な行事である。稲の苗を「さなえ」といい、植える女性を「さおとめ」、田植えする月を「さつき」、そのころに降る雨を「さみだれ」といった。

「さ」は接頭語で、「田の神」を意味する。「さつき」はいうまでもなく五月で、「さおとめ」は早乙女である。早乙女は、紅のたすきに紺の香もすがすがしい脚絆をつけ、晴着で美しく化粧した。泥田のなかに入るのに、なぜ化粧したのだろうか。田の神さまによろこんでもらうためだ。秋の豊作を約束してもらうための奉仕の役を受けもっていたのである。いってみれば「巫子《みこ》」で、顔を白く塗り、唇に紅をつけて常人と異なる容姿をした。そもそも、化粧は日本の場合、早乙女に起源するという由来説まであるほどなのだ。

早苗は苗代で、大切に育てられた。まず、稲の種もみを藁でつくった小振りの俵に詰めて、数日間、水に浸しておき、発芽をうながす。つまり、もみのなかを発芽玄米状態にする。これを苗代に蒔いて発芽させ、苗まで育てる。これが田植え時の「早苗」である。小俵入りの種もみが使用されるのは三分の二ほどで、残った種もみは、天日に干して乾燥させ、新しい俵に詰めて囲炉裏の上の棚などで保管した。いざというときの非常食となり、焼き米の原料としても大切だったのである。焼き米は古くからつくられており、平安時代の漢和辞書『和名抄《わみょうしょう》』には「熵米」の文字を用いて「やきごめ」とよませている。

そのつくり方は、もみ殻つきのまま蒸して搗《つ》き、平たくして天日に干す。乾燥したら、もみ殻を除くだけで食用になったが、さらに煎ると香ばしくなる。江戸時代、焼き米は街道など各地の宿場名物となった。疲労回復の妙薬として人気があり、旅人は、これをぽりぽりと噛みながら旅行を続けたのである。

宿場によっては、甘く味付けしたものを出して名物となった。とくに、中山道の浦和宿（埼玉県）の焼き米は味がよいので評判となった。

種もみは胚芽がふくらむ程度に発芽させてあり、現在でいったら「発芽玄米」そのものである。古くから、疲労回復の薬餌にされたのは、ビタミン$B_1$の含有量が豊富だったからだ。もちろん、むかしの人たちがビタミン$B_1$の存在など知らなかったのは当然であるが、体験を通して、種もみ米の効果は知られていた。不足すると、怒りっぽくなったり、疲れやすくなる。玄米自体のビタミン$B_1$は、一〇〇グラム中〇・四一ミリグラムで、穀物のなかではトップクラスである。ビタミン$B_1$は、脳のエネルギー源であるブドウ糖を完全燃焼させるためにも欠かせない成分だ。生きている限り体内のいたる所で発生する細胞の酸化、つまり、老化を防ぐビタミンEも玄米一〇〇グラム中に一・三ミリグラムも含まれている。動脈硬化を防ぐ働きでも注目されている、若返りのビタミンだ。その他のビタミンやミネラルなども豊富であるが、発芽玄米で注目されるのは、何といってもギャバだろう。ガンマ・アミノ酪酸の略称である。

種もみが、水に浸けられて、発芽しようとするときに、胚芽の部品に特に多いグルタミン酸がギャバに変化する。最近、このギャバが持つ効用が脚光を浴び、発芽玄米ブームであるが、日本人は太古のむかしから田の神が下された聖なる焼き米を通して、実は「苗代ギャバ」をとってきたのである。つまり、種もみでつくられた「焼き米」は、稲作農耕民族の健康維持サプリメントだった。

ギャバには多彩な健康作用があるが、ひとつがイライラや不安を取り除く抗ストレス作用である。村という狭い地域社会で、ひとづき合いを上手にこなし、夫婦仲良くニコニコ暮らしていくうえで、大切な機能性成分だったのである。

ギャバの働きを自律神経でいうと、リラックス効果の副交感神経を優位にするという効果だ。前頭葉の老化による機能低下を防いで、認知症の予防でも期待されている。血液中の中性脂肪を低下させて、血圧の安定にも役に立つというのだから、「苗代ギャバ」は文句なしの長寿食である。

コラム 和食のツボ ④

## 餅ぶるまい

昔、娯楽の少ない農村地帯では、「餅ぶるまい」といって、年に何回も餅をついては口腹の楽しみにする習慣があった。

このため、「餅に百味あり」とか「餅は百味を生ず」といわれるほど、餅の文化が発達した。「百味」というのは、いろいろな味わい方を楽しむことができるという意味。餅自体が最高のご馳走で、そのまま食べてもおいしいのに、さらに「百味」にするのであるから、食べ過ぎて満腹しているのに、さらにもっともっと食べたくなるほどの魅力があったのである。

一番人気は何といっても「あんころ餅」。搗《つ》きたての餅を一口大にちぎって、小豆あんをからめたもの。その小豆あんを餅で包んで丸く仕上げると大福餅で、現在でも人気がある。きな粉をまぶしたきな粉餅も定番の人気餅だし、甘いゴマだれで和えたゴマ餅も人気。ただ、用心して食べないと、口の周りがまっ黒になってしまう。枝豆を茹でてつぶしてつくったあんをからめたずんだ餅、ダイコンをからめた、からみ餅もある。

街道の峠の茶屋には、名物の「力餅」があって、山越えする旅人たちは、その餅を食べて歩き疲れた足腰に力をつけた。力餅は大きな大福餅で、小豆あんがぎっしり詰まっている。大福餅の部分と小豆あんが、旅人のからだにエネルギーを補強するうえで役に立っていた。

餅の主成分の炭水化物は、体内でブドウ糖に分解され、筋肉はもちろん、脳のエネルギー源にもなる。ブドウ糖がスムーズにエネルギーになるために欠かせないのがビタミン$B_1$で、小豆にたっぷり含まれている。つまり、大福餅はからだと脳のエネルギー源としては、理想的なのだ。もちろん、あんころ餅にも同じような効果がある。

## コラム　和食のツボ⑤

### 新米めしを富士の山ほど

日本を「瑞穂《みずほ》の国」ともいう。「瑞穂」は稲穂のことだから、日本は「米の国」という意味。縄文時代の大むかしから「米」をつくって「米」を食し、「米の力」で長生きし、ユニークな和食文化を形成してきたのが日本人である。

昨日こそ早苗とりしかいつの間に
　稲葉そよぎて秋風ぞ吹く

『古今和歌集』にある、よみ人知らずの作品で、意味は「田植えをしたのは、つい昨日のように思えるのに、いつの間にか、稲葉をさらさらと吹き鳴らす、秋風の季節になってしまった」。

この作品のように、月日のたつのはあっという間である。秋は「新米」の季節。新米というと、稲作農耕民族の血がさわぐ。むかしは、祝いごとでもなければ白米飯を口にすることはできなかった。白米は、そのくらいに貴重品だった。

ただ年に一回、どんぶり鉢に山ほどのまっ白いおまんまを盛り、好きなだけ食べることのできたのが、とり入れ直後に村総出でおこなわれる「秋祭り」のときだった。

米がとれたらよオ
白いおまんま
食えるよオ
富士の山ほどよオ
生みそ添えてねー

大盛りの白いおまんまの上に生みそをのせて、好きなだけ食べるのが、何よりのご馳走という意味になる。

のどが鳴るほどうまいご飯というのは、炊き上がったときに、一粒一粒が立った状態であり、表面に白いつやつやした食欲をそそる白い光沢がある。この炊きたてご飯の甘みに、生みその塩気を含んだアミノ酸の味が実によく合う。生みそには元気な消化酵素や酵母、こうじ菌などがたっぷり。したがって、少々食べ過ぎても、すぐにお腹が軽くなってしまう。

ご飯粒の白い光沢は、主としてオリゴ糖。ご飯の味を左右するほど、重要な甘味の成分である。炊く前の、水に浸しておく段階で米の炭水化物の一部がオリゴ糖に変化する。米をといですぐに加熱した米は、オリゴ糖の生成ができぬままに炊くことになり、甘味の成分も少なく、味もまずくなる。米のオリゴ糖は、腸内のビフィズス菌を増やして、腸の健康を守り、病気に対する免疫力をパワーアップしてくれる成分として注目されている。

炊く前に、米を三時間ほど水に漬けておくと、オリゴ糖ばかりではなく、ギャバも増える。正式名はガンマ・アミノ酪酸。ギャバは人間のからだのなかでは、とくに脳に多く含まれていて、血行をよくしたり、神経伝達をスムーズにする物質として知られている。怒って脳が興奮しすぎたときなど、ギャバにはそれを鎮める働きもあり、ストレス、あるいは逆上したりヒステリックになりやすい現代人にとっては、重要な成分といってよい（コラム　和食のツボ③参照）。日本人の主食である米のすばらしさである。

江戸時代の『本朝食鑑《ほんちょうしょっかん》』に「どんなに高価な薬でも、米にはかなわない」とあり、「米は病気の時には体力をつける薬となり、健康な時でも薬となるので、一日も欠かすことはできない」とも述べている。

## コラム　和食のツボ ⑥

# きなりの味

その食材にしかない特有の味を味わって食事を楽しむのが「きなりの味」。「生成りの味」である。和食文化の最大の特徴だ。白米ご飯の甘さを味わい、刺身の美味に感動する食文化である。

きなりの食材には、食材が本来持っている栄養成分やポリフェノールなどの機能成分、酵素などがそっくり残っている。したがって、味がよいだけではなく、健康効果も高く、食事法としては理想的。米のきなりの味が、水だけで炊いたご飯であり、魚のきなりの味が刺身である。

そのような食べ方をしてきたのが日本人であり、きなり食文化の集大成が「和食」なのだ。日本人の和食が世界の無形文化遺産としてユネスコに登録されたこともあって、ご存知のように世界的に脚光を浴びている。世界中のグルメたちが、和食のテーマである「きなりの味」こそ人類最高の美味であり、何よりも健康によく、そのうえ、不老長寿にも役立つ食べ方であることに気づいたからではないだろうか。

和食のなかでもっとも人気が高いのが握り鮨だ。米のきなりの味のご飯と魚のきなりの味が合体した傑作だ。

日本人は世界でもトップクラスという長寿記録を樹立することによって、「和食」の健康長寿効果を立証してみせたのである。

# 第三章　「大豆」に関することわざ

# 大豆は、日本人の〝健康ビタミン〟

## 日本人のすぐれた長寿力と和食

日本は、いまや世界でもトップレベルのエレクトロニクス産業国家である。

「大豆」を上手に加工して食べる〝伝統的な技術力〟と、大豆に含まれている〝栄養成分〟の歴史的な蓄積が、日本人の頭脳開発に大きな役割を果たしてきたのはまちがいないだろう。

大豆には、米がつきものだ。

「米と大豆」――。これが、日本列島の〝土産土法〟によって形成された、和食の土台である。

その和食もいまやユネスコ無形文化遺産となった。「土産土法」というのは、その土地で生産されたものを、土地に古くから伝わる料理法や加工法によって、食べるという意味だ。もちろん、米と大豆に、野菜や魚介が組み合わされていくのはいうまでもない。

日本人は、先端技術の開発に成功しただけでなく、世界トップクラスの長寿民族ともなった。女性の平均寿命は、八七歳である。男性は八一歳。

## 大豆がいちばん

「マメに暮らす」――。

日本人の好きな言葉だ。元気いっぱいで働き、快活に生活することである。もちろん、「元気いっぱい」のうらづけとして、大豆の多角的な利用があった。大豆は、日本民族の長寿とバイタリティの源だったのである。

事実、日本人ほど大豆をじょうずに食生活に生かして、健康の管理や病気の予防に役立ててきた民族はいない。われわれの先祖は、「豆」に「魔滅《まめ》」とか「万米《まめ》」の文字を当てて使っていた。前者は「魔」を「滅する」。「魔」は、人間の生活や生命をおびやかすものである。「大豆《まめ》」には、〝病気〟や〝わざわい〟など、もろもろの不幸をはねかえす力が秘められているという意味だろう。節分の夜、「鬼は外」といって、鬼に投げつける「まめ」も、「魔滅」からきている。

では、豆に「万米」の文字を使った先祖は、われわれ子孫に何を伝えようとしたのか。「大豆」には、「万粒の米」に匹敵するほどの実力があるということではないだろうか。

いまから一〇〇〇年ほど前の、平安時代の中期にできた、わが国最古の医術書である『医心方《いしんぼう》』も、「蒸したり煮たりして食べれば、栄養は米にまさる」と、その滋養効果のすばらしさを記している。この表現は大豆の栄養効果をちょっとオーバーに表現したものであるが、そのくらい重要であった。

大豆とペアで、和食の基礎を形成している「米」は、カロリー効率からいったら最高の主食である。しかし、その価値を一〇〇パーセント引き出すためには、大豆が不可欠なのだ。

米には、必須アミノ酸の一部が不足しているが、大豆には豊富に含まれているため、ご飯に大豆食品を組み合わせると、米の栄養価値はたいへん高くなる。ご飯にみそ汁を添えるのは、大豆のアミノ酸を補給することが、目的のひとつなのである。

もっとも、大豆にも弱点があって、含硫アミノ酸が若干不足している。ところが、このアミノ酸は米にたっぷり含まれているから、心配はいらない。

「米」と「大豆」は、「和食」の完成度を高めるための宿命的な〝兄弟〟なのだ。

## 日本人は〝大豆ハイテク民族〟

大豆は、人類が現在入手できる穀物のなかでは、タンパク質など栄養の生産効率が最高といってよいだろう。三五パーセント強というタンパク質含有量の豊富さは、動物性タンパク質の肉などと比べ、大豆をはるかに魅力的な食材にしている。しかも、動物性タンパク質とちがって、コレステロールの心配がないから、健康にもよい。

日本人は、この大豆の成分をフルに活用するため、さまざまに工夫をこらしてきた。焼いたり、煮たり、蒸したり、叩いたり、しぼったり、発酵させたりと、あらゆる方法で大豆の石ころのように固い組織に挑戦し、消化しやすく食べやすく、しかも、栄養成分を増幅し、よりうまい味につくりかえてきた。

次ページの図を見てもわかるように、日本の大豆加工食品の種類は実に多い。世界一である。納豆や各種の醤《ひしお》類、きな粉、もやし、豆腐、湯葉、凍り豆腐、油揚げ、がんもどき、豆乳、しょう油、打ち豆、そして、民族の〝ビタミン〟ともいうべき「みそ」などである。

ひとつの原料から、これほど多くの加工食品を開発するのは並大抵ではない。しかし、日本人は、その困難にあえてチャレンジする。そして、成功する。

なぜ、こんなに多種多様な食品をつくる必要があったのかというと、国土が狭いから耕地面積が少ないうえに人口が多く、原料生産の絶対量が少なかったためだ。

ロスを出すことは許されない。資源効率の増幅を至上命令として、自分に課さなければ健康な生活を維持することは困難だったのである。その典型が「納豆」だろう。納豆に含まれているビタミン$B_2$を例にとれば、煮豆のときよりも五倍以上も増える。アミノ酸も増えるし、各種の酵素も納豆菌が生産する

日本人の知恵
呉汁
たまり
もろみ
じんたあん
黄粉
もやし
豆腐
醤油
干し納豆
鉛山みそ
大徳寺納豆
六条
納豆
ジンタみそ
がんもどき
凍豆腐
五斗納豆
油揚げ
とそ(納豆みそ)
味噌
うち豆
湯葉
豆乳
ひきわり納豆
大豆のふしぎな力

から、いっしょに食べたものの消化まで助けるという点でも、食事全体の資源的栄養効率が高くなる。

大豆加工食品の多彩さのもうひとつの理由は、大豆に対する土地の嗜好性が異なるためで、その結果として、加工法もちがってくる。

## ことわざが教える大豆健康法

肉の食べ過ぎによって、さまざまな病気に悩まされているアメリカでは、豆腐をはじめ、豆乳やみそ、きな粉、もやし、しょう油といった大豆製品を、食生活のなかにとり入れようと努力している。

大豆には、豊富なタンパク質やイソフラボンやレシチンといった機能性成分、ビタミン、ミネラル、食物繊維など全身の生理機能を活性化し、生命活動をなめらかにする成分がまんべんなく含まれているから、食べ続けていると基礎体力が強化され、弾力性に富んだ健康体が得られる。健康や美容、長寿に結びつくだけでなく、脳の機能も向上する。そういう点で、動物性タンパク質の過食の弊害に苦しむアメリカ人が、大豆に着目したことはすばらしいことである。世界一高齢社会の進むなかで、日本民族の若さや活力を失わないためにも、もっともっと大豆に目を向ける必要があるだろう。

戦後、肉食比率が高まる過程で、日本人は伝統的な大豆加工食品の重要性を見失っていたのは否定できない。しかし、これからは「大豆」の評価が高くなる時代になるだろう。

どのような大豆の利用の仕方をすれば、健康や美容、物忘れ防止、そして長寿に結びつくか。みそや納豆や豆腐などと共に、古くから伝えられてきた「ことわざ」が、それを教えてくれる。日本人の知恵のメッセージである。

# 「豆腐」を食べる知恵

## 豆乳《とうにゅう》は血圧《けつあつ》を正常《せいじょう》に保《たも》つ

豆乳には、血圧を正常に保つうえで役に立つ成分が豊富に含まれている。塩分を排出するカリウムが多いし、血管のしなやかさを保つ良質のタンパク質も豊富だ。そのうえ、サポニンやレシチンがコレステロールを中和する。タンパク質の豊富な植物性食品だから、肉料理に多い脂肪などのマイナス要因をおさえ、血圧を下げるのにきわめて効果的だ。

また、豆乳にはからだの余分の脂肪をとかし出す成分も多いから、肥満の予防にもなる。

## 豆乳《とうにゅう》は腸《ちょう》の目付役《めつけやく》

「目付」というのは、武士の不正を監視する役人で、現在でいったら警官みたいなもの。豆乳は、豆腐の原料でニガリなどの凝固剤で固める前の乳状の液体。

豆乳はたいへん消化のよい大豆加工食品であるが、注目したいのは腸内の乳酸菌を増やす働きをしていること。乳酸菌は、インドールやスカトールといった毒性の強いガスを発生させる腐敗菌や有害菌などの腸内細菌をおさえ、腸の内部を健康に保つという重要な役割を果たしている有用菌だ。最近、ガンの予防で注目されているビフィズス菌も、乳酸菌の仲間である。「豆乳」は、腸のなかの悪玉菌をとりしまる乳酸菌を増やすヘルシー・ドリンクなのだ。

## 豆乳《とうにゅう》は長生《ながい》きの飲《の》み薬《ぐすり》

豆乳は長生きするための〝飲み薬〟であるとい

う意味。鎌倉や室町時代の禅僧のなかには驚くほど長生きしているひとが多いが、調べてみるとたいがいみそや納豆などの大豆製品を毎日欠かさずとっている。

大豆にはアミノ酸バランスのよいタンパク質をはじめ、イソフラボン、レシチン、サポニン類、それにカルシウムやカリウム、鉄、銅、マンガンといったミネラル類、ビタミンB群、ビタミンEなどの成分が豊富に含まれている。とくに、ビタミンEやレシチン、サポニンなどが悪玉コレステロールを洗い流し、体細胞の機能を高めて若さを持続させる作用をしているから、毎日、大豆加工食品の豆乳を適量飲むことが老化を予防することにつながっていく。

## 豆乳《とうにゅう》は豆《まめ》でできたビタミン剤《ざい》

豆乳には、大豆がもっている豊富なビタミン類がそっくり含まれている。ビタミン$B_1$、$B_2$、パントテン酸、葉酸などの水溶性ビタミンBグループと脂溶性ビタミンのEなどだ。ビタミンB群は脂肪分や糖質の代謝をスムーズに進め、また粘膜の保護や肝臓の機能を高めるなど重要な働きをしている。ビタミンEは成人病や老化を防ぐだけでなく、大気汚染や病気の感染予防に役立っている。

ただし、その含有量は、水で大豆の成分が稀釈されているので、それほど多くはない。豆乳中のビタミンを効率的にとるためには、毎日、適量を飲用することが大切である。

## 豆腐《とうふ》で歯《は》を痛《いた》める

起こるはずのないことのたとえ。いくらなんでも、豆腐のようにやわらかいものを食べて歯を痛めるはずはない。

## 豆腐《とうふ》と浮世《うきよ》は、やわらかでなければゆかず

「豆腐」も「浮世」も、やわらかさがなければ、うま味は出ない。世の中を渡っていくには、柔軟さも必要である。「豆腐」は、さまざまなことを教えてくれる食べものである。

江戸時代初期に、明《みん》（中国）から隠元豆《いんげんまめ》をもたらした黄檗宗《おうばくしゅう》の開祖である隠元禅師は、

世の中は豆で四角でやわらかで

　また老若に憎まれもせず

という〝豆腐礼讃〟の歌を残したと伝えられているが、豆腐の柔軟性にたとえて、円満な処世の仕方を教えたものだろう。

### 豆腐《とうふ》と芸者《げいしゃ》は、かたくては売《う》れぬ

　豆腐と芸者は、かたすぎると売れ行きが悪くなる。芸者にはほどよい色気が必要で、志操堅固では成り立たない。

### 豆腐《とうふ》に鎹《かすがい》

　豆腐のようにやわらかいものに鎹を打ってもなんの効果もない。「糠《ぬか》に釘」と同じ。手ごたえがなく、効きめがないことのたとえ。『仮名文章娘節用』に「意見はしても糠にくぎ、豆腐にかすがい、きかぬがままよ」と出てくる。

### 豆腐《とうふ》に耳《みみ》あり

　油断は禁物、どこでだれが聞き耳をたてているかもわからない。「みみ」には「耳」のほかにも、「物の端」の意味がある。豆腐の「みみ」に「耳」をかけたことわざ。

### 豆腐《とうふ》の角《かど》に頭《あたま》をぶっつけて死《し》ね

　容易なことができなかったり、簡単なことに失敗した者などをののしっていう憎まれ文句。「豆腐に頭を打ちつけて死ね」ともいう。

### 豆腐《とうふ》の煮《に》えたも知《し》らぬ奴《やつ》

　煮えやすい豆腐が、いつ煮えたか判断できないような間抜けな人間のことをいう。そうはいっても、豆腐の煮方はなかなかむずかしい。煮すぎると、スがたってまずくなるからだ。たとえば、湯豆腐の場合なら、動き出して浮き上がるまでが、うまく味わうタイミングである。「たかが豆腐、生でも食える」では、美味の本質を味わう資格はない。

### 豆腐《とうふ》のようなからだ

　ふらふらしていて頼り気のないからだ。病弱でひ弱なことをいう。

### 豆腐《とうふ》は売《う》れずに粕売《かすう》れる

　肝心なことはさっぱり駄目なのに、どうでもよいようなことがどんどん進んでしまうことのたとえ。

### 豆腐《とうふ》も煮《に》ればしまる

　ふわふわとまるで頼り気のない豆腐でも、煮ればしまるものだ。だらしない人間でも、苦労すればしっかり者になるというたとえ。

### 豆腐《とうふ》を食《た》べると肌《はだ》が美《うつく》しくなる

　豆腐の好きな女性には、肌のツヤツヤした美人が多い。肌を美しくするには、なんといってもバランスのとれた栄養をとることが第一の条件。いくら目鼻立ちがよくても、その肌がどんよりしていて精彩がなかったら、たちまち興ざめしてしまうだろう。

　栄養素のなかでも、美肌にとくに関係の深いのがタンパク質だ。皮膚はタンパク質を中心にできていて、常に古い皮膚と新しい皮膚が入れかわっている。したがって、常時皮膚の原料を供給しなければ、肌は弾力性を失い、萎縮したり、しわをつくったりする。それを防ぐのに理想的なのが、高タンパク食品の豆腐。豆腐はまた、美しい肌を保つうえでかかわりあいの深いビタミン$B_2$、ナイアシン、Eも多く含んでいる。

### 豆腐《とうふ》を踏《ふ》まえて、のれん押《お》しするような

　「のれんに腕押し」と同じ。力いっぱい押しても、すこしも手ごたえがないこと。ひとり相撲をとっているひとに向かっていうことわざ。

### 隣家《りんか》が一里《いちり》で豆腐屋《とうふや》が三里《さんり》

　隣といっても一里（約四キロ）も歩かなければないし、豆腐屋にいたっては三里もへだてている。人里に遠い、不便な土地のことをいう。

　「ほととぎす自由自在にきく里は、酒屋へ三里豆腐屋へ二里」という江戸時代の狂歌もある。

　この作品のように、ホトトギスの鳴き声がきこえるような田舎へ行っても、酒屋より近くに豆腐屋があったのである。

コラム　和食のツボ⑦

## がんもどきの知恵

豆腐の加工食品に「がんもどき」がある。

「がん」は雁で、カモに似た大型の渡り鳥で古くから食用にされ美味。

江戸時代、将軍家ではお正月の祝い膳には必ず「ガンの叩き肉」が出された。この料理は味に定評があったが、下々の庶民は、なかなか口にすることはできない。

そこで、豆腐をこねて形状を似せ、代用品をつくるようになったといわれている。

まず、布に豆腐をとって、水をしぼり、つなぎに山イモかクズ粉を入れ、そこへささがきゴボウ、ニンジン、シイタケ、ギンナン、ゴマ、麻の実などを混ぜ合わせ、一定の大きさに整えてから油で揚げる。

これが、がんもどき。「もどき」はイミテーションの意味だから似せてつくること。つまり、「雁の味もどき」だったのが、「雁もどき」になったというもの。

肉食を禁じられていた僧侶たちが、豆腐を主原料に、雁の味に見立てて考案した精進料理の一種という説もある。上方では「飛竜頭《ひりょうず》」と呼ぶが、ポルトガル語の「揚げ物」の意味するヒロスからきているようで、油で揚げるという点では、どちらも同じである。

大豆タンパクを中心とした健康食品で、網焼きにしてから、四つ割りにし、大根おろしとしょう油で食べると美味。

アミノ酸バランスのよいタンパク質と食物繊維、骨を丈夫にするカルシウムがたっぷり含まれている。

# 「みそ」を食べる知恵

**医者《いしゃ》とみそは古《ふる》いほどよい**

　年数を積んだ医者ほど経験が豊かだから腕がしっかりしているし、みそも時間のたったもののほうが、じっくり熟成しているから風味がよい。

**イライラしたときには若芽《わかめ》のみそ汁《しる》**　➡第七章「医食同源」に関することわざ

**牛《うし》の子《こ》にみそ**

　むかしは牛の子が生まれると、その皮膚にみそを塗って母牛になめさせた。その風習からきたことわざで、好物のたとえ。

**塩噌《えんそ》の世話《せわ》**　➡第一章「食」に関することわざ

**親《おや》の腐《くさ》ったのと、みその腐《くさ》ったのはなおしようがない**

　親が常に正しいものとはかぎらない。子が親の性癖をなおすことのむずかしさをいったもの。みそは、仕込みをまちがえると悪臭がわいたり、腐敗したりする。「親とみその悪いのはしまつにおえぬ」も同じ。

**火事《かじ》になったらみそを塗《ぬ》れ**

　火事になったら土蔵の扉や窓のすきまにみそを塗れという意味で、こうしておけば火炎の侵入を防ぐことができる。江戸時代のことわざ。家屋の密集している江戸の町には、年中行事のように火事があった。風向き次第では、家や蔵が全焼してしまう。そこで火事になると、まず土蔵の扉のすきまに泥土を塗って類焼を防いだが、泥土がまにあわないようなときには、みそを用いたわけである。

**着物質《きものしち》に入《い》れてもみそは煮《に》ておけ**

どんなに生活が苦しくても、みそだけは仕込んでおけという意味で、長い冬の保存食、または飢饉への対策としてもみそだけは欠かせなかった。みそさえ確保してあれば、凶作などで穀物が切れても、野草だけで生きのびることはできる。

**口《くち》みそをつける** ➡ 第八章「医」と「健康」に関することわざ

**五割《ごわり》の金《かね》を借《か》りても、みそを作《つく》れ**

みその重要さのたとえ。むかしは、みそは調味料だけでなく、薬餌やタンパク質の供給源としても不可欠だった。また、高利の金を借りてでも自家製造したほうが、売りみそを買うよりは得であるという意味もある。堅実な生活のたとえ。

**三年《さんねん》みそに四年大根《よねんだいこん》**

みその味は三年ねかしたものが最高で、それを過ぎると甘みがうすれて渋味が出てくる。また、ダイコンのみそ漬けは四年ものが最上である。それぞれもっとも美味な適期を教えたもの。ただし、みそ中に繁殖している酵母や乳酸菌など微生物の活性力は、一年目くらいで最高になるから、生菌効果を利用するのだったら三年間もねかせておいては効果が減少してしまう。仕込んでから一年半くらいで食べきるようにしたほうがよい。

**手前《てまえ》みそ**

本来は〝自家製のみそ〟のことであるが、転じて、自分自身を自慢すること。むかしは、一家の主婦が毎年丹精してみそをつくった。その馴れた自家製みそが自分の口にもっともあうところから、家族たちが「うちのかあちゃんのみそは日本一」と、胸を張って自慢した。しかし、自己陶酔の自慢も度をこすといやみになって、客観的な視点から批判されることになる。

**手前《てまえ》みそで塩《しお》が辛《から》い**

自分が苦労してつくったみそなら、少々塩辛くてもうまいと自慢したくなるものだ。転じて、オーバーな自慢話は聞き苦しいことのたとえ。

**手前《てまえ》みそを並《なら》べる**

手前みそを自慢するように、自分のことをいろいろとオーバーに自慢すること。

**手《て》みそ酒盛《さかも》り**

手づくりのみそを肴に酒盛りすることで、風情はあまりないが、安心して酔える。鎌倉幕府の執権・北条時頼はもっぱら〝みそ肴〟で酒を楽しんでいるが、現在だったら、手づくりみそは、むしろぜいたくな部類に入るだろう。

**年寄《としよ》りとみそは粗末《そまつ》にできぬ**

老人の長い経験と、そのなかから生まれた知恵は、みそのように奥深い滋味があって、実に尊いものであるから、だいじにしなければならない。同じような内容のものに、「年寄りとみそは一寸《ちょっと》間《ま》（短期間）にはできぬ」がある。

**徳利《とっくり》にみそを詰《つ》める**

ふさわしくない道具の使い方のたとえで、たとえ徳利にみそを詰めることはできても、出すのは困難である。「徳利にみそを詰めるようなひと」といった場合は、奇行を重ねる変人をいう。

**夏《なつ》は酢《す》みそ**　➡　第八章「医」と「健康」に関することわざ

**何《なに》はなくともみそ食《た》べろ**

他に何のおかずがないときでも、みそだけは毎日食べたほうがよい。日本人の主食である米には、一部の必須アミノ酸が不足しているが、みその原料である大豆にはたっぷり含まれている。したがって、米は「みそ」といっしょに食べることによって、完全食となり、健康にもよい。ご飯の右隣に必ずみそ汁椀が置かれているのも、みその重要性を示している。

**生《なま》みそは命《いのち》のもと**

➡第七章「医食同源」に関することわざ

**生《なま》みそは腹《はら》の妙薬《みょうやく》**

じっくり発酵した生みそは、消化薬にもなるという意味。みそ中の大豆タンパクは、熟成の過程でアミノ酸化されて分解されているから、非常に消化吸収がよいだけでなく、そのなかには、生きた微生物や消化酵素がたくさん含まれており、他の食べものの消化にも役立つ。ご飯に生みそをつけて食べると、すぐ空腹になるのは、みそ中の強力な消化酵素のため。

**日本人《にほんじん》はみそ民族《みんぞく》**

日本人は現在のように、毎日白い飯を食べることのできなかった時代でも、みそ汁だけはしっかりとってきた。雑穀めしや麦めしが主食の時代でも、みそ汁だけはしっかりとって、ニコニコしながら働いてきた民族なのである。みそ汁は、日本民族にとって、それくらい重要だったし、またすばらしい食べものでもあった。タンパク質の供給源としても欠かせない存在であった。

**貧乏人《びんぼうにん》のみそは、なれるころには尽《つ》きる**

貧乏人がみそを仕込むと、小出しに食べるので、完熟するところまでには底をついしまう。

**二日酔《ふつかよ》いに濃《こ》いめのみそ汁《しる》**

一種の脱水症でもある二日酔いには、濃いめのみそ汁が、いちばん。消化のよい〝みそアミノ酸スープ〟が、アルコールで疲労こんぱいしている消化器や肝臓をやさしくいたわってくれる。

**ぺろり山椒《さんしょう》みそ**

辛い山椒みそでも、うまさのあまりぺろりと平らげてしまうことで、よく食う様子をいう。大食漢のこと。

**干《ほ》し菜汁《なじる》はあたたまる**

「干し菜」というのは、秋ダイコンの葉を干したもので、みそ汁の実にしたりご飯に炊きこんだりして用いた。ダイコンの干葉《ひば》を酒粕汁や納豆汁などにすると、からだがあたたまる。

**みそ桶《おけ》が外《そと》へ出《で》ると雨《あめ》が降《ふ》る**

外出ごとに雨に降られるという意味。みそ桶は、雨にさらして洗うことから出たことば。

**みそ買《か》う家《いえ》は倉《くら》が建《た》たぬ**

みそまで買うようでは、財産は残らない。むかしは、みそは自家製で当たり前だったから、買いみそを使うのは貧しい家か、家計に投げやりな家にかぎられていた。いまでは買いみそが当たり前になってしまったが、ついひとむかし前までは、みそを買うことは家の恥とされていたのである。

**みそがうまくなると裕福《ゆうふく》になる**

よい大豆を用いて、こうじを多く入れたみそは美味である。その管理にも、十分目がとどくようになれば、金持ちになった証拠である。

**みそが固《かた》けりゃ所帯《しょたい》も固《かた》い**

あまりやわらかすぎるみそは、水分が多いから長持ちしない。じっくり熟成させるためには、少々やわらかめにし、ほどよい固さが必要である。所帯のきりもりも同じで、無計画に出費を重ねていたのでは、すぐに破綻してしまう。上等なみそと同じで、ほどよい固さが必要である。

**みそが腐《くさ》る**

調子外れの歌声や、歌うときの悪声をあざけっていうたとえ。「ぬかみそが腐る」も同じ。

**みそ気《け》**

手前みその傾向が強いこと。うぬぼれるさま。

**みそこし下《さ》げた女房《にょうぼう》**

「みそこし」は、みそをこすざるのこと。勝手仕事をてきぱきときりまわす働きものの女房をいう。

**みそ酒《ざけ》**

熱燗にした酒にみそを溶かした一種の薬酒で、風邪や妊産婦の体力強化に効果があるという。

**みそ塩《しお》の世話《せわ》**

こまごまとした生活の世話をいう。「みそ塩」は、暮らしむきいっさいの意味。

**みそ仕事《しごと》**

台所のこまごまとした炊事仕事のこと。転じて、日常的な平凡な仕事をいう。

日本人の食生活の基本は、この「みそ仕事」からはじまる。みそは「万能の調味料」であると同時に「高タンパク食品」でもあり、生菌効果の強い「薬餌」でもあった。毎日、夫や子供のためにみそ汁をつくるという、その〝みそ仕事〟を通して、母親の手のひらには、みそのうま味のもとであるグルタミン酸などのアミノ酸が濃縮され、その味が母親のつくってくれるすべての料理に愛情とともに移っていく。「お袋の味」に共通している〝うま味〟は、この「みそグルタミン酸の味」なのである。

**みそ汁一杯三里《しるいっぱいさんり》の力《ちから》**

みそ汁を一杯とると、三里歩いても疲れないほどの力がつく。むかしのみそ汁は、実《み》だくさんで、イモやダイコン、ニンジン、山菜、油揚げなど多種多様な材料が使われていたから、栄養が濃厚で体力の強化にも役立った。

**みそ汁《しる》こしらえて初産《ういざん》する**

用意万端ととのえ、手落ちなく準備すること。浮世草子の『傾城禁短気』に、「不断出入りの医者を呼びよせ、気付などの用意をたのみ、みそ汁こしらえて初産するように、よろずの支度をこしらえ置き」とある。

みその原料である「大豆」に、古くは「魔滅《まめ》」の字を当てて「魔除け」とした。節分に豆をまいて鬼（わざわい）を追いはらう行事は、その名残りである。初産は女性の難事であり、親子ともに無事のりきれるよう「魔滅」の入った「みそ汁」を飲んで出産にのぞむという意味もある。

**みそ汁《しる》で顔《かお》を洗《あら》え**

むかしの朝食は、どこの家でもみそ汁ではじまった。まだ完全に目を覚ましていないような、ぼんやりしている者に「しっかりしろ」という意味で使うことば。みそには、脳細胞の栄養であるレシチンが多く、頭の覚醒作用につながるのである。

⬇ みそ汁で顔を洗ってこい！（第八章「医」

と「健康」に関することわざ）

## みそ汁《しる》の天《てん》、地《ち》、人《じん》

みそ汁の上手なつくり方を示したキーワード。「天」は香りのことで「みそ」を示し、「地」は汁で「水質」のこと、そして「人」は「汁の実」である。この三つの要素がピタリと息が合ったときに、絶妙の味をもったみそ汁ができ上がる。もちろん、吸口《すいくち》（薬味のこと）も含まれているのはいうまでもない。

## みそ汁《しる》は朝《あさ》の毒消《どくけ》し

朝のみそ汁の一杯は、夜の間にからだのなかにたまった、さまざまな毒素を洗い流してくれる。江戸時代の『本朝食鑑』に、「みそは、腹のなかをくつろげ、血を生かして、百薬の毒を解す」とあるが、事実、みそ中の生きた微生物と大豆繊維が、腸内の腐敗菌や有害物をからめとって、体外に排除する働きをしている。みそ汁の効用は、朝ばかりでなく、いつ食べても変わらないのはいうまでもない。

## みそ汁《しる》は医者殺《いしゃごろ》し

みそ汁を常食していると病気は寄りつかないから、病院のドクターは青くなってしまうというたとえ。アメリカでも、みそ汁が肥満や成人病などの予防に効果があるところから、「ミソ・スープ」と呼んで人気がある。

## みそ汁《しる》は叩《たた》き鉦《かね》のごとし

叩き鉦は金銅製で撞木《しゅもく》で叩きならす仏具のひとつ。叩き鉦の正面に、顔などが映るところから、うすいみそ汁の形容として使う。

## みそ汁《しる》はタバコの脂《やに》を払《はら》う

タバコを吸ったあとで、みそ汁を食べると、脂が消えて口やのどがさっぱりする。みそ中に含まれているビタミン類やサポニンなどが、ニコチンの害を排除する作用をするからだ。脂とり効果がとくに強いのが、納豆汁とワカメ汁である。同じことわざに、「みそ汁は、タバコのずをおろす」がある。「ず」というのは、「毒」とか「害」という意味。

### みそ汁《しる》は不老《ふろう》長寿《ちょうじゅ》のくすり

みそ汁は長生きの素《もと》という意味。日本人は世界一の長寿民族になったが、百歳以上の超長寿者の食生活を調べてみると、ほとんどの方が、一日一回はかならず「みそ汁」をとっている。みそには、体細胞の老化に待ったをかける貴重な成分が、たくさん含まれているのだ。特に注目されるのがレシチン、イソフラボン、ビタミンEの三巨頭。これらの成分は、血管や脳細胞、体細胞の老化を予防する作用があるから、いつまでも若さを保つことが可能になる。

### みそ擂《す》り坊主《ぼうず》

お寺で台所仕事などの雑務をする下級の坊さんをいう。

### みそっかす

「みそ滓」のこと。転じて一人前の仲間に入れてもらえない子どもなどを呼ぶ。

### みそと医者《いしゃ》は古《ふる》い方《ほう》がよい

みそも医者も年輪が必要で、仕込んですぐに役に立つというものではない。とくに医者の場合、長い臨床経験のつみ重ねがあってこそ、安心して生命をまかせることができる。「みそと産婆《さんば》は古いほどよい」という場合もある。産婆さんの経験も、これまた貴重なのはいうまでもないだろう。「医者とみそは古いほどよい」も同じ。

### みそ中《なか》の木端《こっぱ》

気の合ったグループのなかに、関係のない者が交じっていること。異端分子をいう。

### みそ菜《な》は千石取《せんごくど》りもならぬ

「みそ菜」は、みそをおかずに飯を食うこと。みそ菜には、高位の人の知らない美味さがあり、その味わいは、地位や名誉などよりもはるかに高い。

**みそに入《い》れた塩《しお》は、よそには行《い》かぬ**

表面的には無関係なことに散財したようにみえても、結局は、自分のためになるというたとえ。みそは大豆とこうじ、塩を原料として樽などに仕込んで発酵させるが、いったん容器のなかに入れた塩はどこにも行かないのはいうまでもない。この〝原料トリオ〟は、やがて発酵して熟成し、渾然一体となってすばらしい味をかもしだす。

**みそに木端《こっぱ》**

みそ漬けにすると、たいがいの素材は美味になるが、木の切れはしではどうにもならない。無駄なこと、そぐわないことのたとえ。

**みそにも塩《しお》にも使《つか》われる**

何にでも使われること。調味料としてのみそと塩は、たいがいの料理や味付けに不可欠なところからきたもの。

**みそ盗人《ぬすっと》の手《て》は三年《さんねん》も臭《くさ》い**

みその匂いは強いから、長い間消えない。どんなに巧妙にみそを盗み出しても、手についた匂いによって、すぐに足がつく。身にしみた体験やくせは、なかなか抜けないものであるというたとえ。

**みその味《あじ》が変《か》われば、かまどがかわる**

「かまどがかわる」は破産するとか、家運が傾くという意味。毎日の生活の必需品であり、また家族の健康を守る薬餌でもあるみその管理が不十分なようでは、家の繁栄はおぼつかない。

**みその〝三礎《さんそ》〟**

大豆を発酵させてつくった「みそ」には、三つの「礎《そ》（土台とかいしずえという意味）」が含まれているという意味。

○味礎《みそ》……味つけのもと。つまり調味の基本という意味。うまみの成分は主としてアミノ酸。

○身礎《みそ》……健康を維持し、命の養いになる成分が含まれているという意味。タンパク質やビタミン、ミネラル類、生菌効果など。

○美礎《みそ》……肌の美しさを保ち、老化を予防する成分が含まれているという意味。レシチンやイソフラボン、ミネラル、それに食物繊維、各種酵素の働きなどが中心。

## みそのみそ臭《くさ》きは食《く》われず

十分に発酵して熟成したみそには、甘くてふくよかな風味はあっても、豆やこうじのにおいが分離して、鼻につくようなことはない。未熟でゆかしさがないという意味。「みそのみそ臭きは、上みそにあらず」ともいう。

自分の専門や得意な分野を、自慢するようでは、まだまだその道をきわめていない証拠である。『為愚痴物語《いぐちものがたり》』に「武士の武士臭き、出家（僧侶のこと）の出家臭き、みそのみそ臭きは、食われぬものなり」とある。

## みそは頭《あたま》の血《ち》のめぐりをよくする

みそを常用すると、一四〇億個もある脳細胞中にネットワークされている血管中の血液の循環がよくなり、ひとつひとつの細胞に酵素と栄養がスムーズに運搬されるから、頭の機能がシャープになって、発想力も豊かになる。「血のめぐりがよい」は、頭の働きがよいという意味であるが、「血のめぐりが悪い」は、その反対。

頭脳の栄養として最近注目されているのが、大豆に含まれているレシチン。「リン脂質」とも呼ばれる成分で、脳の神経伝達物質であるアセチルコリンの原料である。レシチンはボケを予防したり、集中力や若々しい記憶力を維持するためには欠かせない。つまり、みそは〝健脳スープ〟なのだ。過酷なハイテク社会で頭が疲れたら、みそ汁をとって脳細胞をいたわってやること。これが頭脳の競争力を失わない秘訣である。

## みそは七色《なないろ》の調味料《ちょうみりょう》

みそは上手に使えばすばらしい味を出す調味料という意味。現在使用されている「味噌」の文字がはじめて登場するのは延喜元年（九〇一）に成立した『三代実録』のなかである。いまから一〇〇〇年以上も前だ。

「味噌」を語源的に分解してみると、「味」は「口」と「未」で、「未」には「美」の意味もあるから、「口に美味なるもの」となる。一方の「噌」

は、「口」と「曾」である。「曾」は「重ねる」とか「やかましい」「にぎやかな」。したがって「味」と「噌」をつなげると、「美味がにぎやかに詰まった」ものということになるのではないだろうか。むかしからいわれてきたように、「みそ」はまさに「七色の調味料」なのだ。

**みそひと舐《な》め**

「みそひともじ（三十一文字）」、つまり「和歌」のもじり。

**みそ豆《まめ》は、七里《しりり》帰《かえ》っても食《く》え**

みそを仕込むときには、まず大豆を煮る。そのあつあつの煮豆は甘さがあって実にうまい、煮豆のうまさをたとえていっている。同じことわざに「みそ豆は三里回ってでも食うべし」がある。

**みそも糞《くそ》もいっしょ**

いいも悪いもごちゃ混ぜにして区別のつかないこと。外見上、この両者はみごとに似ているが、価値や効用からいったら雲泥の差があるのは、いうまでもない。

**みそも七年《しちねん》たてば土《つち》になる**

使い惜しみもほどほどにしないと、せっかくの節約も無駄となり、逆に大損してしまう。けちん坊へのいましめ。よほど塩を強くしないと、みそは七年はもたない。

**みそを上《あ》げる**

自分のことを自慢すること。手前みそを並べること。

**みそを擂《す》る**

むかしは、みそは擂り鉢に入れ、擂りこ木で擂ってから用いた。その〝擂りこ木〟のような行動をすることを「みそを擂る」という。おべっかを使うこと。擂り鉢のみそが、四方八方にまんべんなくつくところから、ひとにへつらうことをいうようになったもの。また「みそを擂る」ことは、寺の小僧の仕事のひとつであったところから、坊主になることもいう。「ゴマを擂る」と同じ。

**みそをつける**

失敗する。しくじって面目をそこなうこと。

**みそを塗《ぬ》る**

体面をけがす。「泥を塗る」に同じ。『諺臍《ことわざへそ》の宿替《やどがえ》』に「そのようなざまして、わしの顔にみそ塗るようなことさらせ」とある。

**みそを焼《や》いて食《た》べると身上《しんじょう》つぶす**

焼きみそは味がよいので、米を食べすぎ、しまいには身代もかたむいてしまう。「みそを焼くと、貧乏神が家へ入る」も同じ。

**やわらかいみそには損《そん》じがない**

みそをつくるとき、水分が多すぎると腐敗のもとになるが、だからといって、不足しても発酵にむらが生じて失敗してしまう。みそは、少々やわらかめにして、ほどほどの固さを保ったほうが成功する。みそづくりのコツを説いたもの。

**よくなる時《とき》は土《つち》もみそ、悪《わる》くなる時《とき》はみそも土《つち》**

強運でとんとん拍子によいことが続くようなときには、土もみそになるような勢いがある。反対に、落ち目になるとみそも土に変わるような衰運が続く。

**若芽《わかめ》のみそ汁《しる》は、〝食毒《しょくどく》〟を消《け》す**

「医食同源」に関することわざ ➡ 第七章

## むかしの〝おかずみそ〟

いまでこそ、みそというと、みそ汁や煮物などに調味料として用いられる場合がほとんどであるが、むかしは「みそ菜《ざい》」といって、「おかず」として直食いする場合が多かった。

いわゆる「なめみそ」で、現在でもつくられてはいるが、種類と量では、むかしとは比較にならないほど少ない。かつて、重要な副食物だった「おかずみそ」の種類をあげてみよう。

**魚《うお》みそ**……白身の魚肉をみそにすり混ぜ、弱火でよく練って仕上げる。

**梅《うめ》みそ**……タネを除いた梅干しをうらごしにし、みりんとだし汁を加えてみそに混ぜ弱火で練る。

**鬼《おに》みそ**……唐辛子などを加えて練り上げた辛い焼きみそのことで、酒肴によろこばれた。

**牡蠣《かき》みそ**……カキをゆでて赤みそに混ぜ、砂糖で味をつけてトロ火で練る。

**鰹《かつお》みそ**……カツオをみそといっしょに仕込んで発酵させたもの。なめみそだけでなく、みそ汁用にも利用された。カツオ節を混ぜてつくった即席のなめみそもある。

**蕪《かぶ》みそ**……すりおろしたカブをみそに混ぜ、トロ火で練ったもので、みりんを加えると風味がよくなる。

**榧《かや》みそ**……カヤの実を炒って細かに刻み、白みそと混ぜて砂糖を加えながら火でよく練る。

**木《き》の芽《め》みそ**……サンショウの木の芽を擂り鉢で擂り、みりんと砂糖を少量加えてみそに混ぜ、トロ火でよく練る。

**金山寺《きんざんじ》みそ**……径山寺《きんざんじ》みそとも書く。中国の古利径山寺からの伝来といわれている。炒り大豆と麦こうじ塩で仕込んだみそに、ウリやナス、ショウガ、シソなどを細かく刻んで混ぜじっくり熟成させる。赤褐色のやわらかいみそで、米飯によくマッチしてうまいが、最近ではやたらに甘味の強いものが市販されている。

**栗《くり》みそ**……クリは渋皮をむき、砂糖を少々加えてやわらかくなるまで煮る。これを白みそに混ぜて適当のかたさに練り上げたもの。

**胡桃《くるみ》みそ**……クルミを擂《す》り鉢でよく擂り、砂糖少々と酒を加えてからみそを入れ、もういちどよく練ってから鍋に移して、トロ火で練り上げる。

**ごぼうみそ**……ささがきゴボウとみそを火にかけて練りあわせたもので、みりんと砂糖を加える。

**ごまみそ**……炒りゴマを擂り鉢で擂り、みそに混ぜて弱火で練り上げる。

**昆布《こんぶ》みそ**……まず小さな角切りにしたコンブをひたひたくらいのだし汁で煮つめ、そこへみそ、みりんを加えて弱火でよく練る。トウガラシやショウガ、サンショウを入れてもよい。

**桜《さくら》みそ**……なめみその一種。麦こうじを用いて甘味を強くしたもので、金山寺みそとほとんど同じ。

**山椒《さんしょう》みそ**……粉サンショウとクルミをよく擂り混ぜ、みそに入れて弱火にかけて練る。

**椎茸《しいたけ》みそ**……シイタケを細かく切り、みりんを少々加えて煮ておく。そこへみそを加え弱火で練る。

**時雨《しぐれ》みそ**……ハマグリのむき身と赤みそを甘味に加えながら火で練ったもの。

**紫蘇《しそ》みそ**……みそをだし汁とみりんでのばして煮つめ、擂り鉢にとってシソの葉のみじん切りを加えてよく擂る。

**生姜《しょうが》みそ**……みそにだし汁、みりん、砂糖少々を加え、そこにショウガをすりおろして火にかけ、よく練る。

**鯛《たい》みそ**……代表的な菜《さい》みそ。タイ肉でそぼろをつくり、これにみそを加え、砂糖、みりんなどで味をととのえながら火にかけて練る。
**玉子《たまご》みそ**……甘口の白みそにゆでタマゴの黄身だけを練り混ぜたみそ。
**とうがらしみそ**……みそに細い輪切りにしたトウガラシを入れ、トロ火で練ったもので風味がある。
**鳥《とり》みそ**……細かく叩いた鳥肉をさっとゆがいてみそによく混ぜあわせ、こげつかないように火にかけながら練る。
**ねぎみそ**……ネギは小口みじん切りにし、これをみそに加え、ゴマ油でよく練る。風邪のひきはじめに効果があり、熱いおかゆに添えて食べるとよい。また、少量を茶わんにとり、熱湯を注いでよくかき混ぜ、熱いうちに飲んでも効果がある。
**ふきみそ**……フキの葉をさっと塩ゆでにしてアクを抜き、みじん切りにしてカツオ節とともに軽くから炒りにし、みそを入れて練る。水を少量加えるとよい。呼吸器の弱いひとに効果があり、古くから自家用薬として珍重されてきたものである。フキノトウでつくっても風味がよい。
**節《ぶし》みそ**……けずったカツオ節を細かくし、だし汁でゆるめたみそに入れ、火にかけて練る。
**豆《まめ》みそ**……大豆を油でよく炒《い》り、みそと砂糖を加えトロ火で練り上げたもの。
**柚子《ゆず》みそ**……こうじを多く使った白みそにユズの皮をみじん切りにして入れ、砂糖を加えてトロ火で練る。

コラム　和食のツボ ⑧

## 競争社会の勝負食・ワカメ汁

豆腐の入ったワカメ汁は、現在でも朝食の定番として欠かせないが、生まれたのは江戸時代。江戸っ子は、超過密社会の江戸の町に住んでいるものだから、早口でせっかち。そのうえ、負けん気が強くて意地っ張りが多い。何をするにしても、競争社会になっていた。商人にしても職人にしても同業者の間で争わないと生き残れない。

この競争社会が、実は社会全体に活気をもたらし、新しい食文化を生む背景になるのである。町人といえども、ぐずぐずしていると時代に置いてきぼりにされてしまう。江戸時代の中期で江戸の人口は一〇〇万人になっているが、そのころのロンドンで八七万人、パリで五五万くらいとみられている。しかも、江戸の場合、男性は大工など体を使う職人が多く、女性が極端に少ない。このため結婚したくても、なかなか相手が見つからない。結婚難という点では、現代とたいへんによく似ている。

格好をつけて江戸っ子と胸を張っても、もとをただせば、地方の農村から出稼ぎに来た田舎者の集まりみたいなものだから、江戸の流行に合わせようとすると、肩もこるし、ストレスもたまる。

競争社会から受けるストレスをやりすごし、むしろニコニコと競争を楽しんでしまうような暮らし方を、江戸の庶民たちはついに見つけてしまう。

それこそ、「豆腐入りのワカメ汁」で、もちろん、みそ汁である。

江戸の町では、朝にご飯を炊き、みそ汁をつくるが、豆腐入りのワカメ汁が圧倒的に多かったのだ。このみそ汁こそ、江戸という過密社会を生き抜くために欠かせない知恵の結晶であった。このみそ汁の材料は、みそ、豆腐、カツオ節、ワカメなどであるが、すべてストレス対応成分が含まれていたのである。

みそには人間が必要とするアミノ酸がバランスよく含まれていて、そのなかには脳の回転をよくして気のきいたジョークを即座に生み出すような頭脳力を養う成分が多い。免疫力を強化するアルギニンやミネラルの亜鉛も含まれており注目される。

　豆腐ももちろん健康食。消化のよいタンパク質はいうまでもないが、日本人に慢性的に不足しているカルシウムも豊富である。カルシウムは食べるトランキライザー（精神安定剤）といわれるほど、イライラを防ぐ特効薬のような働きがある。

　江戸の町に長期的な豆腐ブームが起こったのも、江戸っ子が本能的にカルシウムをとろうとした現象かもしれない。

　カルシウムはワカメにも豊富に含まれており、「豆腐入りのワカメ汁」は、ストレス対応のすばらしいヘルシー・スープなのだ。

# 「納豆」を食べる知恵

## 頭《あたま》の回転《かいてん》をよくするねば納豆《なっとう》

「ねば納豆」というのは、粘糸の丈夫な納豆という意味。納豆には、頭脳の栄養といわれるレシチンがたっぷり含まれている。リン脂質と呼ばれる脂質の一種で、体内に吸収されてから分解され、脳細胞間の神経伝達物質であるアセチルコリンの原料となる。もの忘れは、アセチルコリンの働きが鈍くなっているときにおこりやすいという。京都大学霊長類研究所の久保田所長（当時）は「脳内のアセチルコリンの量を増加させてやれば記憶力は増加する」とおっしゃっているが、まったく同じことをアメリカの国立精神健康協会のクリスチャン・ジリン博士も発表している。

## 一夜《いちや》納豆《なっとう》は食《く》ってはならぬ

納豆を手づくりしていた時代のことわざ。むかしはワラ苞《つと》にくるんでつくっていたが、ワラに付着している天然の納豆菌を活用するため、ふた晩以上ねかせないと、完全に発酵はしなかった。うまい納豆をつくるためのコツで、山形県地方のことわざ。

## うなぎのかば焼《や》き食《く》ったら納豆《なっとう》を忘《わす》れるな

ウナギのように脂肪分の多いものを食べたときには、納豆をとっておくと腹にもたれない。納豆に含まれている各種の消化酵素が、かば焼きの消化をたすけ、胃腸の調子をととのえてくれるからだ。ジアスターゼの多いダイコンおろしを薬味にすれば、効果はいっそう上がる。

### 風邪《かぜ》のひきはじめに納豆汁《なっとうじる》

腰のあたりに寒気がして、風邪をひいたなと思ったら、あつあつの納豆汁を食べて、そのまま寝ると翌朝までにはケロリとなおっている場合が多い。

風邪退治には別の方法もある。風邪にかかったかなと思ったら、納豆に熱湯を注いでよくかき混ぜ、その上澄み液を飲む。熱いままの納豆液を飲むと汗ばんでくるから、そのまま布団にもぐりこむ。なるべく濃厚な液のほうが効果があるのはいうまでもない。以上は、いずれも古くから東北地方に伝わる方法である。納豆菌が、なぜ風邪に効果があるのかは、はっきりしないが、チフスや赤痢菌などの病原菌に強いところをみると、風邪のウイルスや細菌類を捕殺するパワーが特別強いのかもしれない。納豆自体は体力回復効果もある。

### 九月納豆《くがつなっとう》は御大般若様《おんたいはんにゃさま》よりありがたい

九月の新豆で仕込んだ納豆は、とくに滋養があるから、病気をよせつけないほど体力がつくので、大般若経を真読することによって得られる御利益よりもありがたい。高タンパク食品の大豆を発酵分解させて消化をよくしたのが、日本人の発明した糸引き納豆。納豆は消化のよいタンパク質を大量に含んでいるだけでなく、ビタミン類も多いから、体力をつける食べものとしてはまさに理想的。

### 酒《さけ》は百薬《ひゃくやく》の長《ちょう》、納豆《なっとう》は百肴《ひゃくこう》の王《おう》

酒もほどよく飲めば疲労の回復やストレスの解消に大いに役立つので、まさに〝百薬の長〟である。消化のきわめてよい高タンパク食品である納豆は、胃のなかでアルコールを吸収して胃壁を保護するだけでなく、肝臓のアルコール分解能力も高めるから、酒飲みの胃腸や肝臓をガードする〝百肴の王〟。もちろん、納豆は酒の味をひき立てる素朴な風味ももっている。

### 酒《さけ》を飲《の》むとき納豆食《なっとうた》べると悪酔《わるよ》いしない

納豆が悪酔い予防によいといわれる根拠は、納豆に含まれているムチンというねばねば物質が、胃壁をカバーしてアルコールの刺激によってあれるのを防ぐからである。そのうえ豊富な納豆アミノ酸とビタミンが、肝臓の機能を向上させる働きをしている。

## 五月肩《さつきかた》こり、納豆月《なっとうづき》

ネコの手も借りたい農繁期の五月になると、むかしは重労働の連続で、ひどい肩こりに悩まされたものである。しかし、そのようなときでも納豆を食べておくと、あまり肩もこらないのでたすかった。肩こりは筋肉内に蓄積された疲労物質が分解されないためにおこる、一種の血行障害。納豆に含まれているサポニンやイソフラボンは、血管を丈夫にすると同時に血行もよくするから、疲れや肩こりも抜けていく。

## 生菌効果《せいきんこうか》の高《たか》い納豆《なっとう》

納豆を食べることは納豆菌を自動的に食べることでもあるが、その〝菌食効果〟がすばらしい。生きた納豆菌の旺盛な生命力と、納豆菌がつくり出す抗生物質とが、体内に送りこまれてからも活発に活動を続け、たとえば、腸管内の悪玉菌をおさえ込む働きをしている。

スーパーなどで売られている納豆ワンパックを食べると、生きた納豆菌を腸のなかまで送ることになる。腸内にはさまざまな病原菌や悪玉菌が生息しているが、納豆菌の強烈な繁殖力におさえられて、活性度を低下させてしまう。したがって、整腸効果が非常によくなる。また、納豆菌は腸の内部でビタミン類の合成の手助けもしており、これも貴重な生菌効果のひとつだ。

## 納豆食《なっとうく》うひと、色白美人《いろじろびじん》

納豆を食べ続けると、女性の肌が美しくなるといっている。納豆中のビタミン$B_1$はからだの疲れをとり、食物繊維が便通をととのえる。また、$B_2$は皮膚や粘膜、目を守る働きがあるから、納豆を常食することによって、肌の色つやをよくし、瞳をきれいにして性的魅力を増す。納豆には、美容効果の高いビタミンEやアミノ酸も含まれている。ビタミンEは、血行をよくして女性ホルモンの分泌をスムーズにする作用があるから、美人づくりには不可欠のビタミンだ。

### 納豆《なっとう》食《た》べると根《こん》がつき、粘《ねば》りが出《で》る

納豆にはビタミンBグループのほとんどが含まれており、バランスのとれたアミノ酸とともにスタミナをつけるうえで役に立つから、仕事に持続力が出てくる。

### 納豆《なっとう》どきの医者《いしゃ》知《し》らず

納豆の旬は、むかしは秋から冬にかけてであった。このため、柿の実が色づいて納豆仕込みが開始されると、毎日納豆が食膳にのるために体力が充実してきて、病気になる人も少なくなってしまう。納豆はビタミンB群やアミノ酸、レシチンなどの含有が多いうえに、生菌効果も加わるから、村のひとたちにとっては、これほど力強い健康食はなかった。

### 納豆《なっとう》の糸《いと》を丈夫《じょうぶ》にできれば金持《かねも》ちになれる

丈夫な糸を引く納豆を、毎朝出荷できるようになれば、納豆屋は金持ちになれる。ワラ苞《つと》に煮豆を詰めて納豆づくりをしていたむかしは、実に失敗が多かった。稲ワラに付着している自然の納豆菌を利用していたためで、菌の数も不定だし、仕込んでからの温度や湿度の調整もむずかしくて、失敗の連続だったのである。しかし、現在では、純粋に培養された納豆菌を使用するようになったために、まず失敗は考えられない。バイオテクノロジーのおかげで、うまい納豆を一年中味わえるようになった。

### 納豆《なっとう》の粉末《ふんまつ》は胃《い》の調子《ちょうし》によい

多種多様な納豆中の生きた酵素が消化を助け、ムチン質というネバネバ物質が胃壁をガードする。したがって、納豆を食べ続けると胃の調子がよくなる。新潟県地方のことわざ。

### 納豆《なっとう》のような仲《なか》

仲のよい男女、または夫婦をいう。いつもネバネバしている間柄という意味。納豆には、男性の精子の主成分であるアルギニンというアミノ酸が多く、常食すると性的能力が強くなる。したがって、夫婦にしろ恋人同士にしろ、その仲は、いっそう愛情がこまやかになる。

### 納豆《なっとう》は血管《けっかん》を丈夫《じょうぶ》にする

納豆中に含まれている抗酸化成分やビタミンE、レシチンなどが血管壁のコレステロールを除去し、納豆タンパクが血管や心臓の筋肉をしなやかにする。さらに、納豆中のカリウムが、体内の余分な塩分を排出してしまう。そのうえ、納豆にはサポニンも含まれている。からだの動きを活発にし、血液をクリーニングするなど、成人病の予防上無視できない成分だ。

### 納豆《なっとう》は腸《ちょう》の掃除役《そうじやく》

納豆を食べると、腹中のとどこおりや不快感がなくなりスッキリするという意味。納豆には消化器の掃除役として重要な二つの成分が含まれている。ひとつは現代の〝毒消し〟といわれる食物繊維、ふたつめは納豆菌自体の整腸効果。したがって、納豆を常食していると、どんなにがんこな便秘でもたいがい治ってしまうから、腹のなかがきれいになる。

最近、胃ガンにかわって大腸ガンが増えているが、主なる原因は食生活の欧米化と食物繊維の欠乏である。大豆中の食物繊維は、恐ろしい大腸ガンなどの予防だけでなく、腸内に棲みついている善玉菌（ビフィズス菌など）の活動を助け、食べもののかすを腐敗させて有害物質をつくる悪玉菌の繁殖もおさえこむから、老化の予防にもつながる。

### 納豆《なっとう》は腸《ちょう》をきれいにして老化《ろうか》を防《ふせ》ぐ

納豆を食べ続けていると、腸のなかがきれいになって、いつまでも若々しい健康体でいられるという意味。

ひとりの人間が、腸のなかに保有している細菌類の数は、なんと一〇〇兆個にものぼり、種類にして一〇〇種にもなるという。大腸の内部は、細菌のすみかなのだ。もうすこし具体的にいうと、ふん便の三分の一から二分の一は腸内菌のかたまりなのである。「細菌」というと、病原性大腸菌のような悪い菌を連想しがちであるが、すべてが健康に害する菌ばかりではない。チーズやヨーグルトをつくるのも細菌だし、漬けものに風味を添えたり、みそや納豆などを発酵熟成させるときでも細菌類が活躍している。

　腸内細菌にも〝善玉菌〟と〝悪玉菌〟があり、前者の代表選手が乳酸菌の一種であるおなじみのビフィズス菌。乳酸桿菌や乳酸球菌なども善玉菌の仲間である。ビフィズス菌が、なぜ善玉菌のチャンピオンかというと、乳児から老人まで、すべての年代にわたり、腸のなかでつぎのような重要な働きをしているからだ。

　その一、腸内で腐敗をおこす悪玉菌の増殖を抑制する。

　その二、ビタミンB群を生成する。

　その三、栄養成分の吸収をよくする手助けをしている。

　その四、免疫力を高め、からだ全体の病気に対する抵抗力を強化する。

　その五、腸の蠕動《ぜんどう》をうながし、便秘や下痢を予防して腸内をきれいにする。

　その六、外部から入ってくる悪い細菌に対して防御網をはり、撃退してしまう。

　一方の〝悪玉菌〟には、病原性大腸菌のほかにウエルシュ菌などがあり、腸のなかでタンパク質や脂肪を腐敗させて、有害物質をつくり出している。腐敗菌が腸内に増加すれば、有害物質の生成に拍車がかかり、老化を促進させる。悪玉菌は、動物性のタンパク質を腐敗分解させる過程で、老化物質だけでなく、発ガン物質をつくり出す場合もあるから恐ろしい。したがって、それらの悪い細菌をチェックするガードマンともいうべきビフィズス菌の役目は重要である。

　では、悪役の〝腐敗菌〟をおさえ込み、腸をきれいにする〝善玉菌〟を増やすにはどのような食事法をすればよいか。

　その方法には、主としてふた通りある。
○腸をきれいにする第一の方法……ダイエタリー・ファイバー、つまり食物繊維をコンスタントにとること。
○腸をきれいにする第二の方法……有用菌を含む生きた発酵食品をとること。
　以上の方法にふたつとも適合するのが大豆発酵食品であるが、なかでも「納豆」がベストである。納豆の原料である大豆には、多量の食物繊維が含まれており、現代の〝毒消し〟といわれて評価を高めている〝食物繊維食〟としては、まさに最適なのだ。食物繊維を多くとると、単純には便秘の解消に役立つが、便通がよくなるということは、食べものに含まれている発ガン物質やガンを誘発する毒性物質の濃度をうすめて、すみやかに排出することにもなるから、腸の粘膜をさまざまな危険物から保護することにもなる。

　納豆中の食物繊維は、便秘を解消して大腸ガンなどの予防に役立つだけでなく、ビフィズス菌などの有用菌の活動を助け、腸内の食べものを腐敗させて、有害物質をつくるウエルシュ菌の繁殖をおさえる作用をする。

　納豆菌にはビフィズス菌たちを活気づけ、その増殖を助ける働きもあり、生きた納豆菌自体の整腸効果と相乗して、腸内の清掃能力はいちだんと向上する。納豆を常食すると、腸内は常に健康でクリーンだから、脳細胞の機能も活発となり、肌や体細胞の老化予防にもつながっていく。

### 納豆《なっとう》は天然《てんねん》の酵素《こうそ》食《しょく》

　納豆は天然の酵素をたっぷり含んだ〝酵素食品〟であるという意味。「酵素」というのは細胞を合成するときに、物質と物質とが化学合成するための仲人役と思えばよい。したがって、動植物が生命を維持するうえで不可欠な物質である。

　納豆には、タンパク質分解酵素を中心として、つぎのようにたくさんの酵素が含まれている。

○プロテアーゼ……タンパク質をアミノ酸に分解する酵素。
○アミラーゼ……デンプン質に作用してブドウ糖に変える。
○リパーゼ……大豆中の脂肪分をグリセリンと脂肪酸に分解する。
○セルラーゼ……食物繊維を糖質に変える。
○サッカラーゼ……蔗《しょ》糖をブドウ糖に分解する。
○ウレアーゼ……尿素をアンモニアに分解する働きをする。

　そのほかにも、ラクターゼやパーオキシターゼ、インペルターゼなどが含まれており、納豆は〝総合酵素剤〟ということもできる。高価な酵素剤などを買って服用するより、安価な納豆を食べたほうがはるかに健康的だし実質的だ。

## 納豆《なっとう》は夏負《なつま》けの妙薬《みょうやく》

納豆は体力強化食としては理想的な高タンパク食品だから、常食していると、盛夏でもへこたれない。アミノ酸に分解された消化のよいタンパク質と豊富なビタミン類、ミネラルやレシチンなどが暑さで弱ったからだに力をつけるうえで役立つ。納豆に梅干しを混ぜ、よく叩いてから食べると効果は倍増する。

## 納豆《なっとう》は腹《はら》のなかでよくこなれる

「医食同源」に関することわざ　⬇　第七章

## 納豆《なっとう》は目《め》によい

納豆は目を美しくするだけでなく、目の疲れにもよい。成長促進のビタミンとして知られるB₂は、人間の目にとってもきわめて重要だ。ビタミンB₂が欠乏すると、目は疲れやすく涙が出やすくなる。さらに欠乏が続くと、角膜炎や結膜炎などの目の病気に発展していくという。納豆には、このビタミンB₂が豊富に含まれている。『日本食品標準成分表（五訂版）』には、納豆一〇〇グラム中に〇・五六ミリグラム含まれているとあるが、市販されている納豆について測定してみると一・三ミリグラムをオーバーするものがかなりあるそうである。納豆はビタミンB₂をとる食品としては、まさに理想的だ。

## 納豆《なっとう》めしに食《しょく》あたりなし

納豆をたっぷりかけた〝納豆めし〟は、消化がよいから、少々食べすぎても食あたりの心配は少ない。むしろ、こなれが早いのですぐに空腹になってしまう。

## 納豆《なっとう》も豆《まめ》なら、豆腐《とうふ》も豆《まめ》

姿かたちはちがっていても、もとは同じという意味。「納豆」も「豆腐」も、原料は同じ大豆から出発している。

## 納豆《なっとう》を常用《じょうよう》すると結核《けっかく》がよりつかない

納豆中の豊富な栄養成分が体力を強化し、病気に対する抵抗力を強める。大豆が黄金の〝総合栄養剤〟といわれるのは、タンパク質や健康によい抗酸化成分に加えて、ビタミンやミネラルがバランスよく含まれているためであるが、納豆にすることによって、それらを丸ごと、しかもより消化のよいかたちでとることができる。そのうえ納豆菌や各種酵素などの生菌効果も出てくるのが納豆の特徴である。

## 納豆《なっとう》を食《た》べると骨《ほね》が丈夫《じょうぶ》になる

納豆には吸収のよいカルシウムがたっぷり含まれているから、納豆を常食すると骨格が丈夫になるという意味。大豆一〇〇グラム中には約九〇ミリグラムのカルシウムが含まれている。一般的にカルシウムはあまり吸収がよくないという欠点があるが、良質のタンパク質といっしょに食べると、その消化吸収率もアップする。納豆には、カルシウムと消化のよいタンパク質が含まれており、理想的な〝カルシウム食品〟といってもよいだろう。そのうえ、骨を強くして骨粗鬆症《こつそしょうしょう》にも効果的なビタミンKも多いのだ。成長盛りの子どもにすすめたい。

## 初聟《はつむこ》と納豆《なっとう》は二晩《ふたばん》げ

そこの家風になれないうち聟《むこ》は、なにかと気苦労が多いものだから、お正月で里帰りしたときぐらいは、たっぷり二晩は寝かせてやれという思いやり。納豆も聟の里帰りと同じで、二晩たっぷり寝かせてやらないと粘り腰の強い、うまい納豆にはならない。

## 腹《はら》くだしがおこったら叩《たた》き納豆《なっとう》

納豆を包丁でていねいに叩き、炊きたてのあつあつご飯にかけて食べると、ふしぎに胃の調子がよくなる。納豆菌の整腸効果を生かしたことわざで、秋田県で教えられたもの。江戸時代の書物などにも、納豆は「腹中をととのえて食をすすめ、毒を解す」とよくある。

## 雪道《ゆきみち》と納豆汁《なっとうじる》は後《あと》になるほどよい

雪道は人の後からついていったほうが歩きやすい。納豆汁は、後になるほどなべの底に沈んでいる納豆の量が多くなるから味もよい。福井県のことわざ。

## 「大豆」を食べる知恵

**煎《い》り豆《まめ》と十七娘《じゅうしちむすめ》はそばにはおけぬ**

煎り豆と娘はそばにおくと、自然に手を出したくなる。煎り豆は食べだすと、中断するのが困難なほどあとを引く。しかし、あまり消化はよくないので、食べすぎると消化不良をおこすからご用心。用心しなければならないのは、十七娘も同じことである。

**薬《くすり》屋《や》にまわす金《かね》を豆屋《まめや》にまわせ**　➡第七章「医食同源」に関することわざ

**五反《ごたん》の豆畑《まめばたけ》に垣《かき》はできても、十六娘《じゅうろくむすめ》の垣《かき》はできぬ**

五反歩の豆畑にイノシシよけの垣をつくるのはたいへんな労力であるが、不可能ではない。しかし、十六娘のまわりに男よけの垣根をつくるのは不可能だ。娘も年ごろになると、色恋一途になって、それを引きとめることはできない。

**這《は》っても黒豆《くろまめ》**

黒いものを見て、ひとりは「黒豆だ」といい、ひとりは「虫だ」といって争っているうちに、その黒いものがもそもそと動きだした。「それみろ虫だ」と一方がいうと、他方は「たとえ這っても黒豆だ」といって強情をはる。何がなんでも自説をまげないがんこな態度をいう。

**ふだんの豆《まめ》に祭《まつ》り日《び》の小豆《あずき》**　➡第八章「医」と「健康」に関することわざ

**豆殻《まめがら》に火《ひ》がついたよう**

豆殻に火をつけると、ぱちぱちといそがしく燃えるところから、休みなくしゃべりまくるさまをいう。また、せっかちなことをたとえていう場合もある。

**豆蔵《まめぞう》**

よくしゃべるひとをあざけっていうことば。むかし、早口とこっけいな身振りでひとを笑わせる芸人を豆蔵といった。

**豆息災《まめそくさい》が身《み》の宝《たから》**

するとことわざ　➡第八章「医」と「健康」に関

**豆《まめ》つぶほど**

わずかばかりという意味のたとえ。ほんのすこし。

**まめなが金《きん》**

からだが丈夫なことが、いちばんの財産だということ。

**まめになる**

健康になる。丈夫になる。「まめ」には、「よく働くこと」とか「からだが丈夫であること」といった意味がある。漢字で書くと「忠実」、または「実」。

**豆《まめ》の粉《こ》をこぼさぬと長者《ちょうじゃ》になる**

豆の粉のようなものでも、大切にあつかう者は、やがて裕福になる。物事には細心の注意が必要という意味である。

**豆《まめ》のテンプラのよう**

豆をテンプラにすると、ころもから豆がぶつぶつと顔を出している。転じてあばた面の形容として使う。しかし、最近は美人の基準のない個性化の時代だから〝豆のテンプラのような顔〟でも、その魅力をアピールできる。魅力になる場合も少なくない。

**豆《まめ》の漏《も》るような**

ざるや網などの目が、あらいことをいう。ざるの主な目的は、米などの穀物を入れることであるが、大豆のような大粒の食物が漏るようでは、その役目を十分に果たすことはできない。物事の荒っぽいことをたとえていう。

**豆《まめ》の横箸《よこばし》**

豆を食べるときに、ひと粒ずつつまんでとらないで、箸を横にしてすくいとることが「豆の横箸」で、不作法な箸使いとしてきらわれる。

**豆《まめ》ひとつで屁《へ》八十《はちじゅう》**

豆を食べると放屁しやすいというたとえ。大豆は組織がかたいうえに食物繊維が多く、消化があまりよくないためだ。

**まめまめしい**

かげひなたなくよく働くことをいう。

**豆《まめ》を煎《い》るよう**

豆を鉄鍋などで煎ると、いっせいにぱちぱちとはじけるところから、せわしいこと。または、口やかましいこと。

**豆《まめ》を蒔《ま》いて稗《ひえ》**

せっかく豆の種を蒔いたのに、ヒエが育った。意外な結果をまねくことのたとえ。また、期待はずれに終わること。

**娘《むすめ》に煎《い》り豆《まめ》**

里帰りした娘に、そっと煎り豆をもたせて帰すこと。嫁いびり時代のことわざで、姑に意地悪されて、ろくな食事もしていないのではないかと心配する親心がこめられている。煎り豆の原料はいうまでもなく高タンパク食品の大豆。栄養がたっぷり含まれているうえに保存性も高いので、むかしは体力をつける携帯食として重宝された。

**夜《よる》の豆《まめ》は三粒《みつぶ》**

夜の豆は三粒でもよいから食べたほうがよい。大豆中のダイエタリー・ファイバー（食物繊維）が、翌朝の快便を保証するからだ。また、大豆に含まれているレシチンの作用によって、脳の緊張がほぐれ熟睡できる。抗酸化成分も多いから、老化防止にも役に立つ。

### 夜《よる》、豆食《まめく》うとまめになる

夜、豆を食べると丈夫になる。「まめ」はからだが健康であること。豆に含まれているタンパク質や脂肪、ミネラル、ビタミンなどが総合的に作用して、体力を強化するからだ。

### 旅行《りょこう》するとき豆《まめ》と胡桃《くるみ》を忘《わす》れるな

豆、クルミともに栄養効果が高く、疲れたときの体力回復食としては理想的。むかしは、旅行するときには、煮干し豆（煮豆を干したもの）を干飯とともに、かならず携行したものである。この「煮干し豆」は兵糧としても重視された。

## 小豆、麦、雑穀ことわざ集

**小豆《あずき》ご飯《はん》で厄《やく》ばらい**　➡　第七章「医食同源」に関することわざ

**小豆《あずき》と女《おんな》のしょっぱいのには手《て》がつかぬ**　アズキは甘く煮たものでなければうまくないし、女は勘定高いときらわれる。

**小豆《あずき》に竹《たけ》の皮《かわ》を入《い》れて煮《に》ると早《はや》く炊《た》き上《あ》がる**　竹の皮ばかりでなく、笹の葉を入れて煮てもよい。竹の皮や笹の葉に含まれている成分が作用して、アズキの組織をやわらかくするためだ。

**小豆《あずき》の塩辛《しおから》いのと女《おんな》の気《き》の強《つよ》いのには術《すべ》なし**　アズキあんをつくるとき、甘さを引き立てるために、ごく少量の塩を加えるが、塩ばかり強くなったら食べられたものではない。それと同じで、気の強い女はどうしようもない。

**小豆《あずき》の豆腐《とうふ》**　あるはずのないものをしゃれていったもの。ありえないことのたとえとして使う。

**小豆《あずき》のびっくり水《みず》**　アズキが煮立っているときに、びっくり水といって、冷たい水をときどきさすと早くやわらかくなるという意味で「さし水」ともいう。

**小豆《あずき》はなまけ者《もの》に煮《に》させろ**　アズキはとろ火で気長に煮るのがよいが、なまけ者やのんびりした者に煮させるとのんびり煮るのでちょうどよい。

**粟《あわ》とも稗《ひえ》とも知《し》らず**　アワとヒエのちがいもわからないような、生活臭のまるでない高貴な生活をいうたとえ。何の苦労もない生活ぶり。『一中節』に「げにや昔の世にあらば、粟とも稗とも、知るまじき、いまはうき目に粟畑、鳥追い屋にただひとり」とある。

**粟《あわ》ひと粒《つぶ》は汗《あせ》ひと粒《つぶ》**　アワのように小さな穀物でも、ひと粒生産するためには、農民の汗がひと粒流されている。農民の辛苦をいう。

**粟《あわ》めし炊《かし》ぐ一睡《いっすい》の夢《ゆめ》**　むかし、中国の邯鄲《かんたん》という土地に盧生《ろせい》という貧しい少年が住んでいた。ある日、通りかかった仙人から栄華が思いのままになるという枕を借りてうたた寝したところ、立身出世して大金持ちになった夢をみた。ところが、夢からさめてみると、炊きかけていた粟めしは、まだ煮えてはいない。まことに短い間のできごとにすぎなかったという、李泌《りひつ》作『枕中記《ちんちゅうき》』の故事による。人の世の栄華のはかなさのたとえ。「邯鄲の夢」「盧生の夢」「一炊の夢」ともいう。

**粟《あわ》めしに汁《しる》かけ、はしから漏《も》る**　ただでさえぽろぽろしている粟めしに汁をかけたら、それこそ片端から漏ってたまらない。「箸」を「端《はし》」にかけたしゃれである。

**粟《あわ》めしに干《ほ》し菜汁《なじる》、米《こめ》のめしには塩引《しおび》き**　ともに味のよくあう似合いの食べもの。「干し菜」はダイコンの干し葉をいう。米飯の糖質は、サケ塩引きに実によくあう。

**うどん、そばより女房《にょうぼう》のそば**　ご馳走のうどんやそばの傍《そば》よりも、妻の傍のほうがよい。気を使うこともないし、第一心が安まる。「うどん、そばより嬶《かかあ》のそば（237頁）」とも。

**うどんに七味《しちみ》**　うどんに七味（七味とうがらしのこと）はつきものである。おさだまりであるという意味。

**うどんの湯《ゆ》**　「そば湯」は飲んでもうまいが、うどんをゆでた湯は飲用しない。転じて役に立たないことをいう。

**うどんを茶《ちゃ》で食《く》う**　うどんに茶湯をかけて食べても、うまくもなんともない。ところが、ぜいたくにもあきると、金持ちというものはつまらない物好きをしてよろこぶものだ。風変わりなことをしてよろこぶことのたとえ。

**猿《さる》がヒエをもむ**　わけもわからずにひとのまねをすることを、あざけっていうことば。「猿がヒエもんだような顔」は、しゃあしゃあとした顔のこと。また、やたらに揉み手をすることをいう。

**麦食《むぎく》い馬《うま》**　食う以外になんの能もないひとをいう。無芸大食に同じ。また、飲食のために集まってくる者をもいう。

**麦《むぎ》と姑《しゅうとめ》は踏《ふ》むがよい**　麦は冬の間に、霜で根が浮きあがらないよう踏んで生長をおさえるが、姑も同じで、いつも下手にばかりいるのは得策ではない。ときには、抵抗するのも作戦のうちだ。

**麦《むぎ》の秋風《あきかぜ》**　初夏のころに吹く、さわやかな風のこと。ちなみに、麦が熟してとり入れる初夏のころを「むぎの秋」とか「麦秋《ばくしゅう》」という。

**麦《むぎ》は穂《ほ》を見《み》せてから人《ひと》を殺《ころ》す**　麦は穂を見せてから熟するまで日数のかかることをいう。むかしの農民は、晩春になると、米もあらかた食いつくし、食糧不足で苦しむのでこのことわざがある。

**麦《むぎ》めしおやじ**　麦めしを常食しているような、たくましい田舎のおやじ。

**麦《むぎ》めし炊《た》くようなひと**　のろまで、ぼやぼやしている者をいう。

**麦《むぎ》めし茶屋《ちゃや》**　麦めしを安価に食べさせてくれる大衆茶屋。

**麦《むぎ》めしで鯛《たい》を釣《つ》る**　わずかな元手で、大きな利益をあげることのたとえ。「えびで鯛を釣る」「めし粒で鯛を釣る」なども同じ。

**麦《むぎ》めしと大根《だいこん》にはあきがこない**　麦めしとダイコンは、どちらも味が淡白で腹にもたれないから、常食してもあきない。

**麦《むぎ》めしにこうこの茶漬《ちゃづ》け**　「こうこ」は漬けもののこと。きわめて質素な生活のたとえである。

**麦《むぎ》めしに食傷《しょくしょう》なし**　麦めしは、米だけのめしにくらべて腹にもたれない。腹もたれしないのは、消化がよいためである。「食傷」は「食べあきる」とか「食あたり」といった意味である。

**麦《むぎ》めしにとろろ汁《じる》**　相性や取り合わせがよいもののたとえ。とろろ汁には、粘り気が少なくてさっぱりした食感の麦めしがいちばん合う。

　梅若菜鞠子《まりこ》の宿のとろろ汁　　芭蕉

　静岡県の丸子にある石碑に刻まれた芭蕉の句。ここのとろろ汁は、十辺舎一九の『東海道中膝栗毛』で有名なドタバタコンビの弥次さん喜多さんも食べている。

**麦《むぎ》めしは脚気《かっけ》の妙薬《みょうやく》**　脚気はビタミン$B_1$の不足によっておこる。そのビタミン$B_1$が麦に含まれているため、麦ご飯を常用すると脚気は自然に治ってしまう。麦には食物繊維も多く、成人病の予防食として麦めしファンが増えている。徳川家康が大の麦めし党であったことは、よく知られている。

コラム 和食のツボ ⑨

## 老人大国を支える座禅豆《ざぜんまめ》

日本人の凄さは、物理的な加齢と細胞レベルでの加齢は、比例しないことを証明してみせたことではないだろうか。日本人は、高齢者になっても、細胞レベルでは、まだまだ若いのである。

とくに日本の女性がすばらしい。外国の方々が驚嘆するように、年をとっても健康だし、若く見える。しかも、世界トップクラスの長寿記録も保持している。いくつになっても若いということは、若さを維持するために必要な成分の多いものを、日常的に食べてきたということの証明に他ならない。

それが「和食」なのだ。日本人が若く見えるという結果は、和食の手柄である。主食の米をはじめ、副食物の魚、大豆、野菜、海藻など、すべてがアンチエイジング・フードであるが、とりわけ卓越しているのが大豆の活用である。

家庭料理として、江戸時代から手づくりされてきた黒豆を用いた常備菜に「座禅豆《ざぜんまめ》」がある。元々は、僧侶が座禅に入る前に食べる習慣があり、そこから座禅豆と呼ばれるようになったもの。黒豆には、女性ホルモンに似た作用のあるイソフラボンが多く、尿意をおさえる効果があることから、用いられていたのだという。江戸の町には、長屋住まいの職人が多く、職人がしょっちゅうトイレに駆けこんでいては仕事にならない。そのようなこともあって、煮豆はおかずの定番となり、煮豆屋が登場するほど、庶民の人気惣菜となった。

じっくりと煮込んでつくった座禅豆は、日持ちがよく、忙しいときには便利なおかずで、江戸の花見に持参する花見弁当やお正月のおせち料理にも欠かせない料理となった。座禅豆は、ご隠居にも人気があり、食が進むと同時に、尿意をコントロールするおかずとしても重宝されたのである。

黒豆の黒い色素はアンチ・エイジング成分のアントシアニンだから、からだや表情の若さを保つうえで効果がある。黒豆に多いレシチンは、脳内の記憶細胞の原料で物忘れを防ぐのに役に立つ。

現在の老人大国を支える「ニュー座禅豆」の時代がやってきたのである。

# 第四章　「野菜」に関することわざ

# 「野菜」は「野」の「おかず（菜）」

日本の空気は常に湿っている。

降雨量が多くて、温暖なためだ。年平均で一八〇〇ミリも降る。世界平均が九七〇ミリだから、そのほぼ二倍。世界の穀倉といわれるアメリカでさえ、七六〇ミリしか降らない。

湿気が多くて温暖だから、内陸部の国とはちがって、草木がさかんに繁茂する。日本列島に自生する〝草〟は、古くから食料の対象になってきた。食用になるのは、当然、味がよくて栄養があり、くせのないものが選択される。

「野菜」の本来の意味は、「野」と「草」と「采る《と》」からなっているのをみてもわかるように、「野」の「草」を「摘む」ことである。

つまり「野菜」の文字が示すように、日本の「おかず」は、古くから〝野のもの〟の比重が、たいへんに大きかった。「菜」には「おかず」の意味もある。

「野」や「畑」から採取してきた、〝おかず〟が「野菜」であり、同様に「山のおかず」が「山菜」である。「海菜《うみな》」は「海のおかず」で、海藻や魚、貝などを指す。

野山でとれるのも、畑でつくられたものも、古くは「野菜」だった。

しかし、野草の栽培化や中国渡来の畑作物が増えるにつれて「野菜」は作物だけをいうようになり、野や山の食用草は「山菜」と呼ばれるようになった。

奈良時代になっても食生活における山菜のウエイトは大きく、『万葉集』につぎのような歌が残されている。

春山の咲きのををりに春菜《わかな》摘む
妹《いも》が白紐《しらひも》見らくしよしも（巻八―一四二一）

春山の花の咲き乱れているところで、若菜を摘んでいる娘たちの着物の白い紐を眺めるのは、とてもすばらしいものだという意味。「春菜」は春の野草であり春のおかずを指す。

野菜や山菜の旬《しゅん》の味を大切にしながら、日本人はそれぞれの季節のものをタイミングよく食膳にのせてきた。

「旬のもの」は、味が充実していてビタミンやミネラルが多いだけでなく、豊富な酵素が活発に活動している。旬は、生命力のもっとも盛んになる時期で、細胞の分裂がはげしくおこなわれるため、酵素の働きも最盛期となる。

したがって「旬の食べもの」には、人間の生命力の強化に役立つ、さまざまな酵素があふれるばかりに含まれている。

つまり、季節の野菜や山菜は、日本人にとって〝緑色のサプリメント〟だった。

**青菜《あおな》に塩《しお》**

新しい青菜に塩をふりかけると、しおれるところから、急に元気をなくして、しょんぼりする様子をいう。菜っ葉類に塩をかけると、塩の脱水作用によって、葉がしおれてしまう。青菜の塩もみ、浅漬けはこの原理を応用したもの。

**青菜《あおな》は男《おとこ》に見《み》せるな**

青菜は煮たりゆでたりすると、その量が極端にへってしまう。男はそういったことを知らないから、ごまかしたなどと無用の疑いを抱くこともあるので、青菜のうちは見せないほうがよい。「つましい男に青菜を見せるな」も同じ。

**青豆《あおまめ》**

京都では早朝の客を「青豆」と呼んだ。むかしは朝早くから青豆売りがやってきたためで、その青豆屋にひっかけて、朝の来訪者を「青豆」と呼ぶようになったもの。

**秋《あき》なすは嫁《よめ》に食《く》わすな**

このことわざの解釈には、むかしから諸説があるが、大ざっぱには三つに分類できる。

その一、しゅうとめの嫁いびり説。秋ナスは味がきわめてよいので、憎い嫁に食わせるのはもったいないというもの。

その二、嫁の身を案じる心配説。秋ナスはからだを冷やして毒だからとか、秋ナスは種子が少ないので、子種が少なくなるのをきらってなど、嫁のからだを思う親切心からでているというもの。事実、秋ナスはアクが強いので、のどを痛めるといってこれを避ける声楽家も多い。

その三、ここでの〝嫁〟というのは「嫁が君」、つまりネズミのことであるという説。うまい秋ナスをネズミに引かれてはたいへんだというもの。「秋なすはネズミに食わすな」である。「末《すえ》の初もの」ということわざがあるように、季節のおしまいにできる野菜は、古くから初ものと同じく味がよいといって珍重してきており、それを〝嫁（ネズミ）〟に横取りされては、たまったものではないという意味。

## 朝《あさ》しょうが、夕《ゆう》さんしょう

朝にはショウガを食べて、夕方はサンショウをとるようにすれば、病気が寄りつかない。常に健康でいられる。

ショウガには解毒作用があるから、朝まず口中にしてからだのなかの毒を消す。同時に、健胃や風邪の予防にも効果があるから、朝食にショウガを食べると一日を元気にすごすことができる。また、一日のしめくくりにサンショウを用いるのは、その保温効果によって、からだを温めるためだ。

## 雨栗《あまぐり》日柿《ひかき》

雨の多い年にはクリの結実がよく、日照りの年はカキのできがよい。日照りが続くと、クリは成熟前に落ちてしまうものが多くなるが、カキは反対で、雨が多いと病虫害におかされて不作となる。

## 一樫二《いちかしに》茱萸《ぐみ》三《さん》椿《つばき》

材質の堅い木の順序をいったもの。いちばん堅いのはカシの木である。

## 桶《おけ》が腐《くさ》ると大根《だいこん》も腐《くさ》る

桶が腐れば、そのなかに漬けたダイコンも腐ってしまう。周囲が悪いと、内部にまでその影響が及ぶものだ。

## 桶屋《おけや》と西瓜《すいか》は叩《たた》かねば食《く》われぬ

桶屋はたがをトントン叩いて生計を立てているし、スイカも叩いて熟しかげんを確かめてから食べる。ちなみにいうと、江戸時代、スイカは非常に人気がある夏の果物だった。

## 鴨《かも》がねぎを背負《しょ》ってくる

カモ鍋にネギはつきものである。そのカモがネギを背負ってやってくる。こんなおあつらえ向きのことはないではないか。うまい話が二重三重になってやってくることをいう。「ねぎが鴨を背負ってやってくる」という場合もある。

## 胡瓜《きゅうり》は血《ち》をきよめる

➡ 第七章「医食同源」に関することわざ

**切《き》り干《ぼ》し大根《だいこん》は腸《ちょう》のしこりを除《のぞ》く**　➡第七章「医食同源」に関することわざ

**蒟蒻《こんにゃく》の木《き》のぼり**
ぶるぶる震えあがるといういうしゃれに使う。

**蒟蒻《こんにゃく》の化《ば》けもの**
ひどく震えているさま。「こんにゃくの幽霊」ともいう。

**蒟蒻《こんにゃく》はからだの砂払《すなばら》い**　➡第七章「医食同源」に関することわざ

**里《さと》いもは便秘《べんぴ》の妙薬《みょうやく》**　➡第七章「医食同源」に関することわざ

**七五三料理《しちごさんりょうり》も大根《だいこん》が出《で》ねば調《ととの》わず**
七五三の膳のように立派な日本料理でも、ダイコンが使用されていないとまとまったものとはならない。日本料理にとって、ダイコンはそのくらい重要な材料である。転じて、会合などの場合、大勢のひとが集まっても、肝腎のひとが出席しないと座がまとまらないことのたとえとして使う。七五三のご馳走というのは、本膳に七菜、二の膳に五菜、三の膳に三菜を次々に出す祝儀の膳。

**西瓜《すいか》食《く》ったら便所《べんじょ》の前《まえ》で眠《ねむ》れ**
スイカの約九〇パーセントは水分。このため寝る前に食べると、しばしばトイレに起きるはめになる。スイカには利尿作用があり、腎臓炎やむくみなどの民間薬としても用いられる。また、カリウムが豊富に含まれているので、血圧を下げるにもよい。

**擂《す》りこ木《ぎ》で芋《いも》を盛《も》る**　➡第一章「食」に関することわざ

**大根《だいこん》おろしを作《つく》るとき、怒《おこ》って擂《す》れば辛《から》くなり、笑《わら》って擂《す》れば甘《あま》くなる**
怒りながら擂ると乱暴になっておろしが辛くなる。ニコニコしながら擂ればていねいになるので甘くなる。

### 大根《だいこん》食《く》ったら菜《な》っ葉《ぱ》干《ほ》せ

ダイコンの葉のように、一見つまらないものでも捨てないで干しておけば、まさかのときに役に立つものだ。最近のダイコンは、葉を切りすてたものが売られているが、むかしは葉を軒下にさげて干しておき、汁の実や炊きこみごはんなどに用いたものである。ダイコンの葉にはカロテン、ビタミンC、それにカルシウムや鉄、カリウムなどが豊富に含まれており、上手に生かして使いたい。

### 大根《だいこん》といえば酢《す》

ダイコンのなますやおろしなどには酢の風味がよく合うという意味。

### 大根《だいこん》どきの医者《いしゃ》いらず

ダイコンの収穫どきになると、みんな健康になり、寝ていた病人まで回復してしまうので、医者の用事は少なくなってしまう。ダイコンにはビタミンCやカリウム、それにデンプン分解酵素のジアスターゼや、食物繊維が多いので、消化促進にたいへん役立ち、腸内の異常発酵も予防する。したがって、ダイコンどきになると体力がもりもりついてきて、病人もうす紙をはぐように元気になる。葉には、根よりもたくさんのビタミンCや骨を丈夫にするビタミンK、カロチンなども含まれているので、捨てずに利用したい。元禄年間の『本朝食鑑《ほんちょうしょっかん》』には「魚肉の毒、酒の毒、豆腐の毒をくだす」と、食べもの中に含まれている〝毒〟を中和するうえでも、効果があることを示している。

### 大根《だいこん》と女房《にょうぼう》は盗《ぬす》まれるほどよい

よいものはひとの欲をかきたてるから、盗まれる。畑のダイコンも女房も魅力があるから盗まれるわけで、ひとに振り向かれないようなダイコンなら食欲をかき立てるような魅力が少ない。これはあくまでも江戸時代のことわざである。

### 大根《だいこん》の種《たね》と人種《ひとだね》は盗《ぬす》まれず

ダイコンの種は交雑しやすいことをもじって、姦通による結果の恐ろしさをいったもの。人妻が浮気相手の顔立ちによく似た子どもを産む失態を戒めている。

**大根《だいこん》は短気者《たんきもの》が擂《す》ると辛《から》くなる**

気短がダイコンを擂ると、速くおろそうとして力をこめるから辛いダイコンおろしになってしまう。

**大根虫《だいこんむし》で葉《は》食《く》らい**

ダイコンにつく害虫は葉しか食べない。つまり「葉食らい」。これを「舶来」としゃれたもの。少々まわりくどいが、要するに「輸入品」のことをいう。

**大根役者《だいこんやくしゃ》**

ダイコンは消化がよいから、めったにあたらない。転じて、あたり芸のないヘボ役者のことを「大根役者」というようになったもの。役者にかぎらず、無能な人間を「大根」という。

**大根料理《だいこんりょうり》で菜《な》をとる**

「菜」を「名」にかけて、「名誉をとる」というしゃれ。

**大根《だいこん》を正宗《まさむね》で切《き》る**

ダイコンのように切りやすいものに、正宗のような天下の名刀を使う必要はない。大人物につまらない仕事をさせることのたとえ。

**たけのこの親《おや》まさり**

タケノコの生長は驚異的で、たちまち親竹と同じくらいの背丈になってしまう。人間の場合も同じで、子どもの成長は実にはやい。タケノコは低カロリーで食物繊維が多いから、ダイエット食品としてはもってこいだ。カリウムやビタミン$B_2$、ビタミンEなどが含まれている。

**たけのこの育《そだ》つよう**

タケノコは生長がはやいところから、人間がスクスク育つことのたとえとして使う。「たけのこのようだ」ともいう。

**たけのこの隣遊《となりあそ》び**

タケノコは隣家の地面でもかまわずに芽を出して伸びる。タケノコの旺盛な繁殖力をいったものであるが、地面に境界線を設けるのは人間の勝手で、タケノコには関係ない。自然児のタケノコは、生えたい場所に芽を出すだけである。

### 七夕大根《たなばただいこん》

ダイコンの種をまく時期をいったもの。秋ダイコンは七夕さまのころが播種期である。

### 梨《なし》と女《おんな》は尻《しり》ねらい

ナシは頭部よりも尻のほうが甘みが強くうまいところからいう。ナシはカリウムやビタミンC以外はあまり栄養はないが、食物繊維が多く便秘解消に役立つ。

### なすと男《おとこ》は黒《くろ》いのがよい

ナスは黒光りしているくらいのものが新鮮でよい。男も色が黒いほうが、いかにも健康的でよい。ナスは油をたっぷり吸収するわりには、それほどしつこさを感じさせずに食べられるところから、夏バテ解消には効果がある。黒い色素は抗酸化成分のアントシアニンである。

### なすの花《はな》と親《おや》の意見《いけん》は、千《せん》にひとつも仇《あだ》がない

ナスの花はたいがい実を結ぶからむだ花がない。それと同じように、親の意見も一から十までまちがいがないものだ。「仇」はむだになること。

### 菜種《なたね》の十七《じゅうしち》、大根種《だいこんだね》の老女《ろうじょ》

ナタネは早く種を採ったほうがよいが、ダイコンの種はいつまでもおいて、おそく採取したほうがよい。

### 菜種《なたね》の花《はな》が咲《さ》くと、いとこの顔《かお》でも忘《わす》れる

ナタネの花が咲くころは、日が長くなり、陽気もよいのでのんびりしてしまうところからいうことわざ。

### 韮《にら》を食《た》べると精《せい》がつく

➡ 第七章「医食同源」に関することわざ

### 人参《にんじん》の好《す》きなものは色《いろ》も好《この》む

薬用ニンジンの煎じ薬を服用すると精力がつくところからきたもの。事実、薬用ニンジン中に含まれているサポニンなどの特殊成分がスタミナの強化やホルモンの分泌に役立つ。

### ねぎと下手《へた》浄瑠璃《じょうるり》は節《ふし》がない

へたな浄瑠璃（音曲の語りもの）は、ネギと同じで節がない。たしかに、へたな浄瑠璃はまのびしていて、メリハリがないからネギのように一本調子。「ねぶか浄瑠璃」とか「ねぶか節」なども同じ意味である。「ねぶか」はネギのこと。いずれも、聴くにたえない浄瑠璃をやじるときに使うことば。

### ねぎの好《す》きなひとは頭《あたま》がよい

ネギを食べると硫化アリルなどの作用によって、血行がよくなり、脳細胞に十分な酸素と栄養が運ばれていくからその機能が向上する。「ねぎの白根を食べると頭がよくなる」ということわざもある。経験の積み重ねによって、みちびき出されたことわざである。ネギにはカロテンやビタミンC、Eが多く、これらも脳細胞の働きをスムーズにするうえで役に立つ。

### ねぎは人影《ひとかげ》でもきらう

ネギは日当たりのよい畑でないと生育しない。ネギは、少しの日かげもきらうのだ。

### ねぶか屋《や》の赤葉《あかは》

ネギ（ねぶか）を売る八百屋が赤茶けた古ネギの葉を食べている。「紺屋の白袴」「医師の不養生」「坊主の不信心」と同じ。

### のっぺい汁《じる》の芋《いも》の子《こ》のよう

のっぺい汁に入れた里イモのように青白くて気骨のないこと。弱々しい男をいう。「のっぺい汁」は「能平汁」「濃餅汁」または「野平汁」とも書き、片栗粉でとろみをつけた野菜汁。里イモをたくさん使うところに特徴がある。

### 腹《はら》がへりまの大根《だいこん》

「腹がへった」を「練馬の大根」にかけて「へりま」としゃれたもの。『東海道中膝栗毛』に「おらァ、腹がへりまの大根だ。菓子でも買って食おう」とある。

**風呂《ふろ》桶《おけ》で大根《だいこん》を洗《あら》う**

物事がゆるゆるしていることのたとえとして使うことわざ。

**娘《むすめ》となすは若《わか》いのがよい**

娘は若いほうが愛嬌があって美しい。ナスも日がたったのは、皮が厚くてまずい。人間の顔の皮も、歳をへてくると厚くなる。これが「厚顔《こうがん》」で、あつかましいとか、恥知らずという意味である。

**もんで味《あじ》出《だ》せ干《ほ》し大根《だいこん》**

切り干しダイコンは、よくもめばもむほど組織がやわらかくなり、酵素の働きによって甘味も増す。人間も同じで、実社会のなかに出てもまれればもまれるほど、性格もやわらかくなって、人間味も出てくるものだ。

**八百屋《やおや》に看板《かんばん》なし**

八百屋の店頭には、たくさんの品物が並べてあるので、別段看板がなくてもよくわかるというもの。

**山《やま》いもは「山《やま》うなぎ」**

➡ 第七章「医食同源」に関することわざ

コラム　和食のツボ⑩

## 牛肉にはシラタキ

世界中で和食ファンが急増中で、日本式の料理文化が脚光を浴びているが、そのなかのひとつが牛肉料理のすき焼きだ。

平鍋に薄切りにした霜降りの牛肉と野菜、シラタキ、焼き豆腐などを入れ、ちょっと甘めのしょう油味で煮ながら口に運ぶ。煮かげんは自分好み。煮過ぎると、肉が硬くなって、味が落ちてしまう。

口に運ぶタイミングを狙うのが面白い。ビールを飲みながら、鍋のなかの肉を引っくり返したり、野菜やシラタキを引っぱったりしながら、肉の様子を真剣にうかがう。霜降りの肉は高価だから、一瞬たりとも油断はできない。生煮えくらいが霜降りの脂も残っていてやわらかく、とろけそうな肉のうまさのなかに、かすかな甘味さえあって、いつ食べても美味至高さに感心してしまうところに、この牛肉料理の最大の特徴がある。

ほどよく熱が通り、味がしみた肉だけでもうまいのに、生卵をからめて口にするのだから、とろ味はさらに増加して、自分だけこんなに美味な牛肉を食べてもいいものだろうか、という罪悪感すら抱いてしまう。

「スキヤキ」の名前がおこったのは、明治の文明開化のあとであるが、前身は江戸の町で幕末に食べられていた肉鍋だ。

江戸の町は出稼ぎの男性が多く、長屋などにも独身の男たちが少なくなかった。この男共を相手に始められたのが肉鍋屋で、味がよくて、スタミナもつくところから、大繁昌となった。

「およそ肉にはネギがよく調和する。一人の客に一つの鍋を用意し、火鉢を並べて配置する。上戸は肉鍋で酒を飲み、下戸はそれで飯を食う」と記しているのは、当時人気のあった『江戸繁昌記』という書物である。

最初はイノシシやシカなどであったが、だんだん牛肉なども用いられるようになり、明治に入ると、ほとんどが牛肉になってしまう。

　牛肉は確かにうまい。うま過ぎる。ところが、脂がこってりと含まれている。まあ、その脂身が美味のもとなのであるが、食べ過ぎるのはよくない。

　そこで、コンニャクと野菜も入れた。脂の過剰摂取を防ごうとする、日本人の知恵が発揮されたのである。牛肉にシラタキ、春菊、シイタケ、焼き豆腐、ネギなども入れて、いっしょに煮込んだ。

　ところが、なんとシラタキに牛肉のうま味がしみ、野菜にも同じ現象がおこって、牛肉同様に具までうまくなってしまった。和食的牛肉料理の大成功であった。

　いまではシラタキは不可欠となり、うっかり忘れて入れなかったりすると、欲求不満がつのり、「あー何ということだろう。シラタキのないスキヤキなんて、餅のないお汁粉みたいなものじゃないか」と、落胆してしまうほど不可欠な存在だ。

　味のよくしみこんだシラタキをツルツルと口中に入れ、噛んだときの食感のうまさは、牛肉はへらしてもよいから、シラタキを「もっと入れて下さーい」と叫びたくなるほどだ。

　コンニャクは、中性脂肪やコレステロールなどを吸着して体外に排出する働きで注目されている。

コラム　和食のツボ ⑪

## とろろ汁で頑張る日本人

日本人はネバネバとかヌラヌラ、ツルツルといった具合に、糸を引いてネバネバ感の強いものが好きだ。その代表格が山イモと納豆。どちらも強壮作用が強く、食べるだけで、健康力をパワーアップしてくれる。

山イモにはデンプン分解酵素のジアスターゼやアミラーゼ、さらに解毒作用のあるカタラーゼといった酵素がたっぷり含まれていて、消化がよく、少々食べ過ぎても、腹にもたれない。

トロロイモとも呼ばれる山イモは、縄文時代より前の旧石器時代から食べられていたのは間違いない。「自然薯《じねんじょ》」ともいい、山野に自生する日本の粘々食の第一号であり、糸引き食では納豆の先輩格にあたる。

とにかく粘る。すりおろした時の強力なネバネバは、ムチンというタンパク質と糖質が結合した植物性の粘性物質で、それにガラクタンやマンナンなども含まれている。これらの粘性物質は強力で、手に付着するとかゆくなったりする。ムチンはタンパク質を無駄なく吸収するのを助け、からだにとって毒になるような物質の排泄を促すなどの働きで、よく知られている。

山などに自生している山イモは、秋から冬にかけ枯れ葉をかき分けて掘り出すが、うまく掘るのもひと苦労だ。

気短かな男が掘って短か芋

気長に掘らないと、ポキポキ折れてしまうという江戸の川柳だ。

平安時代の医術書である『医心方《いしんぽう》』にも「長く食していると、身体が軽くなって、飢えに対する抵抗力もつき、寿命をのばす」とある。『好色一代男』（井原西鶴著）の主人公である世之介も、大の山イモ党で、好色丸という船で女護が島へ向かうときにも、船底に山ほど積んで出発している。トロロイモ（山イモ）のとろろ汁は粘り気も味のコクもあり、ご飯の味と実によく合う。早食いしても消化酵素が多いから、支障がない。

日本人は古来以来、稲作農耕をなりわいとしてきた。年がら年中忙しいから、どうしても早食いの習慣が身についてしまう。

そのような生活を支えてくれたのがとろろ汁であり、納豆などの「つるつる食」だったのである。

コラム　和食のツボ ⑫

## ヒジキ料理は長寿おかず

和食には、伝統的な「長寿おかず」ともいうべき定番の家庭料理がたくさんある。

そのひとつが、「ヒジキと油揚げの煮物」である。

この二つは味の相性がよいだけではなく、栄養の相性も抜群によく、現代的にいうと日本人に慢性的に不足しているカルシウムと食物繊維がたっぷりとれる。

昔は、どこの家でも常備菜にして、おじいちゃんおばあちゃんから子どもまで、日本中でよく食べていた。とくに、使用人が多い大阪の商家では夕食のおかずとして、ヒジキと油揚げの煮つけは定番だったようである。粗食のように見えるが、この組み合わせは、日本人のすばらしい知恵。

商人にとって、店にやってくるお客さまは〝神さま〟なのである。安心して、心地よく品物を買ってもらうためには、店員のニコニコした笑顔が欠かせない。自然な「ニコニコ顔」は、カルシウムが生み出すゆとりの表情なのである。カルシウムは「食べるトランキライザー（精神安定剤）」といわれるように、必要量を十分にとっていれば、気持ちにゆとりが出てくるから、自然に笑顔も生じる。

現代人に必要なカルシウムの量は、ほぼ六〇〇ミリグラム前後。ところが実際にとっているのは五〇

○ミリグラムくらい。現代人に不機嫌そうな表情の人が多い大きな背景といってよいだろう。

　カルシウムは骨格の原料でもあり、不足すると骨質が老化して骨折しやすくなり寝たきりの原因にもなりかねない。ストレスに弱く、いつも怒りっぽくてイライラしやすいのもカルシウム不足と関係がある。

　ところが、干しヒジキ一〇〇グラム中には、一四〇〇ミリグラムという驚異的な量のカルシウムが含まれている。その含有量は、海藻のなかではナンバーワンである。

　ヒジキと油揚げをいっしょに料理すると、カルシウムの体内の利用効率が高くなる。油揚げに含まれているイソフラボンが、骨からカルシウムが溶け出すのを防ぎ、カルシウムの骨への吸着をバックアップする作用をしているからである。油揚げ自体にもカルシウムが多く一〇〇グラム中に三〇〇ミリグラム含まれている。

「自然な笑顔」と「丈夫な骨」は、どちらも不老長寿には欠かせないが、それを支援しているのが、油揚げの入ったヒジキ料理なのである。

　カルシウムばかりではなく、ビタミン類も豊富。とくに「若返りのビタミン」として知られているビタミンEが多く、高い抗酸化作用を持ち、活性酸素の害から血管や脳の健康を守り、生活習慣病を予防して老化を防ぐ。ビタミンE不足はイコール老化促進といってもよいほど、老化が進んでしまう。ビタミンEは油揚げにも含まれており、両者をいっしょにした煮物は、強力な長寿食となる。

　さらに疲労を除き、物忘れを防ぐビタミン$B_1$、ダイエットに役立ち脂肪を減らすビタミン$B_2$、骨を強くするビタミンKなども含まれており、ヒジキと油揚げの煮物は、まさに食卓のサプリメントなのだ。

## コラム　和食のツボ ⑬

### きんぴらごぼう

ごぼう料理というと、代表選手は何といっても「きんぴらごぼう」。ヘルシーなお総菜ブームでコンビニなどでもよく売られている。最近では、ごぼうサラダやハンバーガーのキンピラ入りなどもあって、外国の方々にも人気がある。

ごぼうといったら何といっても食物繊維で、一〇〇グラム中に約六グラムも含まれ、腸の蠕動《ぜんどう》運動を活発にして、便秘を防ぎ、腸内の有害物質を吸着して排除するなど、大腸ガンを防いでくれる。

ごぼうには水溶性食物繊維のペクチンも含まれており、こちらはコレステロールの吸着、排泄効果で知られている。

「きんぴらごぼう」が生まれたのは江戸時代で、当時はとび上がるほどの激辛で、ご飯のおかずや酒肴として人気があった。

「きんぴら」は、架空の人物の名前。熊を投げとばした怪力で有名な金太郎こと坂田金時の子の「金平」からきたというもので、あやつり狂言に登場する豪傑という設定。生まれたのは江戸時代の前期で、怪物退治のヒーローとして芝居にも登場し、たちまち人気者になり「金平ブーム」がおこった。

まっ赤になるほどトウガラシの入ったごぼうの油炒めを食べるとカッカッとからだがほてり、体中にパワーがみなぎるところから、いつの間にか力持ちの「金平」がつけられ「きんぴらごぼう」になった。

# 第五章　「魚」に関することわざ

## 日本人は世界一の魚好き民族

日本人は、よく魚食民族といわれる。大はクジラ（海産哺乳動物）から、小はイワシの稚魚にいたるまで、歴史的にみても、実に多種多様の海産物を腹のなかに納めてきた。毒魚のフグはもちろん、欧米では〝悪魔の魚〟といわれるタコ、それからイカ、ナマコ、ホヤ、ウニなど奇妙な形をした生きものまで平気で食べてしまう。これらは日本列島の各地にぼう大な貝塚を残した、縄文人以来の伝統的な嗜好といってよい。

暖流、寒流のぶつかり合う潮境《しおざかい》が、季節によって北上したり、南下したりするため、南方系、北方系の魚が入り混じり、列島近辺の海を海産物の宝庫にしたのである。そのうえ、日本の海岸線は、北から南まで変化に富み、複雑に入り組んでいる。このため、いたるところに発達した入江や河口には、大量の魚がすみつき、砂地にはあらゆる種類の貝が繁殖していた。

江戸時代まで日本に肉食文化が根をおろさなかったのも、海産物が豊富なためと、大豆文化が発達していたからである。日本人はこの列島上で米を主食とし、それに魚と大豆でタンパク質を補給して、畑作の野菜と野山の山菜でビタミンや食物繊維をとるという独特の食文化を築いてきた。この食構成によって健康を守り、体軀《たいく》は決して肉食民族のように大柄にはならなかったけれども、体力に優れ、長生きし、今日の繁栄の基礎をつくった。現在、日本は世界トップクラスの長寿民族であり、先端技術国家である。日本人は古くから世界一の魚好き民族だから、魚介をテーマにしたことわざもたいへんに多い。

## 鮟鱇《あんこう》が酒粕《さけかす》に酔《よ》ったよう

酒に酔うと、顔が赤くなってアンコウが酔ったような表情になる。アンコウは頭部と口が大きく、醜悪な顔をしているのでいう。『世話尽《せわづくし》』に「あんこうの糟《かす》（酒粕のこと）に酔える」とある。

## 鮟鱇《あんこう》のえさ待《ま》ち

アンコウは、ふだんは海の底にへばりついていて動かず、頭の上にある長い触角をヒラヒラさせて小魚をおびき寄せる。口を開いて、ぼんやり待っていることをいう。英語ではアンコウのことをAngler、つまり「釣り人」という。まさにアンコウは、海底の〝釣り師〟。

## 鮟鱇《あんこう》の七《なな》つ道具《どうぐ》

肝臓、胃袋、卵巣（ぬの）、皮、肉、えら、そして尾びれが俗にいう「七つ道具」。通がよろこぶのは、肉よりも歯ごたえの風変わりな皮や、しこしこした内臓のほうである。とくに肝臓は「あんきも」と呼ばれ、酒の肴にしてこれほど絶妙な味はないだろう。みそあえのきもも絶品だ。アンコウ攻略は、まず鍋。ネギ、シイタケ、焼き豆腐などといっしょに肉、内臓、皮を水炊きにして、ポン酢で食べる。みそ仕立てのアンコウ汁もすてがたい。皮や肉をきもであえた共和えも冬の珍味である。

## 鮟鱇《あんこう》の待《ま》ち食《ぐ》い

アンコウは進んで餌を求めず、ただ口を開いて、小魚が口のそばにくるのを待ってパクリとやる。転じて、何の働きもせずにご馳走にだけありつくことをいう。

## 鮟鱇武者《あんこうむしゃ》

アンコウの風貌はグロテスクで、近づく者を威圧する。口では強そうなことをいうが、内心は臆病で卑怯な武士のたとえ。つまり、形ばかり。

## あんこ型《がた》

下腹部が突き出ていて、よく発達したタイプの相撲取りをいう。「あんこ」は「鮟鱇」で、腹の大きいところが似ているところからきたもの。

**烏賊《いか》とも蛸《たこ》とも知《し》れぬ**

どちらともはっきりしないもののたとえ。つかみどころがないこと。

**烏賊《いか》の甲《こう》より年《とし》の功《こう》**

イカの甲は役に立たないが、ひとは年をとるほど知恵が深まり、価値がでてくる。

**いかもの食《ぐ》いの食悦《しょくえつ》**

いかもの食いは、ひとがきらうようなものばかり食べてよろこんでいる。

**いかもの食《ぐ》いの銭惜《ぜにお》しみ**

ふつうのひとなら避けるような変なものばかり選んで食べているのは、金を出すのが惜しいからだということ。

**生簀《いけす》の鯉《こい》**

いけすに飼われているコイのこと。束縛されていて、自由にならない身のたとえにいう。転じて、遅かれ早かれ死ぬ運命の決まっていることのたとえ。

**いわし網《あみ》でくじら捕《と》る**

思いがけない幸運がまいこむこと。また、あるわけがないことのたとえに使う場合もある。浄瑠璃の『国性爺合戦《こくせんやかっせん》』に「思いもよらぬ拾いもの、いわし網でくじらを捕るとは此のこと」とある。

**いわし食《く》ったる鍋《なべ》の弦《つる》**

同じことをした仲間同士、または共犯者をいう。イワシを煮ると、鍋ばかりか弦にまで臭いが移るところから、人間関係のつながりをいう。洒落本の『売花新駅《ばいかしんえき》』に「よくよく聞けば他人にあらず、いわし食ったる鍋の弦」とある。

**いわし千回鯛《せんかいたい》の味《あじ》**

ふだんは下魚あつかいされているイワシでも、千回も清水にさらせば生臭味が抜けて、タイの肉に近くなるという意味。しかし、イワシのうまみは脂肪ののりかげんにあるわけで、なにも、タイの味を目指す必要はない。栄養のほうも、イワシのほうが数段まさる。

秋から冬にかけての体力食として、イワシほど安価で栄養成分の充満した魚も珍しい。ビタミンAやB類、それにタンパク質や脂肪、カルシウムが多いから、冬期に流行する風邪など呼吸器系の感染症に対して、強力な抵抗力をつける効果がある。最近、とくにイワシが注目されるようになったのは、脂肪中に含まれているエイコサペンタエン酸（ＥＰＡ）やドコサヘキサエン酸（ＤＨＡ）などが、血管の若さを保ち、動脈硬化や心筋梗塞など、恐ろしい生活習慣病の予防に役立つことがわかってきたからだ。

## いわしで精進落《しょうじんお》ち

なまぐさを口にしないという禁戒を、イワシのようにつまらない魚を食べて破ってしまう。つまらないことで、せっかくの努力がむだになるたとえ。また、つまらない者を相手にしたために、名誉を損なういましめとしても使う。

## いわしの頭《あたま》は鴨《かも》の味《あじ》

イワシの頭は箸をつけないで残してしまう場合が多いが、実は、いちばんうまい部分なのだ。そのうまさをカモの肉にたとえたもの。事実、イワシの頭はちょっと苦味があるが、独特の風味があってうまい。とくに焼きイワシがよい。

## いわしの頭《あたま》も信心《しんじん》から

イワシの頭のようなものでも、それを信じる心があれば、神仏同様の霊験をもつようになるものだ。信仰心のふしぎな作用である。かたくなに信じこんでいるひとをからかっていう場合もある。

## いわしの頭《かしら》になるよりは、鯛《たい》の尾《お》につけ

小さくて弱いものたちの頭に納まるよりは、大きくて強いもののあとについていたほうが気楽だし安全だ。

## いわしのたとえにくじら

小さなことを説明するのに、大きな例をあげてもつり合わない。たとえが不適当であること。

### いわしの煮《に》つけにしょうがと梅干《うめぼ》し

イワシは身がやわらかくていたみやすい。しかし、最近では生活習慣病予防の成分が多量に含まれていることが評価され、人気を集めている。

ところで、イワシを煮るとき、におい消しとしてショウガを入れるが、いっしょに梅干しを一粒入れると身がしまって味もよくなる。梅干しの酸によって、イワシのタンパク質がほどよくしまり、口当たりがよくなるためだ。

### いわしの目《め》ただれ、さば腐《くさ》れ

イワシは捕まるとすぐに目が赤くなり、サバは肉が腐りやすい。イワシの目の赤いのは鮮度の低下した証拠であり、サバは〝生腐《いきぐさ》れ〟といわれるように痛みがはやい。

### いわしの焼《や》き食《く》い一升《いっしょう》めし

水揚げされたばかりのイワシを浜で焼いて食べる味は天下一品で、たとえ、一升（一・五キロ）めしでもペロリと平らげることができる。新鮮な魚なら、なんでもうまく食べられることのたとえである。

### いわしは海《うみ》の〝人参《にんじん》〟

イワシは、海のニンジン（漢方で用いる薬用ニンジンのほう）といってもよいほど、滋養があるという意味。

イワシやサバ、サンマ、アジといった、いわゆる〝青魚〟は、共通の特徴として脂肪分の含有量が多いという性質をもっている。しかも、その脂肪分のなかには、エイコサペンタエン酸、ドコサヘキサエン酸という必須脂肪酸が多量に含まれている。これらの成分には、血液中の血小板がかたまるのをおさえたり、血中コレステロールを低下させ、血管を拡張させる働きがある。したがって、イワシなどを食べていると血栓ができにくく、恐ろしい動脈硬化や脳血栓、心筋梗塞などの成人病を防ぐことになる。

日本の近海で水揚げされるイワシ類には、マイワシ、ウルメイワシ、カタクチイワシの三種類があるが、漁獲量の大半を占めるのがマイワシ。旬はサンマと同じ秋で、脂ののった〝秋イワシ〟の味は格別であるが、栄養的にもすぐれている。

江戸時代の『本朝《ほんちょう》食鑑《しょっかん》』には「老を養って虚弱体質を治し、ひとを強健にして長生きさせる」とあり、また「民間日用の食として、みそ汁にかわって主食をたすけ、肥健強固にし、常に病気にかからぬ効めを持つ」とイワシの利用価値を述べている。まさに「イワシは海の〝人参〟」といってよいだろう。イワシには、エイコサペンタエン酸以外にも、つぎのようにすばらしい内容が含まれている。

その一、カルシウムとビタミンDの量が多く、Dはカルシウムの吸収をよくし、骨に沈着させる作用があるから、イワシを常食すると骨格が丈夫になる。

その二、血液の混じった血合い肉の栄養価値は、ウシやブタのレバーに匹敵する。貧血に効果のある鉄分の含有量がとくに多く、他にもビタミンAや$B_1$、$B_2$、$B_{12}$などがたくさん含まれている。

その三、マイワシの脂肪分は約一四パーセントであるが、そのほとんどは不飽和脂肪酸だから、血管のつまる病気を予防し、スムーズな血の循環によって、頭脳および体細胞の新陳代謝を活発にする。

その四、イワシには核酸が多く、記憶に関係の深いリボ核酸の合成を促進する。核酸の利用効率を高めるためには、ビタミンBグループが不可欠であるが、イワシにはその両方が都合よく含まれている。一四〇億個という脳細胞の働きをよくして、もの忘れを防ぎ、学習能力をあげるためにも注目したい食べものである（「いわし百匹頭の薬」参照）。

その五、必須アミノ酸をバランスよく備えた高タンパク食品で、その含有量は牛肉にまさるとも劣らない。

その六、ビタミンAはマグロやブタ肉の二倍、ビタミン$B_2$はマグロの三倍以上も多く含まれている。

## いわし百匹頭《ひゃっぴきあたま》の薬《くすり》

安価なためにばかにされているイワシであるが、食べ続けると頭の回転がよくなるという意味。イワシに多く含まれている核酸は、記憶物質のひとつといわれるリボ核酸の合成を促進する重要な成分である。人間が、なにか新しいことを記憶しようとするとき、それをデータ化してストックする脳細胞に、新しい変化がおこる、その変化をおこすのが、神経細胞中のリボ核酸といわれている。したがって、核酸を多量に含んでいるイワシは、記憶力を増進させる食べものということになる。さらに豊富なドコサヘキサエン酸には脳の老化を防いで記憶力の向上に役立つ働きがあるといわれ、イワシはまさに頭脳力向上食といってもいいかもしれない。

**魚心《うおごころ》あれば水心《みずごころ》**

相手が好意を寄せてくれば、こちらも自然に同じ感情を抱くようになるものである。先方の出方しだいで、こちらにも対応の仕方があるという意味。『関取千両幟《せきとりせんりょうのぼり》』に「太夫が身請はおれしだい、魚心あれば水心あり」とある。

**魚《うお》と水《みず》**

おたがいに相手を欠くことのできない間柄、切っても切れない密接な関係にあることをたとえていう。『義経記《ぎけいき》』に「今日より後は、魚と水とのごとくにして、先祖の恥をそそぎ」とある。

**魚《うお》は鯛《たい》**

魚のなかで、もっともすぐれているのはタイだ。つまり同類のなかで、いちばん優秀なものをいう。『難波橋心中』に、「魚は鯛、人は侍、木は檜」とあり、人間さまよりタイのほうが上位にきている。

**鵜川《うがわ》の小鮎《こあゆ》**

鵜飼いがおこなわれている川に棲むアユは絶体絶命だ。いつかはウの鋭いくちばしで捕捉されてしまうからだ。とうてい逃げ切れないというたとえ。

**うなぎを食《た》べると頭脳《ずのう》がよくなる**

むかしからウナギが夏負けを防ぐ妙薬といわれてきたのは、ビタミンAやB群、E、それに脂肪がたっぷり含まれているためで、暑さで体力の衰えがちな夏の強壮食としては、まさに最適だからである。

　脳の老化をどう防ぐかが、長寿時代の大テーマになってきた。物忘れや認知症などの予防である。高齢者の四人に一人は認知症になるといわれ、今や新たな〝国民病〟である。

　予防効果で期待されているのが、これまでも再三取り上げてきた必須脂肪酸のDHA（ドコサヘキサエン酸）とEPA（エイコサペンタエン酸）で、ウナギに豊富。DHAは脳の細胞の原料となり、老化による酸化によって衰えた脳細胞を元気にして、認知症を防ぐといわれ、EPAは血液をサラサラにして血栓を防ぎ、脳の若返りに役立つ。

　ウナギは単なる土用のスタミナ食だけでなく、実は、健脳効果のきわめて高い〝頭の栄養食〟でもあったのだ。なお『万葉集』のなかに、大伴家持が有名な歌を残している。

　石麻呂にわれ物申す夏やせに
　　よしというものぞ鰻《むなぎ》とりめせ（三八五三）

### 海和尚《うみおしょう》

　タコのこと。頭（本当は胴体）が似ているところから、むかしからタコとお坊さんは結びつけられてきた。僧侶のことを「タコ入道」とか「タコ坊主」と呼んだりする。「タコ食って精力のついた好色坊主」といった場合は、タコに含まれている強精効果の強いアルギニンやタウリンを指している。

### 海老《えび》は尾《お》まで食《た》べよ

に関することわざ ➡ 第八章「医」と「健康」

### 鰹《かつお》はさしみ、さしみは鰹《かつお》

　江戸時代、カツオはさしみで食べるのがいちばんうまく、さしみはカツオに限る。これは江戸の話で、京都にいくと「さしみは鯉《こい》がいちばん」となる。京都では、単に「さしみ」といえば「鯉のさしみ」のことであり、ほかは「鯛《たい》のさしみ」というように、魚の名前をつけて呼んだ。

### 寒鰤《かんぶり》一本《いっぽん》米《こめ》一俵《いっぴょう》

　寒のブリは味がよいので値がはる。むかし、北陸地方では寒ブリの初物の値段は米一斗（約一五キロ）が相場だったので「一斗ブリ」と呼ばれた。これが消費地に運ばれると「二斗ブリ」から「三斗ブリ」の値がつき、さらに大都会に入ると「一俵（約六〇キロ）ブリ」に出世した。

**寒《かん》ぶり寒《かん》ぼら寒《かん》かれい**

どれも寒中にとれたものが、脂肪がのっていてうまいのでいう。

**食《く》いものもあるのに鉄砲汁《てっぽうじる》**　➡　第一章「食」に関することわざ

**鯉《こい》が踊《おど》れば泥鰌《どじょう》も踊《おど》る**

才能もないのに、すぐれた者のまねをしようとする愚かさをいう。

**鯉口《こいくち》をきる**

刀のさやの口が「鯉口」。楕円形で鯉の口に似ているためで、「鯉口」をきるというのは、いつでも刀が抜けるように鯉口をゆるめておくことをいう。

**鯉《こい》のあつもの食《く》いたる日《ひ》は鬢《ひげ》もそそけず**

コイの熱汁（鯉《こい》こく）を食べた日は、その濃厚な栄養によって体中に精気が生まれ、耳ぎわの鬢もほつれないでピンと張っている。吉田兼好の『徒然草』にも「鯉のあつもの食ひたる日は、鬢そそけずとなん。膠《にかわ》にも作るものなれば、ねばりたるものにこそ」とある。コイにはゼラチン質が多く、内臓を丈夫にしたり、精力を強化するうえで効果がある。

**鯉《こい》の生血《いきち》は精《せい》がつく**

コイの生血を杯にとって飲むと精がつく。このため結核など消耗性の高い病気にむかしはよく用いられた。コイは生命力が旺盛で、水からあげても数時間は生きているほどである。コイの生命力が強いのは、ビタミンDやE、B類、アミノ酸のアルギニンなどが多くスタミナの補強や活力の回復などに効果がある。

**鯉《こい》の苦玉《にがたま》をつぶすな**

苦玉というのはコイの胆のうのことで、緑色の胆汁が入っているが、これが猛烈に苦い。コイを料理するとき、うっかり苦玉をつぶして肉についたりすると、その苦味がとれなくなってしまう。コイの頭を落とすときには、十分に注意する必要がある。

### 鯉《こい》の八万八子《はちまんはちご》

コイは卵を多く産む。そして、繁殖力が大きい。「八」は数が多いという意味であるが、実際の産卵数もきわめて多い。

### 鯉《こい》の一跳《ひとはね》

コイはひとに捕えられると、一度は跳ねるが、あとはじたばたしない。あきらめのいさぎよさ、最期の立派さをたとえていう。「鯉の水離れ」ともいう。

### 鯉《こい》は水放《みずばな》れがだいじ

コイを釣り上げるときには、水からのすくい上げを手際よくやらないと逃げられてしまう。狂言の『鱸庖丁』に「そうじて鯉は水放れが大事じゃと申すによって、ちゃっと引上げて見ましたれば」とある。

### 鯉《こい》は焼《や》いては食《く》わぬもの

コイの食べ方はコイこくやあらい、揚げものなどが一般的で、焼き魚にはしないのが常道である。

### 魚《さかな》と客《きゃく》は三日《みっか》たてば臭気《しゅうき》あり

長居する客はきらわれる。魚を三日間も放置しておけば、臭いがたっていやがられるが、長尻の客も同じである。客は早く帰るのがよろこばれるのだ。

### 魚《さかな》の釜中《ふちゅう》に遊《あそ》ぶがごとし

自分が火にかけられた釜のなかにいるのも知らないで、ゆうゆうと泳ぎまわっている。目前に迫った災いにも気づかず、のんきに遊んでいることのたとえ。また、進退に窮したたとえにも用いられる。

**魚《さかな》は上戸《じょうご》に焼《や》かせろ**

酒飲みは、焼き魚の味のよしあしを熟知している。したがって、魚は上戸に焼かせるのがよい。

**魚《さかな》を争《あらそ》うものは濡《ぬ》れる**

舟の上で魚を奪い合えば濡れるように、利益を争えばきっと心身を苦しめられるといういましめ。

**魚《さかな》を猫《ねこ》にあずける**

もっとも信用できない相手にだいじなものをあずけること。「猫にかつお節をあずける」も同じである。

**魚《さかな》を見《み》て網《あみ》を結《むす》ぶ**

魚影をみてから、あわてて網作りをする。ことがおこってから、あわてて対策をたてることのたとえ。これでは、よい結果が生まれるはずがない。

**魚《さかな》をもって蠅《はえ》を追《お》う**

魚をふりまわしてハエを追い払おうとしても無駄だ。魚の臭いでますます集まってくる。手段や方法をまちがえれば逆効果をまねくものだ。

**鮭《さけ》になるか鱒《ます》になるか**

カエルがわが子のオタマジャクシを育てるとき、親の欲目で、行く末はどんな立派な大魚になるかと楽しんでいるうちに、やがて尾がとれて足が出てくるのを見て、やはり、カエルの子はカエルで、サケにもマスにもならぬと、がっかりしてしまう。親が子に過大な期待をかけても、能力以上の人間にはなれない。子どもにかけた期待が外れた嘆きをいう。

**さざえの拳《こぶし》、白魚《しらうお》の手《て》**

男性のサザエのようにたくましいこぶしと、女性の白魚のように美しい指をたとえていう。

**鮫肌《さめはだ》は鮫《さめ》で治《なお》す**

むかしから、夜になると視力が低下する鳥目に、サメの肝油が効くといわれてきた。夜盲症に効果のあるビタミンAが多量に含まれているためだ。現在では深海サメの肝油エキスが健康食品として売られている。ビタミンAは鳥目だけでなく、肌荒れなどの皮膚の異常にも効果がある。つまり〝さめ肌〟の治療にはサメの肝油がベストなのだ。

### 猿《さる》が魚《うお》を釣《つ》る

サルがしっぽで魚を釣ること。人まねをして失敗することのたとえ。サルがキツネのまねをして、しっぽで魚を釣ろうとしたら氷が張って抜けなくなり、むりに引っぱったら切れてしまった。以来、サルのしっぽは短くなったという昔話にもとづいている。

### ざるのなかの泥鰌《どじょう》のよう

群集がごったがえす様子。洒落本の『当世気転《とうせいきどり》草《ぐさ》』に「来る人、行く人、止まる人。見物の群集は、ざるにごちゃつくどじょうの如し」とある。

### 三日間《さんにちかん》のにらみ鯛《たい》

京都や大阪には、正月の三日間、祝い膳にタイの姿焼きをかざっておく風習がある。これが「にらみタイ」。三が日間は箸をつけずにタイをにらみ、四日目になって豆腐や野菜といっしょに鍋料理にする。三日間は年神さまへのお供えとし、そのあとおろして家族で食べる。直会《なおらい》の名残りである。

### 霜月鮟鱇《しもつきあんこう》は絵《え》に描《か》いてもなめろ

霜月、つまり陰暦一一月のアンコウは、春の産卵をひかえてきわめて美味になることを強調したことわざ。古くからアンコウは「梅の咲くまで」といわれ、三月になると急激に味がおちるために値段も下落する。

### 鮨《すし》は小鰭《こはだ》にとどめをさす

鮨ネタのなかで、いちばん飽きのこないのがコハダといわれている。しかし、嗜好は個人的なもの、いちがいには決められない。また、コハダを最後に食べるひともいる。コハダはコノシロの幼魚の関東名で、関西ではツナシである。

### 鮨屋《すしや》のあらでとんと身《み》がない

鮨屋がおろした魚は、もののみごとに骨だけ残り、身は全然ついていない。鮨屋は、むかしから魚のおろしがうまいといわれてきた。「あら」は魚肉をさばいたあとの頭や骨。

**鮨《すし》を押《お》したよう**

押し鮨のように、せまいところにぎっしり詰めこんだようすのたとえ。ひとやものが、すきまもなく入っているさま。「すし詰め」と同じ。

**鮨《すし》を食《た》べたらガリも食《く》え** ➡ 第七章「医食同源」に関することわざ

**鯛《たい》もかなわぬ鱸《すずき》のあらい**

スズキは夏の代表魚であるが、季節感があって、もっともうまい食べ方はあらい。夏のスズキのあらいはタイよりも味が上だ。淡白なうちにも、特有の甘みがある。あらいにするときには、厚さ二ミリくらいにそぎ切りにする。これを氷を入れたザルに並べ、氷水の入ったボールのなかへ入れて、上から水道の蛇口を全開にして水を出して洗う。これをカラシ酢みそやわさびしょう油で食べる。

**たこ食《く》って反吐《へど》をはく**

うまいからといって食べすぎると、あとで苦しむはめになる。度をこすことのいましめ。

**たこに骨《ほね》なし海月《くらげ》に目《め》なし**

当たり前のこと。わかりきったことのたとえにいう。イカには、胴にイカブネという退化した骨のようなものがあるが、タコにはそれすらもない。

**たこのあら汁《じる》**

あるはずがないことをたとえていう。「あら」は魚の骨やひれなど。

**たこの手《て》も借《か》りたい**

目がまわるほど忙しいときには、とかく手伝いがほしくなるもの。「猫の手も借りたい」と同じ発想であるが、タコの〝足〟は八本。手伝ってくれれば猫より能率があがるのは確か?

**たこの共食《ともぐ》い**

同類のものがおたがいの体を食いあうことのた

とえであるが、タコは〝共食い〟はしない。ちなみに、ナマズや山椒魚は共食いをする。

## たこは多股《たこ》

江戸末期の『私語私臆鈔』という書物に「たこは多股からきている」とある。つまり、たくさんの股を持った生きものという意味。英語ではタコを「オクトパス（octopus）」という。オクトは「八」でパスは「足」。つまり〝八本足〟だ。タコは「蛸」と書くが、蛸の本来の意味はクモ。つまり、海の中のクモといって「タコ」を表現したのである。

## たこは身《み》を食《く》う

タコは空腹になってエサがないと、自分の足を食うという俗説から、資産を食いつぶすことにたとえられる。「たこ配」や「たこ会社」がそうである。タコが自分の足を食ったりするのは、人間に捕獲されて、狭いところに押し込められたときなどに見られる現象で、海中ではないらしい。〝足食い〟は、タコのストレスなのである。

## 鱈汁《たらじる》と雪道《ゆきみち》は後《あと》がよい

タラの白身は締まっているので、鍋物のときには、よく煮たほうが味がしみこみ、後のほうが美味になる。雪道もひとが通った後のほうが、踏みしめられているから歩きやすい。

## 鱈《たら》は馬《うま》の鼻息《はないき》でも煮《に》える

タラの肉はやわらかいので、煮えやすさのたとえとしていったもの。しかし、鍋物などのときには、よく煮たほうが肉がしまり、骨離れもよくなってダシが出るから味もよくなる。なお「鱈」の文字はわが国の造字で、雪の降るころが旬であり、身が雪のように白いという二つの意味がこめられている。

## 鱈腹食《たらふくく》う

腹いっぱい貪欲に飲み食いすること。タラはたいへんな大食漢で、自分の子どもまで食べるといわれるほど。いつも腹いっぱい詰めこんでいるため、このようなたとえに使われるようになった。ただし、この〝大食漢タラ〟はマダラのことで、海中のアミなど小動物を主食にしているスケトウダラにとっては迷惑千万なことわざである。「矢《や》鱈《たら》食う」も同じ。

**鱈腹孫左衛門《たらふくまござえもん》**

飽食することを人名化していったことば。タラは大食いするだけでなく、エサにする種類も無差別である。イワシなどの魚類はもちろん、カニやエビ、はてはヤドカリから貝類まで手当たりしだいに食いまくる。その胃は大きく、消化力もすばらしいが、なかには食べ過ぎて胃壁に潰瘍をおこしているタラもいるほどだ。咄本の『近目貫《きんめぬき》』に、「盃の数をすごし、たらふく孫左衛門になり、小便所にたおれている」と出ている。

**亭主《ていしゅ》の好《す》きな赤《あか》いわし**

味のよくない赤イワシでも、一家の主が好きだと、家族はいやでもその趣味にしたがって食べなければならない。「亭主の好きな赤烏帽子《あかえぼし》」に同じ。「赤イワシ」は、油焼けした塩漬けのイワシで、味はあまりよくない。

**出鱈目《でたらめ》**

タラはたいへんに貪欲な魚で、手当たりしだいに何でも口に入れるところから、その節操のない食欲を当て字にしたもの。転じて、いいかげんなこと。

**泥鰌《どじょう》はうなぎにまさる**　➡　第七章「医食同源」に関することわざ

**長旅《ながたび》や戦《いくさ》に田螺《たにし》を忘《わす》れるな**

タニシは、むかしは水田や沼地の泥のなかにいくらでも生息していたが、最近では農薬などの影響で激減している。「ツブ」または「タツボ」などとも呼ばれる黒い巻貝で、清水で泥を吐かせてから仕立てたみそ汁は天下一品の味。かつて、タニシは「水あたり」や「疲れとり」の妙薬として、煮て干したものを旅や戦に携帯したものである。タニシは貝類のなかでは栄養価が高く、タンパク質やビタミンA、$B_1$、カルシウム、鉄分などはシジミやアサリなどよりも多い。とくに、ビタミン$B_1$が多く含まれているため、古くから脚気の薬餌とされてきた。戦国時代、武士は煮干しにしたタニシを粉末にし、殻粉と混ぜて丸薬にしたものを陣中に持参し、合戦によるスタミナの消耗にそなえた。

### 夏《なつ》座敷《ざしき》と鰈《かれい》は縁側《えんがわ》がよい

夏の暑いときには、奥座敷よりも風通しのよい縁側のほうがよいし、カレイを食べるなら縁側がいちばんうまい。カレイの縁側というのは、上下のひれについている柱状の肉のことである。ヒラメも同じであるが、この部分はいちばんよく動かすために身がしまり、脂肪分も多く味がよい。カレイやヒラメの縁側には細胞と細胞の結合を強化させるコラーゲンが含まれている。コラーゲンには、体細胞の若返りや肌に精気を与えるなどの働きもあるから、いってみれば〝老化予防食〟であると同時に〝美容食〟でもある。

### なまこにわら

ナマコをワラでしばると、その部分から切れたり、縮小したりする。そこから、相手がたちまち弱り、閉口することのたとえにいう。

### なまこの化《ば》けたよう

みにくいもののたとえ。

### なまこを信《しん》じるな

ナマコを海底からとり、水からあげておくと、いつのまにかしぼんで小さくなってしまう。つまり、「見かけにだまされるな」という意味。「海鼠」と書くのは、夜専門に海底を動きまわるからだ。どっちが頭か尾かよくわからないため「尾かしらを聞かれてこまる海鼠売り」という川柳がある。ナマコの腸を塩辛にしたものが、天下の珍味「このわた」。中国ではナマコを「海参」と呼んだ。〝海の人参〟という意味で、そのくらいナマコには滋養補血の効果がある。

### 畑《はたけ》に蛤《はまぐり》

畑を掘ってハマグリを探そうとしても無駄なことだ。見当ちがいのことにいう。また、できもしないことを望むことのたとえ。「山にはまぐりを求む」も同じである。

**鱧《はも》も一期《いちご》、海老《えび》も一期《いちご》**

ハモもエビも同じ海の生きものなのに、その体形はまるきりちがう。しかし、同じ海水のなかで一生を過ごす。人間の生涯もまったく同じで、身分の上下や貧富の差はあっても、いずれ死ぬことには変わりない。

**ふぐ食《く》った猫《ねこ》の腰《こし》**

フグの毒にあたったネコの腰のように、ふらふらしている。腰抜けであるというしゃれ。

**ふぐと間男《まおとこ》は、食《く》い初《そ》むと堪忍《かんにん》ならぬもの**

フグと間男はどちらも危険なものであるが、一度味をしめるとあとを引く。なかなかやめられないものだ。

**水清《みずきよ》ければ魚《うお》住《す》まず**

水はあまり透明すぎても、魚はかくれる場所がないのでよりつかない。人間はあまり清廉すぎると、かえって敬遠されて孤立してしまう。『曾我物語』に「水いたって清ければ、底に魚棲まず。人いたって賢なければ内に友なし」とある。

**水《みず》積《つ》もって魚集《うおあつ》まる**

水がゆたかな場所には、自然に魚が集まってくる。金儲けのできそうなところには、ひとが集まってくる。

**麦《むぎ》わら鯛《たい》は馬《うま》も食《く》わず**

ムギを収穫する初夏に瀬戸内海などでとれるタイが「麦わらタイ」。この時期のタイは産卵を終えたばかりで、色も黄ばみ脂肪も抜けていて味がよくない。

**麦《むぎ》わら蛸《たこ》に祭鱧《まつりはも》** ➡ 第一章「食」に関することわざ

**やかんで茹《ゆ》でた蛸《たこ》** ➡ 第一章「食」に関することわざ

## 焼《や》き魚《ざかな》は強火《つよび》の遠火《とおび》

魚を上手に焼く、つまり、魚のなかまで火熱を通すためには「強火の遠火で焼く」のがコツ。魚を焼く第一のポイントは短時間で焼き上げること。時間をかければかけるほど水分が必要以上に蒸発し、うまみも逃げてしまう。第二のポイントは距離。熱度の高い都市ガスを使って近くで焼くと、皮ばかり黒く焦げているのに、なかのほうは生のままというような状態になりやすい。ガス台の上に焼き網（石綿が張ってあればなおよい）を二枚重ねて強火にすれば、〝遠火〟の効果が得られる。

## 夜《よる》の牡蠣《かき》は見逃《みのが》すな

若夫婦、とくに男性にいうことばで、夕食にカキが出たら逃さずに食べよという意味。カキには〝セックス・ミネラル〟といわれる亜鉛がたっぷり含まれているためだ。亜鉛が不足すると睾丸が萎縮し、生死の生産能力が低下するといわれ、精力が衰えてくる。スタミナ強化に効果のあるアルギニンなどのアミノ酸も豊富に含まれている。ビスマルクは一度に一七五個のカキをたいらげ、ナポレオンは戦場でもカキを注文して食べていたという。英雄シーザーも毎日カキを食べていたことが知られている。英雄が色を好むのは歴史が証明しているが、その裏付けがスタミナ強化食へのなみなみならぬ関心であり、カキは重要なそれらのなかのひとつというわけだ。

コラム　和食のツボ ⑭

## 刺身を「天平だれ」で

古代人の刺身の食べ方は、たいへんに長寿効果が高そうである。奈良時代の『万葉集』に、天平スタイルの刺身の食べ方が出ている。

醤酢《ひしおす》に蒜《ひる》搗《つ》き合《か》てて鯛《たい》願う
われにな見せそ水葱《なぎ》の羹《あつもの》

「醤」はしょう油やみその元祖で、現在のもろみに近い調味料。「蒜」はニンニクのこと。「水葱」はミズアオイのことで、当時は若芽や若葉を熱汁などの材料に用いられていた。

歌の意味は、「醤に酢を加え、そこへニンニクを搗き混ぜにしたたれ汁で、薄切りにした鯛の生肉をつけて食べたいものだと願っている私に、ナギの熱汁のような暑苦しいものを見せないでくれ」。

奈良時代には、刺身という料理名はなく、「膾《なます》」と呼んでいた。「なま」は「生」で、「す」は「しし（肉）」の転という説と「生酢」が語源という説があるが、いずれにしても、魚介や動物の肉を薄く切って、生食する料理が「なます」で、たいがいの場合は、「酢」を用いたたれ汁をつけて食べる。

当時、魚肉の生食に必ず酢を用いたのは、殺菌作用のあることが経験的に知られていたため。同じような働きは、大豆発酵食品の「醤」にもある。もろみと酢とニンニクを混ぜて「天平だれ」をつくり、刺身につけて食べると、これがきわめて美味なのである。

コラム　和食のツボ ⑮

## 鮨にガリ

鮨屋さんに入ると、カウンターに「ガリ」が必ず用意してある。

ショウガの甘酢漬けで、食欲を進めたり、口の中をさっぱりさせる目的もあるが、それよりも、さらに重要なのは、ネタの生魚や生貝などによる食あたりを防ぐ意味があることである。

ショウガの辛さは、実に爽快であるが、この辛さのなかに強烈な殺菌成分が含まれている。ジンゲロンやショウガオールなどで、たとえばショウガのしぼり汁のなかに赤痢菌などをつけておくと、たちまち死んでしまうそうである。

ショウガ特有の香気には唾液の分泌をよくして、食欲を増進させる働きもあるから、うっかりすると、つい食べ過ぎてしまう。鮨を少々食べ過ぎても、意外に胃腸を壊さないのは、ジンゲロンなどの健胃作用によるものと考えられている。

ショウガを薄切りにして、甘酢に漬けたのが甘酢漬け。

「ガリ」の語源に関しては二説あり、ひとつは食べるときに「ガリ、ガリ、ガリ」と音がするからというもの。

ふたつめは、昔はショウガを鉋《かんな》でけずっていたが、そのときに出る「ガリ、ガリ」という音からきたという説。

まさに、日本人の医食同源の添えものであり、鮨屋さんの知恵。ガリは食中毒の予防に加えて発汗作用もあり、寒気がするといった風邪の初期にはもってこいの食べ物である。

病気に対する免疫力強化などの働きもあり、鮨屋さんに入ったら、忘れずにガリもしっかり食べましょう。

コラム　和食のツボ⑯

## 煮干しは福の神を呼ぶ

幸運を運んでくれるのが「福の神」で、不運を持ち込んでくるのは「貧乏神」とむかしから決まっている。

福の神に来てもらうためにはどうすればよいかというと、むかしから伝えられているのは、いつも「ニコニコ」と笑顔で過ごすこと。無精ひげを生やして、無気力で生気のない不景気な顔をしていたら、たちまち貧乏神にとりつかれてしまうだろう。

そこで、むかしからいわれてきた幸運の食べものが、「煮干し」。

「田作り」とか「ごまめ」とも呼ばれ、お正月の祝い魚としても欠かせない。幸運を呼ぶ力を持った魚だからこそ、新年の祝い魚にも用いられたものだろう。一般的にはカタクチイワシの幼魚が用いられ、新鮮なうちに塩水で煮たあと、天日干しにして作る。太陽の光と熱の自然干しがいちばん味もよく、健康効果も高いのはいうまでもない。地方によっては、アジやイカナゴなどの幼魚でもつくられる。

最近、イワシの煮干しが栄養面で脚光を浴び、スナック的なおやつに「食べる煮干し」として人気を呼んでいる。パリパリと食べやすいうえに、カルシウムの宝庫で、煮干し一〇〇グラム中に二二〇〇ミリグラムも含まれている。

カルシウムは「笑いの種」ともいうべき機能を持っていて、食べるトランキライザー（精神安定剤）とも呼ばれているほどだ。まさに煮干しは「笑うかどには福来《ふくきた》る」、その種なのだ。記憶力や学習能力などを強化する作用で注目されているビタミン$B_{12}$や葉酸、ビタミン$B_1$などが多い点でも注目される。これらは運を強くする成分といってもよいだろう。

骨を丈夫にするビタミンD、若返りのビタミンEなども含まれており、煮干しは福の神もよろこぶ〝幸せフード〟なのだ。

## コラム　和食のツボ ⑰

### 食が進む辛子明太子《からしめんたいこ》

炊きたてご飯に、辛子明太子の組み合わせは、うますぎて、「もっと食べたい」という食欲にブレーキをかけるのに困るほど、食が進む。アミノ酸の混じった塩辛さが、ご飯の甘さに実によく合う。

辛子明太子の「辛子」はトウガラシで、「明太《ミョンテ》」は韓国語で「スケトウダラ」のこと。その子が「明太子」。「明太」に「子」をつけたもので、つまりは「タラコ」である。

明太子といえば福岡市が有名で、駅、空港からデパートの食品売り場まで、置いていないところがないほどの人気がある。

トウガラシの辛味はカプサイシンで、舌や胃を刺激して食欲を増進させる。

食欲増進は肥満の原因となりやすいが、ラットによる実験では、カプサイシンの刺激で食べ過ぎても、必ずしも肥満とは結びつかないそうである。カプサイシンをとると、エネルギー代謝が盛んとなり、脂肪の分解が活発になるためとみられている。

辛子明太子には、物忘れを防ぐビタミン$B_1$や若返り効果のビタミンEなどがたっぷり含まれている。

そのうえ、強精作用と関係の深いミネラルの亜鉛やアルギニンなどのアミノ酸も多い。

ただ塩分も多く、食べ過ぎは逆効果となるので注意も必要である。

コラム　和食のツボ ⑱

## シラス干し

「食べ物は丸ごと食べるべし」

むかしの人の言うことは、まちがいない。「食べ物は一物全体食がいちばん健康によい」、そう言っている。ダイコンだったら、白い根の部分ばかりではなく、葉っぱもすべて食べつくす。イワシだったら、頭の部分から丸ごと食べてしまう。そうすると、ダイコンの生命、イワシの生命を支えていくうえで必要な成分が全部とれ、それを食べた私たちの生命力も、もっと強化されるはずだ。

そうはいっても、魚の場合、頭から丸ごと食べられる魚種はかぎられている。カツオやマグロを一物全体食しろといっても、とても実行できない。

しかし、「シラス」だったら簡単だ。一度に一〇匹くらいは口に放りこめる。シラスは、カタクチイワシやマイワシなどの稚魚のことで、体長は数センチ。これらの稚魚を食塩水でゆでたのち、軽く干したものが「シラス干し」で、スーパーなどに出廻っている。

煮沸後に水をきり、放冷したものが「釜揚げシラス」で、産地に行くと食べることができる。漁期は土地にもよるが、普通は春と秋の二回。寒さに向かう秋のシラスが、身もしまっていて脂ののりもよく、とくに美味。シラス干しは、ダイコンおろしに入れて食べるのが一般的であるが、炊き込みご飯にしてもうまい。チャーハンに入れたり、テンプラにしても風味がある。

ひとつまみ口のなかに入れると軽く塩味があって、こくもあるが、実は栄養成分の宝庫なのだ。

まずタンパク質の含有量が凄い。生乾きの状態で二三パーセントであり、半乾燥のシラス干しになると半分近くの四〇パーセント強がタンパク質。

体細胞の老化を防ぎ、免疫力を高めるうえで重要な働きをしている成長ホルモンの原料となるアルギニンもたっぷり。

そのうえ、物忘れを防ぐうえで役に立つグルタミン酸も豊富に含まれている。

骨を丈夫にするカルシウムとビタミンDも多く、長寿を支える骨の強度をしっかり守ってくれるだろう。

さらに、鼻やのどの粘膜をウイルスなどの攻撃からガードするビタミンA、細胞の酸化を防ぐビタミンE、脳の唯一のエネルギー源であるブドウ糖の完全燃焼を助けるビタミン$B_1$も含まれている。

一日を元気に働くためにも、朝食でとるのがよい。

コラム　和食のツボ ⑲

## 叩き

日本人は、同じ魚でも、その味をレア（生食）で楽しむのが大好きだ。代表的な魚のレア料理が刺身やすしで、いまや「サシミ」も「スシ」も国際語となり、世界中にファンを増やしている。

ところが、もうひとつ「たたき」という魚の生食料理がある。サプライズな料理法で、ひと口でいうと、魚肉を包丁でトントンと叩くだけである。極めて単純な料理法であるが、潮の香りのする素朴さが魅力だ。「脂ののった旬の魚を食べるのに、手のこんだ料理は無用」と主張しているような力強さがある。房総半島の沿岸部といった日本各地の漁村で古くからおこなわれてきた磯料理で、元々は漁師の舟の上でつくられた即席料理からきたものである。

一番使われるのがアジで、イワシやサンマなど他の魚でもよい。カツオを節取りにして金串を打ち、火で軽くあぶり、平作りにしたものなどもある。とれたての魚を三枚におろし、小骨を除いて包丁で叩くが、途中でショウガや大葉、ニンニクなど好みの薬味を混ぜ、みそで味をととのえてできあがり。文字通り包丁で叩くように細かく切り刻むのがうま味を引き出すコツである。ときには、包丁を交互に使ってトコトン、トントンと切り込んでもよい。ただし、刻み過ぎないほうが食感もあっておいしい。生の肉に薬味やみそを加えて叩くことによって、青魚特有の生臭さも消えて、うま味が濃くなる。

この「たたき」から、さらに発展したのが房総地方の名物になっている「なめろう」である。材料もつくり方もほとんど同じで、「たたき」は、叩き過ぎると風味が薄れるが、「なめろう」は、粘り気が出てくるまで叩くところに特徴がある。「なめろう」の由来が面白い。舌ざわりがなめらかなところから、「なめろう」と呼ばれるようになったらしい。

うまくて、うまくて、盛った皿までなめたくなるところから来たという説もある。箸の先で取り、しょう油をちょこっとつけて口に運ぶと、ねっとりしていて濃厚な味だ。

コラム　和食のツボ ⑳

# つくだ煮

日本人の主食のご飯は、米を水で炊いただけのシンプルな味である。したがって、おかずの味を選ばない。中国料理でも西洋料理でもたいがいのおかずに合う。

日本人が稲作を開始するのが縄文時代の晩期だから、米を食べるようになって三〇〇〇年くらいたっている。その間、次々とご飯に相性のよいおかずを発見したり、創造・開発したりして伝えてきた。それらが各地に残っている郷土食や郷土料理などである。

日本には、おかずや料理に用いられる食材だけでも一万二〇〇〇種くらいあるとみられて、その数は世界一だ。日本ではご飯の副食物を「おかず」というのも「お数《かず》」、つまり「数々《かずかず》」から来ている。日本はおかず天国だから、いろいろな副食物を添えて、ご飯の味を楽しむという意味がある。

ご飯に合うおかずの名品に「つくだ煮」がある。

もともとは、徳川家康の要請によって、江戸湾の佃島《つくだじま》に上方から移り住んだ漁師たちが、売物にならない小魚や小エビなどを自分たちのご飯のおかずにつくり始めたもの。いまでは、ご飯の友として、朝食にも昼食にも欠かせない食膳の名品だ。

保存食の一種であり、魚介類だけではなく、コンブや海苔などの海藻、野菜やキノコとその種類も豊富で、まさに「お数《かず》」である。

とくに小魚やエビなどの場合、一物全体食だからカルシウムやタンパク質もたっぷり。長寿効果の高いおかずである。

# 第六章　「茶」と「酒」に関することわざ

# お茶は天然の長寿薬

## 「日常茶飯事」にこめられた〝知恵〟

「日常茶飯事」ということばがある。

手元の辞書を引くと「ふだんの食事、転じて、ありふれた平凡なこと」というような解釈が加えられている。

「日常」は「ふだん」であり、「茶飯事」は「お茶を飲んだり、食事をしたりすること」。ここから、何の変哲もない当たり前の行為というような意味に解釈されるのだろうが、「日常」であり「当たり前」だからこそ大切なのだ。

生物の生命は、不要になった古い細胞と新しい細胞の入れかえによって、維持されている。これが新陳代謝で、この生命細胞のリフレッシュ作用をスムーズにおこなわせているのが、基本的には毎日の食事である。刻々と消耗する細胞を補強するための必要な成分を、われわれは食べものを通してとり、その数六〇兆個といわれる体細胞のすべてに、網の目のようにネットワークされている毛細血管を通して、栄養と酸素を送りこんでいる。

したがって、偏食したり栄養がかたよったりすると、細胞の新陳代謝がうまくいかなくなり、肩がこったり、疲れたり、あるいは思わぬ病気にとりつかれたりする。飽食、過食による肥満も、同じような理由によって新陳代謝機能が低下する。
では「日常茶飯事」に、なぜ「茶」がついているのか。「日常湯飯事」や「日常水飯事」でもよいのに、「茶」が使用されている点に注目する必要がある。しかも「茶」が「飯事」の上にきているのだ。われわれの先祖にとって、「茶」が「米飯」と同じくらいに重要だった証拠だろう。
日本人が「日常茶飯事」といって、朝昼晩の食事ごとに「お茶」を欠かさず飲用してきたことは、つぎの「お茶の六大効果」で述べるように、健康上非常に科学的であった。

## お茶の〝六大効果〟

**その一、過食を防ぐ**

「腹八分目に、お茶一杯」ということわざがあるように、むかしは食事を腹八分目でひかえ、そのあとにお茶を飲むことによって、満腹感をつけた。過食は胃に負担をかけるだけでなく、万病のもとなのである。

**その二、お茶は毒消し**

お茶には解毒作用の強いカテキンが含まれているから、食後の一杯は食中毒を予防する効果がある。お茶が中国から伝来したのは奈良時代であるが、最初は眠気さましと同時に胃腸薬としても用いられていたようである。カテキンには、胃の働きを活発にする作用があるからだ。

**その三、口のなかをさわやかにする**

食後にお茶を飲むことによって、口のなかに残留しやすい食べもののかすを洗い流し、お茶の殺菌作用によって、細菌の繁殖を阻止する。また、お茶の芳香成分が口中にひろがり、口臭を消すだけでなく、さわやかにもする。

**その四、むし歯予防の妙薬**

むし歯予防の薬として、よくふっ素が使用される。ふっ素には、歯の表面のほうろう質を強化する働きがあるからだ。ところが、茶の葉にもふっ素が含まれている。したがって、お茶を常用すると、歯の質そのものを丈夫にするだけでなく、カテキンの殺菌作用によって、歯につきやすい食べもののかすの腐敗を防ぐから、むし歯の発生を間接的に防ぐことになる。

**その五、お茶は生活習慣病を予防する**

お茶に豊富に含まれているカテキン類には、現代人に増えている生活習慣病の最大の原因とみられる活性酸素を取り除く「抗酸化作用」があり、動脈硬化にも効果的であることがわかっている。最近では、ガンを防ぐ作用も認められ、にわかにクローズアップされてきた。

**その六、お茶は風邪を予防し頭をよくする**

緑茶に含まれているビタミンCは、非常に浸出しやすく、しかもその量がたいへんに多い。緑茶のビタミンCは熱に強いのが特徴で、八〇度前後ではもちろんのこと、一〇〇度近辺になっても短時間に煎じ出せば、ほとんど破壊されることはないという。その含有量は、煎茶三杯分でリンゴ一個に匹敵するほどで、ビタミンCの供給源としても注目に値する。ただし、緑茶のビタミンCは、古くなればなるほど減少していくから、どうせ飲むなら新しいお茶を使うべきである。

ビタミンCの研究で有名なアメリカのポーリング博士は、ビタミンCの大量使用は、風邪やインフルエンザはもちろん、ガンにも効果があるといっているが、同時に知能指数（ＩＱ）の高さも、ビタミンCの摂取量と深い関係があると指摘している。つまり、お茶は〝健脳ドリンク〟でもあるわけだ。

**朝茶《あさちゃ》に別《わか》れるな** ➡ 第七章「医食同源」に関することわざ

**朝茶《あさちゃ》はその日《ひ》の祈禱《きとう》** ➡ 第七章「医食同源」に関することわざ

**朝茶《あさちゃ》は七里《しちり》帰《かえ》っても飲《の》め** ➡ 第七章「医食同源」に関することわざ

**お茶好《ちゃず》きは老《ふ》けない** ➡ 第七章「医食同源」に関することわざ

**お茶代《ちゃだい》にもたりぬ**

茶屋のお茶代はきわめて安価なところから、わずかな金銭のたとえ。「お茶湯《ちゃとう》にもならぬ（何の収入にもならないという意味）」ともいう。

**お茶漬《ちゃづ》けに香《こう》のもの**

ごく平凡な食事のこと。また、さっぱりしているもののたとえ。

**お茶漬《ちゃづ》けにひしこの望《のぞ》み**

お茶漬けにイワシを添えて食べてみたい。ささやかな願望をいう。「ひしこ」はカタクチイワシのこと。

**お茶《ちゃ》でもあがれ**

お世辞に口先だけでいうことば。本心ではお茶を出す気はない。

**お茶《ちゃ》と百姓《ひゃくしょう》はしぼるほど出《で》る**

お茶はしぼればしぼるほど出るように、百姓も責め立てれば年貢をいくらでも出す。「百姓と油はしぼるほど出る」などと同じもので、百姓は生かさず殺さずというのは、江戸時代の為政者の基本的な発想である。

**お茶《ちゃ》に浮《う》かされる**

お茶を飲みすぎて気持ちがたかぶり、夜眠れなくなること。洒落本の『廓節要《くるわせつよう》』に「茶にうかれたせいにして、夜明をまって」とある。お茶にはカフェインが含まれているから、就寝前に飲むと興奮してなかなか眠れなくなる。

**お茶《ちゃ》にする**

休憩してお茶を飲むこと。ひと休みすること。ほかに、ちゃかすとか相手のいうことをはぐらかすという意味もある。

**お茶《ちゃ》に酔《よ》ったふり**

そしらぬふり。酒も飲んでいないのに、酔ったふりしてごまかす。いつわって知らないふりをすること。

**お茶《ちゃ》の子《こ》さいさい**

「お茶の子」は、茶うけに出す菓子類のことで腹にたまらないところから、転じて容易なこと。「さいさい」は「のんのこさいさい」というように民謡のはやしことば。つまり、たやすいこと、あさめし前といった意味。『傾城反魂香《けいせいはんごんこう》』に「これほどの喧嘩は、お茶の子、お茶の子、お茶の子ぞやや」とある。

**お茶《ちゃ》は女《おんな》の尻《しり》をあたためる**

お茶は女性に多い冷え症に効果があるという意味。女性には、手足が冷えてなかなか寝つかれないというひとが少なくない。主な原因は末梢の毛細血管の血行が悪いこと。したがって、冷え症を治すには血行をよくして、からだの内側から温めなければならない。そのために最適なのが熱いお茶。熱めのお茶は、まず速効的にからだを温めてくれる。と同時にお茶に含まれている血行をよくする成分が血液の循環を促進するから、からだのすみずみの毛細血管を活発にして腰や手足を温かくしてくれる。

冷え症に特に効果があるのが「ショウガ茶」。熱い番茶におろしショウガを入れて飲むだけ。好みによっては、砂糖を加えてもよい。番茶にはカフェインも少なく、あまり睡眠のさまたげにもならない。

**お茶《ちゃ》は水《みず》が詮《せん》**

お茶の本当によい味は、水からえらばないと出ない。「詮」には結局とかききめという意味がある。狂言の『しみづ』に「茶は水が詮じゃというが、どこもとの水がよいと聞いた」とある。

**お茶《ちゃ》は目《め》ざまし草《ぐさ》**

お茶は眠気をさます効能を持った〝草〟である。むかしは僧侶が、修行中に襲ってくる睡魔を防ぐために、お茶を積極的に利用した。お茶が、古くから「目ざまし草」と呼ばれてきたのは、成分のなかに含まれているカフェインが、大脳を刺激してもうろうとした感覚を呼びさますためである。脳細胞を覚醒するだけでなく、同時に倦怠感や疲労感もとれる。したがって、お茶の一服は眠気防止だけでなく、清涼剤としての効果も高い。

**お茶《ちゃ》をにごす**

一時しのぎに、その場をごまかしてつくろうこと。人情本の『清談若緑《せいだんわかみどり》』に「どうかこうかお茶を濁すと見えやした」と出てくる。

**お茶《ちゃ》を挽《ひ》く**

芸者や娼婦がお客がつかずに、ひまなことをいう。このことばの起源には諸説ある。客にあぶれた遊女が、茶臼で葉茶をひかされたところからきたという説。また、茶をひいて粉にするのは、たいがいひまなときにおこなうので、閑暇《かんか》という意味に使うという説などだ。

**鬼《おに》も十八《じゅうはち》、番茶《ばんちゃ》も出花《でばな》**

どんなに不器量な娘でも、年ごろになれば、質の悪い番茶でもいれたてのときには香りがよいように、それ相応に美しいものだ。「出花」は湯をついで出したばかりの香りのよい茶のこと。

**柿葉茶《かきはちゃ》は肌《はだ》の老化《ろうか》を防《ふせ》ぐ**　⬇　第七章「医食同源」に関することわざ

**七五三《しちごさん》のご馳走《ちそう》もお茶一杯《ちゃいっぱい》**　⬇　第一章「食」に関することわざ

**食後《しょくご》のお茶《ちゃ》は仙薬《せんやく》**　⬇　第七章「医食同源」に関することわざ

**たばこ吸《す》ったらお茶《ちゃ》を飲《の》め**

➡第七章「医食同源」に関することわざ

**茶殻《ちゃがら》も肥《こえ》になる**

茶殻のような廃物でも、畑の肥料にすれば立派に役に立つ。世の中には、なんの役にも立たないというようなものはひとつもない。

**茶所《ちゃじょ》は嫁《よめ》そしりどころ**

老人が多く集まる茶所は、まるで嫁の悪口をいう集会所のようだ。「茶所」は、社寺などで参詣人にお茶をサービスする休憩所。

**茶々《ちゃちゃ》を入《い》れる**

邪魔をする、水をさす、ひやかしてさまたげるの意。

**茶湯子《ちゃとうご》は目《め》に入《い》れても痛《いた》くない**

「茶湯子」というのは、年をとってから生まれた子をいう。年とってから生まれた子は、かわいくてたまらない。

**茶《ちゃ》に受《う》ける**

本気にしない、冗談ごととして受けとるということ。

**茶蚤《ちゃのみ》**

新茶を飲むころになると、ノミが出てくる。そのノミを「茶蚤」と呼んだ。

**茶柱《ちゃばしら》が立《た》つと縁起《えんぎ》がよい**

「茶柱」は番茶などを湯のみ茶碗に注いだとき、「たて」になって浮かんだ茶葉の茎で、めったに起こらないことだからよろこばれた。ひとに話さずに黙っていると、さらによいことがあるともいう。

**茶腹《ちゃばら》も一時《いっとき》**

お茶を飲んだだけでも、しばらくの間は空腹をしのぐことができる。わずかばかりのものでも、一時しのぎには役立つというたとえ。

**茶屋《ちゃや》の餅《もち》も、強《し》いねば食《く》えぬ**

たとえ金を払って食べるものであっても、「どうぞ」とすすめられないと、なかなか手を出しにくいものだ。逆にいうと、その辺に商売のコツもある。

**茶碗《ちゃわん》と茶碗《ちゃわん》**

仲の悪い間柄のたとえ。触れあえば、双方がこわれて欠けてしまうところからきたもの。

**茶碗《ちゃわん》を投《な》げれば綿《わた》をかかえよ**

相手がカッとして茶碗を投げつけてきたら、割らないように綿で受けとめるとよい。相手が強く出たときには、やんわりと受けとめたほうが、かえって相手に勝つことができるものだ。「柔よく剛を制す」に同じ。

**茶碗《ちゃわん》を箸《はし》で叩《たた》くと貧乏神《びんぼうがみ》が来《く》る**

茶碗を箸で叩いてはいけないといういましめ。貧乏神は常に空腹であり、ご飯のあるところを知らせてはならない。

**茶《ちゃ》をいう**

茶化す、いいかげんなことをいう、ごまかすの意。「茶かます」ともいう。

**猫《ねこ》も茶《ちゃ》を飲《の》む** ➡ 第一章「食」に関することわざ

**腹八分目《はらはちぶんめ》、お茶一杯《ちゃいっぱい》** ➡ 第七章「医食同源」に関することわざ

**二日酔《ふつかよ》いにお茶《ちゃ》の効果《こうか》** ➡ 第七章「医食同源」に関することわざ

## 水に関することわざ集

**酒《さけ》が尽《つ》きれば水《みず》を飲《の》む** ⬇ 第六章「茶」と「酒」に関することわざ、「酒を飲む文化」

**水《みず》と油《あぶら》**　水と油は調和しないように、たがいに性分のあわないことをたとえていう。「水と火」も同じ。⬇ 油に水（第九章「食」に関するおもしろことば）

**水《みず》になれる**　その土地の水に飲みなれることをいう。転じて、住みなれること。

**水《みず》の泡《あわ》**　水面に浮かんだ泡は、すぐに消滅してしまう。転じて、はかないことのたとえ。努力のかいがないこと。

**水《みず》の恩《おん》はおくられぬ**　人間が生きていくうえでは、水は一日たりとも欠かせない。その恩恵は、はかり知れないほど大きい。「おくられぬ」は「恩返しできない」という意味。「親の恩と水の恩はおくられぬ」とか「親の恩はおくっても、水の恩はおくられぬ」という場合もある。いずれも、水の重要さのたとえである。

**水《みず》の鏡《かがみ》**　お正月の若水を迎えるときに、井戸の神に供える丸もちをいう。「鏡」は「鏡もち」のこと。「水のもち」ともいう。

**水《みず》の粉《こ》**　「水の実」ともいう。米や麦を煎って粉にし、砂糖を加えて水でとかして食べる。別名を「こがし」とか「いりこ」という。

**水《みず》の飲《の》みおきは役《やく》に立《た》たぬ**　水をいっぱい飲みだめしても、いずれ時間がたてばのどがかわいてきて、また水を飲みたくなる。

**水腹《みずばら》も一時《いっとき》こたえる**　いざとなれば、水を飲んででもしばらくの間は空腹をしのぐことができるという意味。

**水《みず》も飲《の》まれず**　食べものばかりか、水さえも飲めないような生活。生計のなりたたないことをいう。

**水《みず》を乞《こ》いて酒《さけ》を得《え》る**　水をのぞんだのに、思いもかけない酒が手に入った。希望以上のものを得ることのたとえ。

**水《みず》を離《はな》れた魚《うお》**　魚は水から離れては生きてはいけない。自由をうばわれること。死ぬほかはない運命をたとえていう。同じようなことわざに「木から落ちた猿」がある。

**水《みず》を無駄《むだ》使《づか》いすると寿命《じゅみょう》が縮《ちぢ》む**　ひとは誰でも生まれるときに、神さまから定められた量の水をもらってくるのだという。そして、その水を使い果たしたときに命がつきる。したがって、水を浪費すると寿命がその分縮んでしまう。水の重要さをさとすことわざ。

コラム　和食のツボ㉑

## 「宝水」は長寿水

むかしの人は、実にうまい表現をする。

たとえば、「宝水」という言葉だ。寝る前に飲む一杯の水のことである。就寝中の体内の水不足を防ぎ、朝方に高くなりやすい血液の粘着性を少なくして、心筋梗塞や脳梗塞などの発作から身を守ってくれる水のことで、まるで〝宝もの〟のようにありがたい「水」という意味がこめられている。就寝中、体の水分は発汗や蒸発などによって失われ、朝方には血液がドロドロになっている場合が少なくないそうである。朝は、まさに〝魔の時間帯〟であり、血栓を予防するためにも、「宝水」は重要である。

人間のからだのほぼ三分の二は水分。頭のてっぺんから爪先まで、水分を含んでいない部分はひとつもない。人体は水分でできているのだ。新生児の体組成のほぼ八〇パーセントは水分。成人になると六〇パーセントくらいになり、高齢者は五〇パーセント前後に減少してしまう。人間のからだを構成する水分量の経年変化をみても、老化と水分量が少なくなることであり、組織が乾燥して、からだが硬化することであることがわかる。

からだのこわばりを防ぎ、しなやかな若さを保つためにも水は重要である。人間は、ふつう一日に二リットルから二・五リットルくらいの水が必要といわれている。飲み水として一リットルから一・五リットルくらい、食べ物に含まれている水が約一リットル、からだのなかで生成される水が〇・三リットル前後。この量は、三度の食事をきちんととり、日中にお茶などを飲んでいれば十分にとれる。長生きしている方々が、お茶が好きなのも、お茶の成分と並行して、水分を補給し、体細胞の〝乾燥〟を防いでいるのではないだろうか。

人間の脳の組織は、八〇パーセント前後が水分だそうであるが、痴呆症になった方々の脳は、おしなべて水分が減少し、萎縮をおこしていることがわかっているそうである。「宝水」と同じように、朝、起きがけに飲むコップ一杯の水も注目されている。水の刺激が心身にさわやかな目覚めを促し、便通をよくしてくれるからである。いくら水がよくても、一気に飲み干しては健康によくないから、口の中に入れたら、嚙むようにして、ゆっくり時間をかけて飲むとよいといわれている。

コラム　和食のツボ ㉒

## 和食は水使いの食文化

中華料理やアメリカなど肉食文化圏の調理法が、「油脂」をふんだんに使用したクッキングであるのに対して、日本料理は「水」の調理といってよい。

伝統的な和食の基本は、「煮る、炊く、煮しめる、茹でる、蒸す、洗う」などであるが、すべて水を使った料理法である。このような料理法は、古代以来のもので、素材に含まれているうま味を水の力によって引き出す技法である。

つまり、日本料理は水によって育てられた食文化なのである。油いためやテンプラなど油を用いた料理もあるが、これらは日本古来のものではなく、中国やヨーロッパなどから伝来したもの。

油脂のとり過ぎは心臓や血管にダメージを与えるが、水はからだのなかを浄化してくれる。日本人が世界トップクラスの長寿民族になれたのも、日本列島の豊富な水を活用した和食文化が背景にあるのは、いうまでもない。

水料理の傑作は豆腐。水分含有量を見ると、木綿豆腐で八七パーセントであり、絹ごし豆腐になるとほぼ九〇パーセントが水。豆腐を食するということは、「水」を食べることであり、豆腐の味を決めるのは、そのなかに含まれている水の質なのだ。むかしから京都や富山、石川、福井、会津などに豆腐どころが多く、美味なのは、湧水に恵まれ、水の味がよいためといってもよいだろう。

日本人が料理に油をあまり使用せず、水をふんだんに使ってきたのは、どこへ行っても、うまくて良質の水に恵まれてきたことも大きな理由になっている。日本人の大好きな納豆にしても、その六〇パーセントは水。納豆に水分が不足していたら納豆菌は完全には発酵しないから、あのネバネバした糸は引かない。納豆の命は「水」なのだ。

日本人が食膳の前に坐り、最初に手にするのが「みそ汁」。まず、みそ汁をひと口飲んでから主食の「ご飯」を手にする。みそ汁は、どのくらいの具を入れるかにもよるが、だいたい九〇パーセントが水。これが外国の場合だとスープになり、そのうま味の基本は肉などを煮込んだ脂肪の味。

みそ汁の場合、中身は水と野菜、海藻、豆腐などの具、それに大豆発酵食品のみそだからうま味が少ない。そこで日本人が知恵を働かせて生み出したのが「出し」。主としてカツオ節やコンブなどであるが、カツオ節にはイノシン酸やグルタミン酸、そしてコンブにはグルタミン酸などのアミノ酸が豊富に含まれていて、油脂系に負けないうま味成分になっている。これらのアミノ酸は、味をよくして健康によいだけではなく、脳の老化防止にもたいへんに役に立つ。

みそ汁をひと口飲んだら、ご飯に箸を進める。ご飯にも水分が多く、ふっくらとおいしく炊けたご飯の六〇パーセント前後が水。この水分量は、成人した人間に含まれている水分量と同じである。体の老化というのは、「水」の面から見ると、年をとるにしたがって、水分が少なくなり、乾燥状態になることである。新生児の体重の八〇パーセントは水であるが、大人になると六〇パーセントに減少し、老人になると五〇パーセント以下になってしまう。

水分の多い和食は油脂系よりもカロリーが低いだけではなく、私たちのからだをいつまでも、みずみずしく若さを保ってくれる食事法であり、長寿食でもあるのだ。

# 酒を飲む文化

火点し頃になると、酒を飲みたくなる。いろいろ起こった「今日」という日を、酒を味わいながら回想し、あまりよくなかった日だったら、酒が忘れさせてくれることを知っているからだ。
もろもろの苦労を癒してくれるからこそ、「酒は百薬の長」にもなる。こんなに効果のある〝薬〟は、他にはない。もちろん不老長寿にも役に立つ。

**空樽《あきだる》は音《おと》が高《たか》い**

なかに何も入っていない空っぽの樽を叩くと高い音をたてるように、内容のない軽薄な人間ほどよくしゃべる。したがって、聞くひとにも何の感銘も与えない。

**朝御神酒《あさおみき》**

朝から飲む酒をいう。

**朝酒三杯御神酒《あさざけさんばいおみき》のおさがり**

朝酒も三杯までは御神酒のおさがりとして許されるということ。酒飲みの都合のよい言いわけ。

**朝酒《あさざけ》はあとを引《ひ》く**

朝酒はきり上げるのがむずかしい。だらだらといつまでも飲み続けてしまう。

**一滴万粒《いってきばんりゅう》**

酒のひとしずくにはたくさんの米粒が使用されている。酒は、たとえひとしずくでもこぼすのはもったいないないというしめ。

**一杯《いっぱい》が二杯《にはい》、二杯《にはい》が三杯《さんばい》となる**

ほんの一杯のつもりで飲みはじめた酒の量が、最初の心づもりから離れて、どんどん増えていく様子をいう。アルコールの魔力をいったもの。

**一杯酒《いっぱいざけ》に国《くに》がかたむく**

一杯の酒のおごりも、それがこうじれば、やがては家や国を滅ぼす原因にもなりかねない。また、饗応や贈賄が国を倒すもとになることをいう。

**一杯底《いっぱいそこ》を入《い》れる**

宴会のはじまる前に、軽く飲んだり食べたりして下地をつくっておく。悪酔いしないコツである。歌舞伎の『傾城吾嬬鑑《けいせいあづまかがみ》』に「あれをさかなに、一杯底を入れよう」。

**一杯《いっぱい》は口《くち》よごし、二杯《にはい》はのど元知《もとし》らず、三杯《さんばい》からあとはいわぬこと**

酒好きの自己弁護。最初の一杯はほんの口よごしで、二杯目はのどまでしかとどかない。三杯目になって、ようやく腹に心地よく入るので、もう口上はおことわり。

**卯《う》の時《とき》に酒《さけ》を飲《の》めば薬《くすり》になる**

「卯の時」は、現在でいったら朝の六時ごろ。朝酒は酔い心地がさわやかなところから、薬効があるといったもの。古いことばに、「卯時酒、神速功力倍」がある。

**置《お》き酌失礼《じゃくしつれい》、持《も》たぬが不調法《ぶちょうほう》**

置いてある杯に、酒を注ぐのは失礼である。同様に、相手が注ごうとしているのに、杯を手にとって受けないのも無礼である。日本では、古くから「置き注ぎ」は失礼とされている。

**ぐいの一呑《ひとの》み**

ぐいと一気に飲み干してしまうこと。転じて、相手を見くびること。

**薬屋《くすりや》へ行《い》くより、酒屋《さかや》へ行《い》け**

へたな薬を服用するよりは、酒のほうが病気に効くことがある。同じようなことわざに、「酒は百薬の長」がある。

**こけ徳利《どっくり》で出放題《でほうだい》**

徳利が倒れると酒がどんどん流れ出すように、口から出まかせにしゃべりまくることをいう。

**さかずきに推参《すいさん》なし**

酒の席で杯をすすめるときには、身分上の遠慮は無用である。相手が身分の高いひとでも、遠慮には及ばない。「推参」は、押しかけて訪問することで、無礼なふるまいをいう。

**酒戻《さかもど》しはせぬもの**

酒をさされたら辞退するものではない。こころよく受けるのが礼儀である。『近江源氏先陣館』に「酒戻しはせぬものじゃと、茶碗についでぐっとひと飲み」とある。

**酒《さけ》が入《い》れば舌《した》が出《で》る**

酒が入ると口数が多くなって、失言も出やすくなる。同じようなことわざに、「酒が沈むと、言葉が浮かぶ」がある。酒は、とかくわざわいのもとをつくりがちだから、やめるにこしたことはない。

**酒《さけ》がいわせる悪口雑言《あっこうぞうごん》**

酔って口走る悪口雑言は、みんな酒のせいである。酔うと理性を失って、悪口を言ったり、ひとを罵倒したりする。

**酒《さけ》が酒《さけ》を飲《の》む**

酒の酔いがまわるにしたがって、ますます大酒を飲むこと。酒好きというものは、酔えば酔うほど、ばか飲みをするものである。

**酒《さけ》が尽《つ》きれば水《みず》を飲《の》む**

飲み尽くして酒がなくなれば、水でも飲む。欲の飽くことのないたとえ。

**酒《さけ》がまわる**

酔っぱらうこと。酒の酔いが、からだ中にまわる。酒が、同席したすべてのひとに行きわたること。

**酒《さけ》きわまって乱《らん》となる**

酒宴も極点に達すると、つぎに起こるのは、酔っぱらい同士のけんか。『一谷嫩軍記《いちのたにふたばぐんき》』に、「酒極るときは乱る、楽しみ極るときは悲しむとかや」とある。

**酒三杯《さけさんばい》は身《み》の薬《くすり》**

酒も三杯くらいの少量なら、血のめぐりもよくなるから、かえってからだの薬になる。

**酒《さけ》とお産《さん》にこりた者《もの》はいない**

酒を飲みすぎたり、出産の苦しみはたいへんなはずなのに、すこし時間がたてばケロリと忘れ、ふたたび欲望に負けてしまう。酒とセックスを、快楽の魔力という接点で結びつけている。

**酒《さけ》と女《おんな》と博奕《ばくち》には鍵《かぎ》かけろ**

酒、女、ばくちの〝三道楽〟は、とかく破滅のもとだから、〝鍵〟をかけて近づかないようにするのが無難である。

**酒《さけ》に痛《いた》む**

酒を飲みすぎて、からだをこわす。また、深酒をする。『好色盛衰記』に、「酒に痛まず飲るようにしかけぬ」。

**酒《さけ》に十徳《じっとく》あり**

酒の効能をたたえていう。漢書の『食貨志』にある。

酒も上手に飲めば、つぎにあげるような「十の徳」があるという意味。

第一の徳、百薬の長である。
第二の徳、延命長寿の妙薬である。
第三の徳、旅行の疲労回復剤である。
第四の徳、寒さしのぎの保温薬である。
第五の徳、贈りものによろこばれる。
第六の徳、心配ごとを忘れさせてくれる。
第七の徳、有名人ともまじわることができる。
第八の徳、苦労をなぐさめてくれる。
第九の徳、万人と知りあいになれる。
第十の徳、独身者の心の友である。

**酒《さけ》には猛《たけ》き鬼神《きしん》もとらくる習《ならい》**

「とらくる」は、とろけるとかまどうという意味。酒を飲むと、どんなにしっかりしたひとでも、心がゆるんで失敗するのが世の常である。『ほり川』という舞の書物に、「酒には猛き鬼神もとらくる習なりければ、さしもに猛き吉盛も、安々とたばかられ」。

**酒《さけ》に酔《よ》って件《くだん》のごとし**

酒に酔ってくだをまくというしゃれ。むかしの手紙は、末尾に「仍而如件《よってくだんのごとし》」と書いたが、そのもじりである。

**酒《さけ》に酔《よ》って虎《とら》の首《くび》**

酔っ払いは、虎の首でもとったような大きなことをいうものだ。酒飲みの大言壮語をいう。

**酒《さけ》の上《うえ》から剣《つるぎ》の舞《まい》**

酔っぱらったあげくに、刃物をふりまわすことをいう。

**酒《さけ》のおわりは色話《いろばなし》**

酔いがひとまわりして、飲酒もおわりに近づくと、とかく色話がもち上がる。

**酒《さけ》の実《み》**

しぼる前の酒のもろみで、ドブロクのこと。清酒の母体である。

**酒《さけ》飲《の》みは半人足《はんにんそく》**

酒好きは、酒を飲んでいるときはもちろん、飲んでいないときでも一人前としては通用しないということ。

**酒《さけ》は古酒《こしゅ》、女《おんな》は年増《としま》**

酒は新酒よりも、古酒のほうが味わい深いように、女性も、世間知らずの娘よりは、らん熟した年増のほうが情愛も深くてよい。

**酒《さけ》は詩《し》を釣《つ》る針《はり》**

酔うと脳にかかっていたストレスが解放されるから、インスピレーションがひらめき、詩が生まれやすい。詩仙と呼ばれた中国の詩人李白は、一斗飲むと百篇の詩ができたという。「百年三万六千日、一日すべからく三杯」と、スケールもでっかい。

**酒外《さけはず》れはせぬもの**

酒飲みの仲間から外れるのは悪いことだ。すこしでもよいから飲んでみせるのが、つきあいの礼儀である。

**酒《さけ》は中国《ちゅうごく》、江戸女《えどおんな》、住居京《じゅうきょきょう》都《と》に武士薩摩《ぶしさつま》**

日本各地のすぐれたものを列挙している。「酒」は中国筋のものがよく、「女」は江戸産、「住居」は京都が理想的だ。「武士」は、薩摩武士がいちばん侍らしくてよい。

**酒《さけ》は、なお兵《へい》のごとし**

酒は武器と同じようなものだから、使い方をあやまると身を害することになる。「兵」は「武器」と同じ意味。

**酒《さけ》はなさけの露《つゆ》しずく**

酒は男と女の情愛を深める露やしずくのようなものだ。『傾城酒呑童子』に、「こんなときには、とかく酒。酒はなさけの露しずく」。

**酒《さけ》は百毒《ひゃくどく》の長《ちょう》**

「酒は百薬の長」というが、いやそうではない。酒ほど健康を害するものはない。酒は万病のもとなのだ。「酒は百薬の長」の反対句で、『徒然草』にも「百薬の長とはいえど、万の病は酒よりこそ起れり」。

### 酒《さけ》は百薬《ひゃくやく》の長《ちょう》

　適量を飲めば、たくさんある薬物のなかで、酒ほど効きめのあるものはない。どんな薬よりも健康に効果がある。漢書の『食貨志』に出てくる有名なことばである。「塩は食肴《こう》の将、酒は百薬の長、嘉会《かかい》の好《こう》、鉄は田農《でんのう》の本」。狂言の『餅酒』にも、「そもそも酒は百薬の長として、寿命をのぶ」とある。酒を飲むと血液の循環がよくなり、ストレスも吹っとんでしまうから、ちょっとしたからだの不調などは治ってしまう。

### 酒半酔《さけはんすい》が美人《びじん》を作《つく》る

　酔いのまわりかかった女性は、たいへんに魅力的になるという意味。むかしから、酒どころには美人が多いが、これは、適量の酒を飲むことによって血行がよくなり、新陳代謝が活発になって肌の若さが保たれるためだ。

### 酒《さけ》、めし、雪隠《せっちん》

　客を家に招くときに、とくに配慮しなければならない三点をあげている。まず、酒肴を吟味し、つぎに、食事を整える。そして、トイレを清潔にしておくこと。これらの条件が整えば、主客が一心同体となって、楽しい時間を過ごすことができる。

### 酒《さけ》を傾《かたむ》ける

　酒杯を傾ける。つまり、杯を傾けて酒を飲むこと。

### 酒《さけ》を使《つか》う

　酔いに乗じて、かってきままにふるまう。酒の勢いでことをおこなう。

### 笹《ささ》の露《つゆ》にも酔《よ》う

「笹」は「酒」のこと。ほんのわずかばかりの酒でも酔っぱらってしまうこと。「笹の実」というと、絞る前のドブロク状の酒の意味。

**上戸《じょうご》は毒《どく》を知《し》らず、下戸《げこ》は薬《くすり》を知《し》らず**

「上戸」は酒好き、「下戸」は酒の飲めないひと。酒好きは酒が毒にもなることに気付かずに酒を飲み、下戸は酒が薬にもなることを知らないで飲まずにいる。飲み方ひとつで、酒が毒にも薬にもなることをいう。

**初献《しょこん》は慇懃《いんぎん》にして三献《さんこん》は親《した》しく、九献《くこん》は生酔《なまよ》い**

酒宴で最初の杯は礼儀正しいが、酒が入るにつれて、だんだんよそ行きの調子はなくなり、しまいにはすっかり酔っぱらってしまう。

**毒見《どくみ》三杯《さんばい》、亭主《ていしゅ》の役得《やくとく》**

飲んべえ亭主の口実で、亭主が客よりも酒を多く飲むこと。「お客三杯、亭主八杯」も同じ。

**飲《の》まぬ酒《さけ》に酔《よ》う**

身におぼえがないのに、意外な結果が出てくること。

**飲《の》まば朝酒《あさざけ》、死《し》なば卒中《そっちゅう》**

酒を飲むなら朝酒がいちばんだし、死ぬときには、苦しまずにすむ卒中でいきたい。「卒中」の「卒」は、「卒然（にわかに、突然）」からきている。「中」は、的中の「中」で当たるという意味。脳出血などによって、突然倒れるのが「卒中」であるが、それにしてもずい分乱暴なことわざもあったものだ。

**飲《の》みの宿禰《すくね》**

酒を「飲む」を、相撲とりの開祖といわれ垂仁天皇に仕えたといわれる、伝説上の人物、「野見《のみ》宿禰《すくね》」の「のみ」にかけたしゃれ。

**飲《の》む、打《う》つ、買《か》う**

大酒、ギャンブル、そして女遊びをする。男がのめりこみやすい三大道楽だ。

**飲《の》むにあがる**

飲めば飲むほど、酒量があがる。飲むスピードも速くなる。

### 飲《の》む者《もの》は飲《の》んで通《とお》る

酒好きは酒代がかさんで生計が破たんするのではないかと思われがちであるが、何とかやりくりして、うまく生活していくものである。

### 杯《はい》を返《かえ》す

やくざの社会で、「杯をもらう」といえば身内に加わることである。反対に、「杯を返す」は、杯を受けることによって成立した擬制の血縁関係、つまり、親分子分や兄弟分の間がご破算になることを意味する。

### 花《はな》のさかずき

花見をしながら飲む酒。花見の宴のさかずき。

### 百礼《ひゃくれい》の会《かい》、酒《さけ》にあらざればおこなわれず

どのような儀式の会合にも、すべて酒がつきものであることをいう。酒の伴わない儀式はない。

### よけて通《とお》せ酒《さけ》の酔《よ》い

酔っぱらいにはさからわないほうがよいという意味。こちらがさけて、通ってもらったほうが無難である。「のいて通せ酒の酔い」「のきて通せ酒の酔い」ともいう。

### 酔《よ》ったら横座《よこざ》にまわって寝《ね》よ

酒に酔ったら、客からは見えない茶の間などで寝て酔いをさますとよい。「横座」は横手の座席、または食事をするところ。

### 夜《よる》の酌《しゃく》は八分目《はちぶんめ》

夜は手もとがはっきりしなくて、こぼすおそれがあるので、酌をするときには八分目くらい注ぐのがよい。

# 酒と肴ことば集

**阿伽田薬**《あかだくすり》　酒の異名である。「阿伽田」は梵語で、無病の意。酒を、よくいう百薬の長よりも高い不老不死の薬としてとらえたことば。

**甘**《あま》**かす**　平安時代の『新撰字鏡《しんせんじきょう》』に、「粕をこさない酒也、酒粕也」とある。ふつうは酒のしぼり粕のことであるが、粕をこさない酒をいう場合もあった。また、甘酒のしぼり粕という説もある。

**甘九献**《あまくこん》　甘酒のことで女房ことば。「九献」は酒の意である。

**新走**《あらばしり》　新酒のことをいう。

**笊籬**《いかき》　竹を編んでつくったザルのことで、濁酒やみそをこすのに用いられた。

**磯菜**《いそな》　磯などに生えている食用海藻の総称である。「磯菜草」ともいった。

**板粕**《いたかす》　酒の粕を袋より出した、板のようになった酒粕をいう。

**一門**《いちもん》**ぶるまい**　一門や一族を招いて、酒食のもてなしをすること。親類縁者へのご馳走。

**一夜酒**《いちやざけ》　一晩でつくった酒のことで、甘酒の別名。「一夜づくり」ともいう。

**一種物**《いっすもの》　平安時代の貴族が、各自一種ずつの酒肴を持ち寄って開いた酒宴のこと。持ち寄った酒肴は、魚や鳥などを材料にした珍味で、贅をこらしたものだったという。

**芋酒屋**《いもざかや》　現在のおでん屋と同じで、燗酒と芋でんがくなどを出す飲み屋のこと。

**煎**《い》**り菜**《な》　ゆでた野菜などを鍋で煎り、しょう油、酒などで味付けしてつくる。

**入子**《いれこ》**盃**《さかずき》　下になるほど大きくなるよう、順次に組み上げた酒盃のこと。

**色味上戸**《いろみじょうご》　酒が入ると、すぐに顔が赤くなる人をいう。

**盞**《うき》　酒杯の別名である。

**鶯**《うぐいす》**飲**《の》**み**　酒の飲み方。酒を杯十個に注ぎ入れ、五個ずつ二組にして、それぞれ梅花の五弁をつくって並べ、早く飲み終えたほうを勝ちとする。「梅花飲み」ともいう。

**請**《う》**け酒屋**《ざかや》　小売酒屋のこと。造り酒屋から酒を仕入れて小売りをする。『男色大鑑』に、「請け酒屋を叩き起こし……徳利を鳴らし」とある。

**味酒**《うまざけ》　うまい酒、味のよい上等の酒。

**温糟**《うんぞう》**がゆ**　禅寺で食べるかゆのことで、みそや酒粕を入れて煮たもので、保温効果が高い。

**うん飲**《の》**み**　ぐいぐいわき目もふらずに飲むこと。

**大御酒**《おおみき》　天皇や主君にさし上げる酒のこと。

**御台**《おだい》　食膳、つまり、食べものをのせる膳のこと。

**おでん燗酒**《かんざけ》　天保（一八三〇～四四）のころに出現した、おでんを肴に燗酒を飲ませる店。おでんは、コンニャクや里イモが多く、屋台店がほとんどだった。

**お流**《なが》**れ**　位の高いひとから酒杯をたまわること。

**鬼殺**《おにごろ》**し**　味が辛くてアルコール度数の強い酒。鬼もとび上がるほど強烈な酒。「鬼好み」ともいい、悪酔いする質の悪い酒をいう場合が多い。

**鬼飲**《おにの》**み**　酒や湯を人にすすめる前に毒見をすること。食べものの毒見のときは「鬼食い」といった。

**鬼**《おに》**みそ**　➡第三章「大豆」に関することわざ、「むかしの〝おかずみそ〟」

**御神酒箱**《おみきばこ》　神社に参詣するとき、奉納する神酒二瓶を並べて入れ、背負っていく箱をいう。

**御神酒**《おみき》**をあげる**　いっぱいやること。

**思**《おも》**いざし**　その人に思いをこめて杯をさし出すこと。

**思《おも》いどり**　さされた杯を、心から受けることをいう。また、この人と思う人から受ける杯。

**御山茶屋《おやまぢゃや》**　遊女をかかえている茶屋のことで、「色茶屋」ともいった。街道などに店を出し、茶湯などを出して旅人を休息させるのが「水茶屋」である。

**街道湯漬《かいどうゆづ》け**　街道筋の茶屋などで、旅人に食べさせるごく簡単な茶漬けのことで「街道茶漬け」ともいう。そこから転じて、形ばかりのご馳走のこと。

**嬥歌《かがい》**　春や秋のよい季節に、男女が集まって飲み食いをしたり歌舞に興じたりする。

**かがみ**　酒樽のふたをいう。

**掻《か》き立《た》て汁《じる》**　みそをすらないままで入れ、かきたててつくった汁のこと。むかしのみそは、原料の大豆の粒々が残っていたので、ふつうはすってからみそ汁をつくる。「落としみその汁」ともいう。

**かきなます**　細く削ったダイコンの入ったなますのこと。

**香菓《かぐ》の木《こ》の実《み》**　香りのいい木の実のことで、タチバナを指す。「香菓の実」に同じ。

**懸《か》け盤《ばん》**　食器をのせる盤台で、膳の一種。平安時代から用いられるようになった。もともとは四脚の台の上に折敷《おしき》をのせかけるようにしたことから、この名がある。後世は上下作りつけにして漆塗りとし、内側が朱で外黒とし、外側には金唐草、または家紋を金蒔絵にしたものもある。庶民用のものではなく、貴族や後世の大名が用いた膳。『枕草子』（三五段）に、「まだ講師ものぼらぬほど、懸盤して、何にかあらむ、もの参るなるべし」。

**我酒《がざけ》**　やけ酒、がむしゃらに飲む酒。

**重《かさ》ね杯《はい》**　旅立つときに飲む酒をいう。

**膳《かしわで》、膳夫《かしわで》**　食膳のことをつかさどる役目の人。古くは柏の葉を、酒や食べものを盛る容器として用いたところからきている。また、「膳夫」を「かしはびと」と呼ぶ場合もあった。

もちろん、料理人のことである。

**粕《かす》、糟《かす》**　酒のもろみをこしたときに残ったもので、『和名抄《わみょうしょう》』に「糟　加須　酒滓也」とある。

**霞《かすみ》**　酒のこと。「霞をくむ」といったら酒を飲むことである。濁り酒を風流に呼んだもので、古くは澄んだ酒がなかったために、白濁した様子を〝霞〟にみたてて呼んだのである。『ねごと草』に、「あわれ、かすみを汲まん杯もがな」。

**糟湯酒《かすゆざけ》**　酒かすを湯で溶かしたもので、貧しい人が酒の代用として飲んだ。『万葉集』（八九二）に「糟湯酒うちすずろひて」とある。

**かた酒《ざけ》**　辛口の酒、濃い酒のこと。

**片白《かたはく》**　白米と玄米こうじを用いて醸造した酒。米もこうじもよく精白した材料でつくったのが「諸白《もろはく》」。諸白は上等な酒で、「片白」の対である。『東海道中膝栗毛』にも、「酒はいいのがあるかの。しかし、諸白ではなくて、片白には困る」とある。

**花鳥風月《かちょうふうげつ》**　文字通り花と鳥、風、月のことで自然を意味する。風流人にとっては、花鳥風月も、また立派な酒の肴であった。

**かのしし**　「鹿の肉」のこと。「か」は鹿の古名であり、「しし」は肉。

**かひ**　「卵」の古名。貝（かひ）と同源で、「かひご」ともいった。『日本書紀』に、「国の危ふきこと卵を重ぬるに過ぎたり」とある。「かひご」は「卵子」と書き、「殻子」の意味。

**醸《か》む**　生米をよく噛んで容器にため、唾液中の酵素と天然の酵母によって酒をつくる。

**醸《かも》す**　穀類などを発酵させて、酒やしょう油をつくること。醸造である。

**辛酒《からさけ》**　酢の異名である。

**唐徳利《からどくり》**　舶来のガラス製徳利のこと。歌舞伎の『助六』に、「からどくりに白酒を出し」とある。

**願酒《がんしゅ》**　神仏に願をかけて酒をたつこと。

**生《き》一本《いっぽん》**　アルコールやブドウ糖などの添加物がいっさいなく、加水していない純正まじり気なしの生酒《きざけ》。

**利《き》き酒《ざけ》**　酒の味をためすこと。その良否を味わって鑑定する。

**菊《きく》の酒《さけ》**　九月九日の重陽の節供に飲む。菊の花を浮かべた酒である。

**きげん上戸《じょうご》**　酔うと上きげんになる酒飲み。

**聞《き》こし召《め》す**　お飲みになる、召し上がる。「食う」や「飲む」の尊敬語。

**きすぐれ**　酔っぱらうことを意味する隠語。「きすひく」といえば、酒を飲むことである。だいぶ前にヒットした、高倉健主演の映画『網走番外地』には、「きすひけ、きすひけ、きすぐれてエーエ」という歌詞が使われていた。「きす」が酒のことで、「苦きす」といえばビールのことであり、「鬼きす」は焼酎。

**饗《きょう》**　酒やご馳走を用意してもてなすこと。『源氏物語』の「柏木」に、「御粥、屯食《とんじき》五十具。所々の饗、院の下部ども、庁の召次所《めしつぎどころ》、何かの隅まで、いかめしうさせ給へり」とある。

**饗応《きょうおう》**　酒やご馳走でもてなすこと。

**京酒《きょうざけ》**　下り酒と同じ。

**金魚酒《きんぎょざけ》**　水で割ったうすい酒で、そのなかに金魚を入れても元気で泳ぎ続けたという。

**ぐい飲《の》み**　酒を勢いよく、ぐいぐい飲む。

**くこん**　女房ことばで「酒」のこと。「くもじ」ともいう。

**九献《くこん》**　杯を三献（三杯）ずつ三度さすこと。三三九度である。朝廷や貴族などの正式の酒宴でおこなわれるマナー。また、婚儀の作法としてもおこなわれ、現在の結婚式にも引きつがれている。

**九献事《くこんごと》**　酒盛りのことをいう。

**酒《くし》**　酒の古名で、酔うというアルコールの生理現象を「奇《く》し」ととったものだろう。

**酒《くし》の司《かみ》**　「酒の長」も同じ。酒をつかさどる責任者、長官という意味と、酒が人を酔わせるふしぎな力を支配するもののこともいっている。

**くすね飲《の》み**　盗み飲み。そっとかくれて飲む。

**薬《くすり》の酒《さけ》**　薬用として用いる酒。薬になる酒。

**下《くだ》り酒《ざけ》**　上方から江戸に下ってきた酒で、伊丹《いたみ》や池田、灘《なだ》地方のものが上質とされ、珍重された。主に回船で送られたが、富士山を横に見ながら下ってくるところから、「富士見酒」ともいわれた。

**下《くだ》り杯《はい》**　上方製の安物の酒杯のこと。

**下《くだ》り諸白《もろはく》**　上方からきた上等の酒。『東海道中膝栗毛』に「お休みなさいまあし。下り諸白もおざりやあす」。「諸白」は、米もこうじもよく精白したもので造った高級な酒。

**黒酒《くろき》**　「き」は酒の意味で「黒い酒」。新嘗祭や大嘗祭などに用いた。平安時代のつくり方を『延喜式《えんぎしき》』によって見てみると、臭木《くさぎ》の灰を熟成させた酒に混入してつくった。室町時代には甘酒に黒ゴマの粉を入れてつくっている。

**下戸《げこ》**　酒の飲めない人をいう。

**食酒《けざけ》**　食事のときに酒を飲むことをいう。

**気色酒《けしきざけ》**　相手のきげんをうかがいながら、無理をして飲む酒。

**けずり友達《ともだち》**　酒飲み仲間のこと。「けずる」は大工仲間の隠語で酒を飲むことであるが、身代を「けずる」という意味もある。

**勧杯《けんぱい》**　杯をさし出して酒をすすめる。

**献杯《けんぱい》**　酒杯を人にさすときに使う謙譲語。

**行酒《こうしゅ》**　酒宴などで、一座の人々に酒を注いでまわることをいう。

**醴酒《こざけ》**　一夜で醸造する現在の甘酒のようなもの。

**後段《ごだん》**　もてなしをする時、食後に出す飲食物のこと。

**小半《こなか》ら**　「なから」は半分、「こ」はさらにその半分をあらわす。酒にいうことばで、一升の半分をさらに二分した量という意味。つまり、二合五勺のことである。『好色敗毒散《こうしょくはいどくさん》』に、「酒こなから買うてこうか」とある。

**小半《こなか》ら入《い》り**　二合五勺入りの酒の容器。

**こもかぶり**　こもで包んだ四斗入りの酒樽。こもを身にまとっているところから、乞食をいう場合もあった。

**献《こん》**　客に酒や肴をすすめること。客をもてなすとき、膳に杯、肴、銚子を出し、酒三杯をすすめてから、膳、杯を下げること。これを「一献」という。また、一種類の肴について飲む酒杯を三杯と定め、これを「一献」とかぞえた。『徒然草』に、「一献に打ちあはび、二献にえび、三献にかい餅にてやみぬ」と出ている。本来は、人に酒や肴をすすめる行為をいったが、のちに酒杯を飲み干す回数をいうようになった。

**献献《こんこん》**　杯を何度もかわすこと。転じて酒のことをもいう。

**献献《こんこん》の酒盛《さかも》り**　結婚の杯ごと。三三九度の杯。

**ごんの字《じ》**　五合酒のことをいう。

**酒煎《さかい》り**　雁や鴨などの肉や野菜を鍋で煎り、酒やしょう油で味付けをする。

**酒狂《さかぐる》い**　酒に酔ってみだれること。

**杯《さかずき》**　「盃」、「盞」とも書く。「さか（酒）」と「つき（杯）」の合体語。

**さかな**　「肴」。「さか（酒）な（菜）」の意味。「な」は副食物のことである。古代から中世にかけての「さかな」を見てみると、堅塩やタチバナ、塩引き、干物、みそなど、とくに魚類にかぎられてはいない。室町時代の書物には「肉や魚のような食べもの。また、何であれ酒を飲むときに食べるもの」とある。これから見ると、室町時代の末頃に「さかな」は、「魚」の意味になりつつあったことがわかるが、「さかな」が完全に「魚」になるのは、江戸時代に入ってからである。

**さかな舞《まい》**　酒盛りに興を添えるための舞をいう。

**さかな物《もの》**　酒のおつまみのこと。

**酒水《さかみづ》く**　酒に浸ること。転じて酒宴をすることをいう。

**酒事《ささごと》**　酒盛りをする。酒をくみかわして飲むこと。

**醢《ししびしほ》**　「肉醤」のことで、塩辛類をいう。また、塩漬けにした肉や魚をいう場合もあった。『今昔物語』に「あじの塩辛、たいの醢など、もろもろに塩辛きものどもを盛りたり」とある。

**次第《しだい》おごり**　だんだんぜいたくになっていくこと。『日本永代蔵』に、「古代に変はって、人の風俗次第おごりになって」とある。

**助三杯《すけさんばい》**　酒席で飲めない人を助けて、酒を飲むときには、続けて三杯飲まなければならない。これを「助三杯」という。

**せこを入《い》れる**　一種の無礼講をいう。宴会のときに席次や礼儀などにこだわらず、杯をやりとりすること。

**立《た》ち酒《ざけ》**　立ったまま酒を飲むこと。江戸川柳に「立ち酒は、一口飲んであとを注ぎ」とある。旅立つ人を祝って飲む酒をもいう。

**づぶろく**　酔っぱらい。泥酔状態にある人のことをいう。酔いつぶれである。

**飲《の》みかくし**　飲んでいるのに、飲まないふりをすること。

**杯一《ばいいち》**　「一杯」を逆にいったもので、一杯のことであるが、ふつう酒を飲むことをいう。江戸時代からのことばで、『箱枕』にも、「まあ、杯一飲もうかい」と使われている。現在でも通用していることばである。

**鉢肴《はちざかな》**　鉢に盛った酒のさかなのことをいう。

**引出物《ひきでもの》**　祝いの宴会などで、客に主人からプレゼントする品物のこと。

**御酒《みき》**　神に供える酒のこと。酒の敬称。

**造酒司《みきのつかさ》**　朝廷の酒やあま酒、酢などをつくり、また、朝廷での酒宴に酒を供することを担当した役職。

コラム　和食のツボ㉓

# いっぷくのお茶

私たちの身のまわりには、「薬」になる食べものや飲みものがたくさんある。

和食自体に、サプリメントのような機能性を持った飲食物が多く、古くから日本人の健康をサポートしてきた。

そのひとつが日本茶である。

日本人は、まさに「日常茶飯事民族」であり、毎日、ご飯を忘れずに食べるように、お茶を飲んできた。毎日の暮らしのなかで、何かにつけてお茶を楽しんできたのが日本人なのだ。

日本人の「お茶好き」をテーマにした実に楽しい歌がある。

『もっとお茶を見直そう』という書物のなかで紹介された作品であるが、このユーモラスな日本茶賛歌のように、日本人はほんとうにお茶が好きである。

ご飯の前だとお茶を飲み
ご飯がすんだとお茶を飲む
いってくるよとお茶を飲み
帰ってきたよでお茶になる
そろそろやるかとお茶を飲み
いちだんらくでお茶にする
だれかきたよでお茶になる

お茶が健康に役立ち、長寿をもたらす飲料といわれる理由のひとつがカテキンが豊富に含まれているためだ。お茶の苦味の成分で強力な酸化を防ぐ作用があることがわかっている。細胞の酸化は老化そのものであり、お茶は不老長寿のドリンクといってもよいだろう。

カテキンに次ぐお茶の有効成分として、このところ注目されているのがアミノ酸の一種のテアニン。テアニンは玉露や抹茶など、どちらかというと高価な茶に豊富に含まれているうま味の成分だ。

お茶を飲むと脳がゆったりとしてきて、解放感を高める副交感神経を優位にするから、心身ともにリラックスしてくる。

茶飲み友達という言葉があるように、お茶を飲み合えば、みんな心を開いて友人になれるのもお茶の功徳といってよいだろう。

# 第七章　「医食同源」に関することわざ

## 薬は「食べもの」に及ばない

自然食とか有機農法、地産地消といったことばが、マスコミにひんぱんに登場するようになった。世の中が、自然回帰に敏感になってきたのである。

バイオ技術を駆使した先端的な医薬品が続々開発されている反面で、むかしからの漢方薬や民間薬が、たいへんな人気を呼んでいる。日本には、古くから「薬は食べものに及ばない」ということわざがあって、その実践が健康づくりの土台になってきた。いかに高価な薬品でも食べものにはならないが、どんなに安価な食べものでも、それが自然の雨風のなかで育ったものであれば、栄養供給はもちろん、薬餌としての役割も立派に果たしているという発想だ。ふだんの食べものこそ、最高の〝薬〟なのである。

たしかに、食事管理によって薬代を払わずにすむなら、これは生活の理想である。だれだって、注射は打ちたくないし、薬も飲みたくない。

だいたい、「薬」は「草」と「楽」で形成されている。「草を楽しむこと」が「薬」であり、「草」の葉や茎や実や根が内蔵している薬効を見抜き、からだが不調なときに用いて健康をとり戻したり、病気を治したりする。これが本当の「草」を「楽しむ」、つまり「薬」である。日本人にとっての「草」は、和食の基礎であり、大豆、野菜、山菜、海藻などであった。医者に金を払って受け取る「薬」と、食によって健康を自己管理する場合の「薬」のちがいである。「食べもの」自体が「薬」という認識だから〝薬〟を楽しむことができ、それが結果的に無病息災、そして長寿につながっていたのである。

**青葉《あおば》は目《め》の薬《くすり》**

目にしみるような木々の緑は、目の疲れを回復させる効果があることをいったもの。視神経が疲労したときには、遠方の緑をながめるのがいちばんである。

**朝《あさ》しょうが、夕《ゆう》さんしょう**

に関することわざ ➡ 第四章「野菜」

**朝茶《あさちゃ》に別《わか》れるな**

朝のお茶は、その日のわざわいよけになるから、かならず飲むものであるという意味。朝茶を飲まないと、その日は運が悪いというひともいる。カフェインの働きで、寝ぼけた頭もはっきりするから、仕事もてきぱきと進む。

**朝茶《あさちゃ》は七里《しちり》帰《かえ》っても飲《の》め**

朝茶を忘れて旅立ったら、たとえ七里の道を戻ってでも飲んだほうがよい。朝茶を飲めば、その日の災難よけになるからだ。

**朝茶《あさちゃ》はその日《ひ》の祈禱《きとう》**

朝茶には霊気があるから御祈禱を受けたのと同じ利益がある。その日は悪いことはなにごともおこらないというたとえ。

**朝《あさ》とろろ、夕《ゆう》そば**

朝はトロロ汁でご飯を食べ、夕方はそばを食べる。信州地方のことわざであるが、ときどきこのような食事をすると、腹のなかが清められて長生きできる。

**朝《あさ》の井戸水《いどみず》には、薬《くすり》が湧《わ》いている**

朝の井戸水は清浄だから、健康によいという意味。古くは、正月元日の早朝の井戸水を「井華水《せいかすい》」と呼んだ。ふしぎな力がこもっているためで、ふだんでも、早朝の井戸水の一杯は、邪気を払い、腹中をととのえて、熱気を下す効果があるという。

**小豆《あずき》ご飯《はん》で厄《やく》ばらい**

むかしは、月の一日と一五日にはアズキご飯を食べる習慣があった。ふだんの食生活に不足しがちなビタミンやタンパク質を補給して、疲労をとるためである。疲れがたまってからだが重くなることを〝厄〟とみて、これをアズキご飯で追い払った。

また、日本人に多い便秘を解消し、心臓や腎臓を強化する目的もあった。アズキには食物繊維が多いから、通じをよくするのである。江戸時代の『本朝食鑑《ほんちょうしょっかん》』には「気分をおだやかにして湿をとり除き、尿の出をよくして、腫《は》れをおさめ、いっさいの熱毒、風邪からくるむくみ、はれものを取り去る」とある。

アズキはタンパク質を約二〇パーセントも含み、ビタミン$B_1$と$B_2$も米糠と同じくらい豊富である。カルシウムや鉄分の多いアルカリ性食品。また、日本人の主食である米など、カロリーとなるデンプン質が燃焼するときに消耗されるビタミン$B_1$を補って、糖質の代謝をスムーズにする働きもあり、体内での燃えかす（疲労物質）を少なくする。つまり、米にアズキを加えると米は完全にカロリー化してしまう。米のエネルギー効率がよくなるのだ。白米に欠けているタンパク質やビタミン、ミネラル、食物繊維を補給するには、理想的な食べものである。

アズキは二日酔いの妙薬でもあるが、母乳の出が悪いときには、煮たアズキを味をつけないままで常食するとよい。赤い色素はアントシアニンで老化を防ぐ。

## イライラしたときには若布《わかめ》のみそ汁《しる》

怒りっぽくなったり、イライラしてきたらワカメのみそ汁をとるとよい。血液中のカルシウム濃度が低下してくると、神経が興奮しやすくなり、イライラしてくるが、ワカメにはカルシウムがたっぷり含まれているから、そのたかぶりを徐々に吸収するように働く。

## いわしは海《うみ》の〝人参《にんじん》〟

➡ 第五章「魚」に関することわざ

## いわし百匹《ひゃっぴき》頭《あたま》の薬《くすり》

➡ 第五章「魚」に関することわざ

第五章

「魚」に関することわざ

うなぎを食《た》べると頭脳《ずのう》がよくなる ⬇

## ウニはこたついらず

ウニは保温効果が高いために、こたつがなくてもポカポカと体中があたたかくなってくるという意味。食用にするのはウニの生殖巣で、殻のなかに五本の房が放射状におさまっている。ホルモン成分や酵素が多いから、強精効果も高い。ビタミンAの含有量が多いために粘膜を丈夫にして風邪など呼吸器系の感染症に対する抵抗力を強くしたり、夜盲症や目の疲労、弱視などにも効果がある。

最近では、ビタミンAがガンとの関連で予防効果が注目されている。神経細胞の機能を向上させたり、悪性の貧血によいといわれるビタミン$B_{12}$や$B_1$、$B_2$、それに皮膚病に効果のあるナイアシンも少なくない。

しかも消化がよくて、胃腸にあまり負担をかけないうえ、脳細胞に含まれているグルタミン酸も多く、健脳効果も期待できる。海女さんたちが、冷たい海水のなかへ平気でもぐっていけるのも、新鮮なウニを常食することによって、保温効果をあげているためといわれている。ビタミンAを補って内分泌のバランスをはかることが、肌を美しくする第一条件。その意味では、ウニは絶好の美容食ということもできるだろう。

## 梅《うめ》はその日《ひ》の難《なん》のがれ

朝、梅干しを食べておくと、その日一日はなにごともなく、無事に過ごすことができる。梅干しに含まれている殺菌効果をいったものであるが、酸味の主体であるクエン酸には、体内の疲労素を分解する作用もあり、疲労回復にも効果がある。

## 梅干《うめぼ》しには命《いのち》を守《まも》る七《なな》つの徳《とく》がある

「医師を困らすに刃物はいらぬ、朝昼晩に梅を食え」といわれるほど、むかしは梅干し一個が日々の健康の守り本尊としてだいじにされてきた。何百年にもわたる体験のつみ重ねによって、梅干しの効能が定着していたのである。古くから養生法として伝えられてきた「梅干しの七徳」があり、次のようなものだ。

一、毒消しの効果がある。むかしは、うどんにはかならず梅干しをそえた。
二、腐るのを防ぐ効果がある。夏でもめしびつの底に梅干しを一個入れておけば、その飯は腐ることがないと伝えられている。
三、疫病を避ける効果がある。宿屋では朝食に梅干しをかならずそえる。
四、そのものの味が変わらない。
五、呼吸をととのえる。走るときには一粒口中に含めば息切れしない。
六、頭痛を治す。女性は頭痛のときにこれをこめかみに貼っておさえる。
七、梅酢は、やはり病に効果がある。

## 梅干《うめぼ》しは三毒《さんどく》を消《け》す

梅干しには食べものの毒、血の毒、水の毒の〝三毒〟を断つ作用がある。梅干しは酸っぱいので、とかく酸性食品と思われがちであるが、実はアルカリ性食品。酸味のもとになっている成分は、クエン酸をはじめとする有機酸であるが、胃や腸のなかでは強い酸性反応を示しながら、腸から吸収されるとアルカリ性に変化してしまう。胃や腸の内部を一時的に酸性化することによって、有害な細菌を殺し、血液中に入ってアルカリ性に転身することによって、とかく酸性にかたむきがちな血液のアルカリ性を高め、さらに血行をよくして、さまざまな成人病に有効に作用する。そのうえ、肩こりや腰のだるさの原因となる疲労物質が体内にたまるのを防ぐ。つまり、梅干しはさまざまな有機酸の力によって、食中毒や水当たりから健康を守り、血液が酸性化の〝毒〟に汚染されるのを防いでいる。

## 得食《えじき》に毒《どく》なし

「得食」というのは好物のことで、好きなものはよろこんで食べるから毒にはならない。転じて、好きでする仕事は苦にならない。「好物にたたりなし」と同じ。

## お赤飯《せきはん》の南天《なんてん》は毒消《どくけ》しの知恵《ちえ》

お赤飯にナンテンをあしらうのは、ナンテンの葉で毒を消してあるので、食中毒の心配はご無用ですという意味。ナンテンの葉は、熱いお赤飯の上にのせてふたをすると、熱と水分によって殺菌作用が活性化し、有害菌が付着していても、消えてしまう。ナンテン材で箸をつくるのも、殺菌力を活用するためだ。トイレの近くによく植えてあるのも、殺菌力を利用するためである。

「ナンテン」は「難天」で、「難」を転じて「福」となし、「災い」を「吉」に逆転するという意味である。お赤飯ばかりでなく、魚料理などにもナンテンの葉が添えてあるのは、食中毒の予防、毒消しであるのはいうまでもない。高さが二～三メートルになる常緑樹で、赤ナンテンと白ナンテンがあるが、薬用効果はまったく変わらない。悪酔いや二日酔いをしたときには、生の葉を嚙むとよいといわれている。

### お茶《ちゃ》好《ず》きは老《ふ》けない

お茶好きは、その肉体がいつまでも若々しいという意味。お茶の渋味を演出している成分は、カテキンであるが、これが細胞の老化を防ぐ作用をもっている。

最近ビタミンEが注目されているのは、人体内にできる過酸化脂質という老化物質を抑制する働きがあるからであるが、お茶のカテキンには、ビタミンEの何倍もの老化防止能力がある。お茶は老化予防飲料なのだ。

### お茶《ちゃ》は女《おんな》の尻《しり》をあたためる

➡ 第六章「茶」と「酒」に関することわざ

### お茶《ちゃ》は目《め》ざまし草《ぐさ》

➡ 第六章「茶」と「酒」に関することわざ

### 柿《かき》葉《は》茶《ちゃ》は肌《はだ》の老化《ろうか》を防《ふせ》ぐ

カキの葉でつくったのが「柿葉茶」で、古くから〝不老茶〟といわれてきたものである。カキは日本の代表的なくだもので、世界に通用する正式の学名も「ＫＡＫＩ」。カキの実には、カロテンやカリウム、果糖などが多く、むかしから二日酔いの酔いざましなどに用いられてきたが、葉のほうにも実に劣らず栄養成分をたっぷり含んでいる。とくにビタミンＣは、他の追随を許さないほど量が多い。このほかにもカリウムや葉緑素、ポリフェノール類、カロテンなどを豊富に含んでいる。カキの葉茶を常用すると歳をとらないというのは、ビタミンCや葉緑素抗酸化成分などが血管を丈夫にして、体細胞の老化を防ぐから。もちろん、肌の衰えも守ってくれる。

カキの葉にビタミンCが多いのは新芽の四月から初夏にかけてで、古葉になるほどその含有量は低下する。甘ガキでも渋ガキでもよいが、採取の時間は早朝や夕方はさけて正午前後がよい。「柿葉茶」は、市販品もあるが、家庭でも簡単につくれる。手順は次の通り。

① 摘んだカキの葉は、二、三日かげ干しにする。
② はさみで、幅五ミリほどの細切りにする。
③ 十分に湯気の通っているセイロに入れ、三分間だけ蒸す。時間をかけすぎると、ビタミンCが破壊されてしまうから注意する。
④ 蒸したら葉を手早く広げ、風通しのよいところで陰干しにし、よく乾燥させる。
⑤ 干し上がったら缶などに密封して保管する。
⑥ 飲み方は番茶の要領でよいが、熱湯を注ぎ、一〇分以上たってから用いるようにする。

## 風邪《かぜ》退治《たいじ》には野菜汁《やさいじる》

人間にとって、もっとも身近な病気は風邪であり、その治療法はむかしからいろいろいわれてきたが、この野菜汁も効果がある。むかしのひとたちの知恵を紹介してみよう。

○生みそを茶わんにとり、ネギのみじん切りを混ぜて、熱湯を注いでよくかきまぜ、熱いうちに飲み干して寝ると、翌朝はさっぱりしている。
○ゴボウをすりおろして熱湯を注ぎ、ふたをしてしばらくおいてから、うわずみ汁だけを飲む。
○火であぶった梅干しにハチミツを加え、熱湯を入れてかきまぜ、その汁を服用する。
○ユズ（レモンでもよい）を絞り、その汁にハチミツを混ぜて熱湯を注ぎ、熱いうちに飲むと風邪のひきはじめによい。
○納豆汁をつくり、ネギのみじん切りをたっぷり入れて用いれば風邪の特効薬になる。
○大根おろしに少量の生みそを加えて熱湯を注ぎ、アツアツを飲む。

○ショウガをすりおろしてハチミツを加え、熱湯を入れて飲むと鼻づまりや寒けによい。

○風邪のひきはじめに、セリを刻んでかつお節とショウガを少し加え、熱湯を注いで熱いうちに飲み干し、そのまま寝ると汗が出て熱が下がり、回復も早まる。

## 胡瓜《きゅうり》は血《ち》をきよめる

キュウリの大部分は水分で、わずかにビタミンAや$B_1$、$B_2$、Cを含んでいる。しかし、キュウリの水分にはカリウムが多いから、体内の過剰な塩分を排出するうえで役に立つだけでなく、浄血や利尿効果もあり、また腎臓機能をととのえる働きもしてくれる。

最近では、冬でもキュウリが出まわっているが、夏の強烈な太陽のもとで育ったものでないと真の効果は期待できない。キュウリにかぎらず、ハウス栽培の野菜は、野生のバイタリティが希薄だからだ。畑で栽培されたキュウリは、季節はずれのハウスものにくらべて、ビタミンCが三倍も多いだけでなく、新陳代謝を活発にしたり、肌をなめらかにするうえで効果のある酵素力もはるかに強い。キュウリのさわやかな香りは、ピラジンで血栓の発生を防ぐ作用があるという。

唐の玄宗《げんそう》皇帝の寵愛を一身に受けた楊貴妃《ようきひ》はキュウリが大好物で、いつでも食べられるように温室栽培させていたという伝説があるが、キュウリの汁には一種の漂白作用があるといわれ、古くから化粧水に用いられており、妃も肌を美しくするために使用していたのかもしれない。

○二日酔いして苦しいときには、キュウリのしぼり汁を飲むと楽になる。

○暑気あたりには、キュウリをつぶして足のうらにつけるとよい。

○あせもやちょっとしたやけどには、キュウリのおろし汁をつける。

## 切《き》り干《ぼ》し大根《だいこん》は腸《ちょう》のしこりを除《のぞ》く

切り干し大根を食べると通じがよくなり、腸のしこり（便秘）も解消するという意味。切り干し大根のいため煮というと代表的なおふくろの味であるが、このお総菜にはリグニンという動脈硬化やガンを抑制する食物繊維がたっぷり含まれている。人体の細胞と細胞をくっつけている物質をコラーゲンというが、リグニンも植物体のなかでコラーゲンと同じ役目を果たしている。これまでの研究で、リグニンには血中のコレステロールを低下させたり、ガン細胞ができるのを抑制する作用があることが知られており、日本人が古くから食べ続けてきた切り干し大根は、実はガンの予防食だったのである。このことわざは、切り干し大根の食物繊維による便秘の解消を伝えたものであるが、さらにコレステロールやガンの予防にも関連していることが判明したわけである。生の大根にはリグニンはあまりないが、切り干しにするとたっぷり発生してくる。切り口を保護しようとして、リグニンを合成するためだ。大根の生命力である。

## ギンナンは仙人《せんにん》が食《た》べる

仙人は不老不死の精気をギンナンを食べて補給するという意味。ギンナンは、イチョウの実の種子である。イチョウは強烈な生命力をもった樹で、火事に遭って焼けても枯死せず、再び芽をふく。

イチョウは「公孫樹」とも書くが、これは祖父が植えた木が孫の代になってようやく豊かに実をつけるようになるからで、実際、歳をとるほど実が多くなる。体内に入ってからビタミンAに変化するカロテンが多く、$B_1$や$B_2$、ナイアシン、それにビタミンCも含まれている。一〇〇パーセント発芽するほど生命力の強いギンナンは、活動力の根元であるセックスをふるいたたせる働きをする。このため中国では結婚式の当日、花嫁と花婿に甘く煮たギンナンを食べさせる風習があるという。

若返りの〝妙薬〟で、からだをあたためたり、眼の衰えを防ぐ効果もあるため、古くから長寿食としても用いられてきた。このようなところから、仙人食といわれているのだろう。ただ、強精成分が烈しいだけに、食べすぎると吐いたり消化不良をおこして、かえって体調をくずすので、毎日少量ずつ食べるのがよい。体力消耗病の肺結核にも効くといわれ、むかしはゴマ油に漬けたものを用いた。ゴマ油に一〇〇日ほど漬けておき、これを一日に一〇粒用いる。冷え症や頻尿にもよいといわれている。

## 枸杞《くこ》はからだを軽《かる》くする

『神農本草経《しんのうほんぞうきょう》』という中国最古の薬物書は、クコの効能を「久しく服用すれば、筋肉を強くし、身を軽やかにして、老いを防ぎ、寒さや暑さにも耐える」と記している。事実、葉をお茶がわりに常用すると、肝臓が丈夫になって疲れが残らなくなり、そのうえスタミナもついてくる。クコはナス科の落葉低木で、川のふちなどに自生しており、葉をつんで日陰干しにし保管しておくとよい。

## 薬屋《くすりや》にまわす金《かね》を豆屋《まめや》にまわせ

病気になってから医者や薬に高い金を払うよりも、ふだんから大豆を食べていれば、体力もついてきて病気もよりつかない。大豆はバランスのとれた〝総合栄養剤〟といってよいだろう。

## クルミは頭《あたま》をよくする〝山薬《やまぐすり》〟

クルミを食べると血のめぐりがよくなるから、頭の疲れがとれ、脳細胞の働きが向上する。むかし、ヨーロッパではクルミを「王さまのような木」と呼んだ。クルミの木には精霊が宿っていて神秘的な力を発散し、ふしぎな効力があると信じられていたからである。

クルミの約七〇パーセントは脂肪分であるが、体内の余分なコレステロールを洗い流す作用のある不飽和脂肪酸が実に多い。また、ビタミンEも多く、これらが相乗して体細胞内での酸素の利用効率を高める働きをしている。その数一四〇億個というぼう大な神経細胞を持つ脳は、からだのどの組織よりも大量の酸素を必要とするが、ビタミンEは血液の循環をよくする能力があるから、結果的に血のめぐりがよくなって頭の機能が向上する。つまり、クルミには健脳効果があるのだ。

## 鯉《こい》の生血《いきち》は精《せい》がつく

➡第五章「魚」に関することわざ

## ごまは血《ち》のめぐりをよくする

ゴマを常用すると、頭の〝血のめぐり〟がよくなるという意味。むかしから頭の悪いことを「血のめぐりが悪い」というが、一四〇億個もある脳細胞の働きを活発にするためには、スムーズな血液の循環が不可欠なことをいったもの。ゴマには、セサミンやビタミンE、レシチンなどが多く、いずれも血行をなめらかにする作用をもっているから「血のめぐり」がよくなり頭の機能も向上する。

## ごまは老衰《ろうすい》を防《ふせ》ぎ寿命《じゅみょう》をのばす

ゴマは古くから強壮強精、不老長寿の薬効があると高い評価を受けてきたが、そのゴマを一〇〇日間も食べ続けると病気がよりつかない健康体になるというものについて、平安時代の『医心方《いしんぼう》』は、「久しく服用すると身体が軽くなり、老衰を防ぎ視力をよくし、飢餓に強くなり、寿命をのばす」とし、さらに、「(ゴマを食べていれば) 穀物を断っても、長く生きられる」としている。そして、白いゴマは黒ゴマに劣ると説明している。

## 蒟蒻《こんにゃく》はからだの砂払《すなばら》い

コンニャクを食べると、体内にたまった砂を吸収して排出してくれるというたとえ。ここでの〝砂〟は、腸内のひだのくぼみなどに残りやすい宿便や不純物を指しているのはいうまでもない。

コンニャクの九七パーセントは水分で、わずか数パーセントの主成分が不消化性の食物繊維でグルコマンナン。コンニャクは、移動とともに腸内部の老廃物などをからめとって吸着し、からだの外に運び出してくれる。腸の機能を刺激して蠕動《ぜんどう》をうながすコンニャクは、まさに腹のなかの〝掃除夫〟であり〝からだの砂払い〟なのだ。

## 昆布《こんぶ》は通《つう》じをよくする

コンブを食べると、気持のよい排便があるということ。コンブに含まれているアルギン酸などの食物繊維が、腸の蠕動《ぜんどう》運動を高めて排泄作用をうながすので、便秘がなくなり、腸の内部がクリーンになる。便秘を軽視すると大腸ガンの原因になりかねないだけに、規則正しい排泄は大切である。

## 昆布《こんぶ》を三年《さんねん》食うと瘤《こぶ》が落《お》ちる

コンブを「こぶ」と語呂合わせしたもので、こぶは体内にできたしこりを意味している。つまり、コンブを長く食べ続けていると、しこりが解消するといったもの。ガンのようなしこりに、コンブがよいことはむかしから知られていた。コンブは理想的なアルカリ性食品で、血液や体液を浄化し、ガン体質を改善するうえで効果がある。コンブのうまみのもとはグルタミン酸で、これは脳の栄養になる。食物繊維のほかにカルシウムとフコイダンが多く、後者はコレステロールを低下させ、動脈硬化を予防するうえで効果的だ。

## さしみは成人病《せいじんびょう》の予防《よぼう》食《しょく》

魚介には肉にはみられない成人病の予防成分が含まれているが、なかでも注目したいのはタウリンとエイコサペンタエン酸。タウリンは魚や貝類に多く含まれているアミノ酸の一種で、動脈硬化や高血圧を防ぐ作用がある。脂肪は脂肪酸の組み合わせによって合成されているが、魚に多い脂肪酸のひとつにエイコサペンタエン酸がある。エイコサペンタエン酸は、魚やアザラシなどの海獣に多く含まれていて、血液がかたまるのを防ぐ働きをしている。つまり、血液のかたまりである血栓をできにくくしているために、動脈硬化を予防するうえでたいへん効果があるのだ。タウリンもエイコサペンタエン酸も、もっとも効果的な食べ方は新鮮なものを生で食べること。「なます」や「さしみ」で、日本人はこの〝生活習慣病予防食〟を、何千年にもわたってとり続けてきたのである。

## 里《さと》いもは便秘《べんぴ》の妙薬《みょうやく》

いまから千年ほど前にまとめられた、わが国最古の医術書である『医心方《いしんぼう》』には「腸胃をゆるやかにして、皮膚を充実させ、内臓をなめらかにする」と、里イモの効能をあげてある。

里イモの大部分はデンプン質であるが、ビタミン$B_1$や$B_2$、C、カルシウムなどを含んだアルカリ性食品。『医心方』にもあるように「腸胃をゆるやかにする」、つまり便秘の解消に役立つというのは、食物繊維が多いためで、ズイキ（里イモの茎を乾燥させた保存食）にも、同じような効果がある。元禄八年（一六九五）の『本朝食鑑《ほんちょうしょっかん》』には「古血を清めて肌の感覚をよくし、腸をくつろげる」、また、外用としては「生のままするりおろし、灸のあとや湯やけどに敷けばよい」とある。

●「いも薬」のつくり方

里イモでつくる湿布薬を「いも薬」というが、耳下腺炎やリュウマチ、肺炎などの応急手当、打ち身、捻挫など、熱があってはれて痛むような場合にむかしは用いられていた。

「いも薬」は、皮をむいた里イモをすりおろし、小麦粉と酢を混ぜて和紙かガーゼにのばしてつくる。かぶれやすいひとは、皮膚の上に木綿を一枚おいてから湿布するか、素材にゴマ油を一〇滴ほど加えるとよい。肌の弱いひとはかぶれる心配がある。

## 蜆《しじみ》は黄疸《おうだん》の薬《くすり》

シジミは縄文時代以来の健康食で、日本中どこの川や湖、沼にもすむ小形の二枚貝。シジミには貝類に多いタウリンが含まれているため、からだの抵抗力や活力を強化するのに役立つ。シジミに多いグリコーゲンやアミノ酸が、肝臓の働きを活発にして黄疸に効きめを発揮する。多量に含まれているビタミン$B_{12}$も肝臓機能の強化に役立つ。

## しょうがは村薬《むらぐすり》一番《いちばん》

ショウガは村人の自家用薬として、こんなすばらしいものはないという意味で、古くから健康管理に重要な役割を果たしてきた。

ショウガの辛みの成分はジンゲロンとショウガオールであるが、腸チフス菌やコレラ菌などに対して強力な殺菌作用があり、とくにジンゲロンはショウガオールにくらべて、殺菌力が数段上だ。ショウガのしぼり汁のなかに赤痢菌をつけると、たちまち死んでしまうほど、その殺菌力は猛烈をきわめる。ジンゲロンは動物の血液中に注入すると、神経マヒをおこすといわれるほど激しい成分であるため、人体に対しても、ごくわずかながら毒性を示す。したがって、ショウガを食べると、その微毒を体外に排出しようという防衛本能がおこり、ホルモンや消化液の分泌をうながしたり、血行をよくしたりする。また、辛みと香りの成分は、大脳皮質への興奮作用があるために、呼吸循環中枢を刺激して、からだ全体の機能を亢進させ、健康にプラスになるだけでなく、病気の治りを早める。たいがいの辛み成分には健胃作用があるが、辛さが唾液の分泌をうながし、ジアスターゼが増えるためで、その結果として、消化や吸収作用が向上するからだ。

ショウガが〝村薬一番〟といわれ、自家用薬として使用されてきた、その実例をあげてみよう。

その一、胃がむかつくときなどには、根ショウガを煎じた湯を飲用するとよい。小鍋いっぱいの水に対して、ショウガの小かたまりでよく、水を三分の二ほどに煮つめてから用いる。

その二、吐き気があるときには、熱湯のなかにショウガのしぼり汁をたらして飲むとよい。

その三、熱湯に生のしぼり汁を加え、ハチミツで甘味をつけて飲むと、せきにも効果がある。

その四、しもやけができたときには、あたためた煎じ汁をつけるとよい。

その五、毒虫に刺されたときは、すぐにショウガのしぼり汁で洗うと痛みやかゆみ、はれが軽くてすむと伝えられている。

その六、乗りもの酔いには、しぼり汁に熱湯を入れて飲む。

その七、クズ粉を熱湯でといてクズ湯をつくり、そこにショウガのしぼり汁と酒少々、ハチミツを加えて熱いうちに用いると風邪によい。クズ粉自体にも発汗作用がありよく効く。ショウガは胃によいので、むかつきや吐き気もおさまる。

その八、刻みショウガに、これも細かく刻んだネギを混ぜ、熱湯を注いで就寝前に服用すると、風邪のひきはじめによい。発汗作用があり、冷え症にもよい。

その九、擂りおろしたショウガを熱湯中に入れてタオルをひたしてしぼり、肩こりや腰痛などの患部に当てておくと軽くなる。冷え症にも効果があり、からだ中がポカポカしてくる。

その十、貧血傾向のある場合には、三度の食事ごとにショウガを擂りおろして、少しずつ食べるとよい。

## 食後《しょくご》のお茶《ちゃ》は仙薬《せんやく》

食事のあとのお茶は、仙薬のような効果がある。お茶のカフェインが胃腸の働きを活発にして、消化を促進させるからである。また、お茶は口中に残りやすい食べもののかすを洗い流し、その殺菌効果によって、細菌の生育をチェックする。

**鮨《すし》を食《た》べたらガリも食《く》え**

「ガリ」というのは、ショウガの甘酢漬け。すしを食べるときには、ガリをつまむのも忘れるなという意味。

すし屋に入ると、かならずガリが用意してある。これは単に食欲を増進させるために置いてあるのではなく、生魚や生貝などに中毒しないよう、殺菌効果も持たせてあるのだ。ショウガに含まれているジンゲロンとショウガオールは辛みの主成分であるが、同時に強力な殺菌作用ももっている。したがって、すしを食べるときには、ガリも積極的につまんだほうがよい。魚毒の中和作用だけでなく、発汗を促進し、新陳代謝をよくする効果もあるから、風邪のひきはじめだったら、治すうえでも役に立つ。

**そばは中風《ちゅうふう》を防《ふせ》ぐ**

むかしは、そば粉を熱湯でゆるく溶き、中風の予防食として食べたものである。また、そばの実を炒ってそば茶にして常用しても、同じような効果があるという。そばの主成分はデンプン質であるが、酵素の含有量が多いために、きわめて消化がよく、加熱しないでも食べられる。むかしは、山で働くひとはそば粉を谷川の水で練り、そのまま食べた。非常食としても実に手軽なものである。

また、必須アミノ酸の多い優秀なタンパク質を一二パーセントも含んでいる。ビタミン$B_1$や$B_2$は玄米よりも多いが、注目したい成分はルチン。ルチンには毛細血管を拡張して通りをよくしたり、血管そのものを丈夫にする作用があり、したがって、高血圧や動脈硬化を防ぐから「そばは中風を防ぐ」ということわざになる。

ただし、ルチンは水溶性のために、ゆでると湯の中に出てしまうから、そばの有効成分を丸ごと吸収できる「そばがき」にして食べるのが理想的。そばは、色の黒いものほどよい。甘皮も含まれているためで、便通をととのえ老廃物の排泄促進に役立つからだ。最近、ルチンは制ガン作用でも注目されている。また、そばに含まれているコリンは強肝作用がある。酒を飲んだあと、そばがよいといわれるのは、コリンが含まれているためだ。

## そばを食《た》べたらそば湯《ゆ》も飲《の》め

そばは、米やコムギなど他の穀物にくらべて栄養価が高い。そばと白米のタンパク質含有量を比較してみると、前者の一二グラム強（一〇〇グラム当たり）に対して、後者は約三グラム強である。そばは麺にしてゆでて食べるのが普通である。ゆでると、そば中に含まれているビタミン類やミネラルなどの貴重な栄養が失われてしまう。そば粉には、ルチンという血管を強化する成分が含まれているが、これもゆでるとその量がぐっと減ってしまう。しかし、そば粉から逃げた貴重な成分は、そば湯のなかにそっくり含まれているから、そば屋さんに入ったら、湯桶《ゆとう》という四角の塗物に入った「そば湯」も忘れずに飲むようにしたい。

## 大根《だいこん》どきの医者《いしゃ》いらず

➡ 第四章「野菜」に関することわざ

## たばこ吸《す》ったらお茶《ちゃ》を飲《の》め

タバコ好きは、お茶を常用すると健康によい。タバコを吸うとニコチンが吸収されて、体内のビタミンCが破壊されるが、緑茶を飲むことによって、新しいビタミンCを補給することができる。また、茶に含まれているサポニンが、歯の汚れを洗い流してくれる。そのうえ、お茶には毒消し作用もあるから、蓄積されやすいニコチンをからだのなかから排泄してくれる。

## 血《ち》がとどこおったら行者汁《ぎょうじゃじる》

〝行者汁〟というのは、木曽の御嶽山にこもって修行する行者が、体力を維持するために用いたといわれる干しシイタケのスープ。この〝行者汁〟を用いていると、苦しい断食にもたえられたという。〝血のとどこおり〟というのは高血圧のことであるが、この成人病にむかしから〝行者汁〟が用いられてきた。シイタケ中に含まれているエリタデニンという成分に、血液中のコレステロールを減らす作用があるため、成人病の二大柱である動脈硬化と高血圧に効果をあらわすからである。

## 疲《つか》れたら「コン」のつくものを食《く》え

「コン」のつくものというと、ダイコン、コンニャク、レンコン、ゴンボウ（ゴボウの方言）などであるが、いずれも根菜で高食物繊維食品。しかも、それぞれの根には、土中の深部から吸収したミネラルがたっぷり蓄えられている。

　ダイエタリー・ファイバー（食物繊維）は、体内の浄化力にきわめて優れており、毒素を中和して血行をよくする能力もあるから、自然に疲労も除去される。食物繊維は、腸内で酸素を必要とする好気性細菌の活動をバックアップし、それらの細菌がビタミンを生産する手助けもしている。

## 豆乳《とうにゅう》は血圧《けつあつ》を正常《せいじょう》に保《たも》つ

➡　第三章「大豆」に関することわざ

## 豆乳《とうにゅう》は腸《ちょう》の目付役《めつけやく》

➡　第三章「大豆」に関することわざ

## 豆乳《とうにゅう》は長生《ながい》きの飲《の》み薬《ぐすり》

➡　第三章「大豆」に関することわざ

## 豆乳《とうにゅう》は豆《まめ》でできたビタミン剤《ざい》

➡　第三章「大豆」に関することわざ

## 泥鰌《どじょう》はうなぎにまさる

　ドジョウの滋養はウナギにまさるという意味。たしかに、ドジョウの成分はずば抜けている。ウナギにくらべて脂肪こそ少ないが、カルシウムは九倍強、鉄は四倍、ビタミン$B_2$は二倍と多く、その他の栄養価も遜色がない。

　魚のとれない山地では、水田や用水堀などでいつでも手軽につかまえることができるため、貴重な栄養源となった。元禄八年（一六九五）の『本朝食鑑《ほんちょうしょっかん》』は、ドジョウの効能について「腹をあたため、気を益し、腎を補い、血行をよくし、もっぱら陽道の衰弱をよくす。汗をとめて渇きを解し、酒毒を消す」と、まさに〝万能薬〟あつかいだ。「陽道の衰弱をよくす」というのは「インポにもよい」という意味である。ドジョウ汁を常用すると母乳の出がよくなる。なお、ドジョウ鍋にゴボウをかならず使用するのは、ゴボウに含まれている成分質によって、生ぐさみを消すためだ。

### 長旅《ながたび》や戦《いくさ》に田螺《たにし》を忘《わす》れるな

➡第五章「魚」に関することわざ

### 納豆《なっとう》は腹《はら》のなかでよくこなれる

納豆は腹のなかで、たいへんに消化がよいということ。たしかに納豆の消化率は高くて、九六パーセントに達し、豆腐と大差はない。ほぼ一〇〇パーセントの消化率だ。豆腐とちがい、食物繊維をたっぷり含んでいる納豆としては、驚異的な消化率といってよいだろう。生大豆をまる飲みすると、大便のなかにもとの形のままで排出される。消化率はゼロ。炒った大豆をよく嚙んで食べても三五、六パーセントくらいしか消化しない。やわらかい煮豆で七五パーセントくらいである。納豆にすると、なぜ消化がよくなるかというと、納豆菌が、人間の体温よりも高い温度でタンパク質を主体とする大豆の成分を分解し、人間の口に入る前に消化の過程を進めてくれるからだ。ちなみに納豆菌が繁殖するための適温は摂氏四〇度から四二度くらいで、熱めの風呂とおぼえておくとよい。

その他、納豆の「医食同源」に関することわざは、「第三章「大豆」に関することわざ」の「「納豆」を食べる知恵」参照。

### 七草《ななくさ》がゆは厄《やく》ばらいの薬《くすり》がゆ

「七草がゆ」というのは、お正月の七日に食べるかゆのことであるが、古代人はこれを厄ばらいの〝薬草がゆ〟として用いた。七草はいずれも〝薬草〟で、古歌に「せり、なずな、ごぎょう、はこべら、ほとけのざ、すずな、すずしろ、これぞ七草」と、その七種類がおりこまれている。お正月の飽食と運動不足でゆるんだからだの機能を調整し、栄養のバランスをとり戻す効果をもった理想的な新春の〝薬草がゆ〟。保温効果も高く、お正月だけでなく、体調コントロールのおかゆとして積極的に活用したい。〝七草〟には、つぎのような成分が含まれている。

○セリ……古くから貧血予防の薬草として用いら

れてきたのは鉄分の含有量が多いためで、カルシウムとビタミン類も少なくない。

○ナズナ……「ペンペン草」のことで、タンパク質やカロテン、ビタミン$B_1$、$B_2$が多い。カルシウムや鉄、マンガンなども豊富に含まれている。

○ゴギョウ……「母子草」のことで「餅よもぎ」ともいう。タンパク質やミネラルに富み風味がよい。

○ハコベラ……「ハコベ」のこと。小鳥が好んでついばむのをみてもわかるように、タンパク質が多くて味がよい。鉄分を含み強心作用もある。

○ホトケノザ……「コオニタビラコ」ともいう。健胃や整腸作用で知られている。

○スズナ……「かぶ」のこと。とくに葉の部分にカロテンやビタミンC、$B_2$を多量に含む。

○スズシロ……「大根」のこと。消化酵素とビタミンCをたっぷり含んでいる。

## 生《なま》みそは命《いのち》のもと

　みそは生きた食べものであるから、生で食べるのが一番よいという意味。みそ汁にする場合でも、みそを入れてひと吹きしたら火をとめ、決して煮たててはいけない。風味をそこなうだけでなく、みその命が死んでしまう。

　みそのなかには生きた微生物がたくさん繁殖しているが、乳酸菌や酵母菌など、その種類は数えきれないほどだ。みその薬効のひとつは、これら微生物による〝生菌効果〟なのである。生きたみそを食べることによって、微生物たちは活性状態で腸のなかに送りこまれ、乳酸菌の増殖を応援したり、ビタミンなどの新たな栄養成分を生産するなど、めざましい活動をする。したがって、微生物が活発に繁殖しているみそでなければ、その効果は半減してしまう。みそは、やはり手作りすべきだろう。

## 肉食偏重《にくしょくへんちょう》は万病《まんびょう》のもと

　肉食にかたよった食生活をしていると、脂肪が増え、肥満や成人病など万病のもとになりかねない。とくに、日本人は生理的に肉食に向いていない。胃の大きさ、腸の長さが肉食文化民族とはことなるからだ。日本人の腸は欧米人にくらべて一・五倍も長い。

## 韮《にら》を食《た》べると精《せい》がつく

ニラを別名「陽起草《ようきそう》」というように、むかしの人は精をつける能力はウナギのかば焼き以上であると考えていた。無精者が植えてもたやすくできるために「なまけ草」とも呼ばれるが、逆にいえば、それだけ生命力が激しいことを示している。ニラは男性の勃起能力を高めるが、夏バテにも効果がある。また、からだの芯から温めるので、寒い冬の夜などには歓迎された。ニラには強い抗菌作用があるから、下痢どめにもよい。ニラがゆ、卵とじ、みそ汁、おひたしと、どのような食べ方をしても効果は変わらない。

## 根深雑炊《ねぶかぞうすい》、生姜酒《しょうがざけ》

両者ともに保温効果が高い。冬、暖をとるときとか、風邪の治療に用いられる。「根深」はネギのことで、江戸時代の『本朝食鑑《ほんちょうしょっかん》』に「感冒、頭痛、汗の出ないときに、みそで飯およびネギの葉、根を煮てかゆをつくり、熱いうちに食べて汗をとるとよい」とある。また、ショウガ酒には血のめぐりをよくし、からだを温める効果があるので、冷え症や風邪のひきはじめによい。ショウガの発汗作用は辛味成分によるものだ。

## 肌《はだ》をつややかにするクルミ

クルミはアミノ酸組成のすぐれたタンパク質をはじめ、ビタミン$B_1$、$B_2$、E、K、カルシウム、カリウムなどを豊富に含んでいるが、なんといっても圧巻なのは、脂肪分を七〇パーセント近くも含有していることだ。しかも、体細胞の若返りに効果的な不飽和脂肪酸が多いから、毎日二、三個をよく嚙んで食べれば、老化を防ぎ肌や髪の色つやをよくする。

中国清朝の時代に絶大な権力をもった西太后《せいたいごう》は、美しい肌と美声、それにすぐれた頭脳の持ち主であったが、美貌と能力を維持するために、クルミを常用していたと伝えられている。

## 蜂蜜《はちみつ》を夜《よる》なめると夫婦円満《ふうふえんまん》

夜になって男性がハチミツをなめると、性的能力が高まって愛情も濃厚になるから妻はよろこぶ。
　新婚の蜜月をさす「ハネムーン」というのは、ゲルマン民族の古くからの風習で、新婚一カ月間は夫婦仲よくハチミツをなめたり、ハチミツ酒を飲むところからきているそうである。つまり「ハチミツの月」という意味。ハチミツの糖分はブドウ糖と果糖で、いずれも単糖類だから吸収が速く、すぐにエネルギーとなる。果糖は、精液の成分のひとつで、いってみれば精子の栄養でもある。したがって、夜ベッドインする前にハチミツをなめると男性の機能が強靭になるのだ。そのうえ、疲労回復にも有効だから、ベッド・サイドには欠かせない。

**腹《はら》八《はち》分《ぶん》目《め》、お茶《ちゃ》一杯《いっぱい》**

　食事は八分目でひかえ、そのあとで、お茶を一杯飲めば満腹感となる。万病のもととなる過食予防の知恵である。お茶にはカテキンが多く、これが解毒作用をもっているので、食後のお茶は食中毒予防の効果もあった。

**春《はる》の料理《りょうり》には苦《にが》みを盛《も》れ**　➡　第一章「食」に関することわざ

**春《はる》を食《た》べると成人病《せいじんびょう》によい**

〝春〟は春に出まわるもの。山菜やジャガイモ、麦などで、食物繊維やカロテン、カリウムが多く健康によいものばかりだ。コレステロール含有の多い肉料理をひかえ〝春〟を食べれば、たしかに生活習慣病の予防に効果的。

**二日酔《ふつかよ》いにお茶《ちゃ》の効果《こうか》**

　二日酔いや悪酔いしたときには、お茶を飲むとよい。むかしから「茶は酒毒を消す」とか「酔いざめの茶」といわれるように、お茶を飲むと二日酔いもスッキリする。鎌倉幕府の三代将軍・源実朝が二日酔いをお茶で治したのは有名なエピソードである。お茶のカフェインが肝臓に活力を与えて、その機能を向上させるから、アルコール処理もスムーズにいき、悪酔いも自然におさまる。

**みそ汁《しる》は朝《あさ》の毒消《どくけ》し**　➡　第三章「野菜」に関す

ることわざ

**みそ汁《しる》はタバコの脂《やに》を払《はら》う** ➡ 第三章「野菜」に関することわざ

**みそ汁《しる》は不老長寿《ふろうちょうじゅ》のくすり** ➡ 第三章「野菜」に関することわざ

**三日通《みっかつう》じがなかったらゴボウを食《く》え**

便秘が続くと、頭のなかがぼんやりしてきて感性がにぶり、肌の色もにごってくる。三日も通じがないと、下腹部が張って苦しくなるが、そのようなときにはゴボウを食べるとよいという意味。

ゴボウに多く含まれている食物繊維は、腸内の有用細菌の培養やビタミンの合成、さらに腸を刺激して蠕動《ぜんどう》を助け、その機能を高める効果をもっている。ゴボウの食物繊維は、腸に対するブラッシング作用がとくに強いため、便秘に対する即効性は抜群。胃腸のあまり丈夫でないひとが多食すると消化不良をおこすが、ほどほどに食べているると便秘の解消だけでなく、精力の増進にも役立つ。主成分は炭水化物で、その大部分は消化吸収されないイヌリン。腎臓の機能の正常化にも役立つ物質である。食物繊維は整腸作用のほか、脱コレステロール効果などの重要な役目も果たしている。

**山《やま》いもは「山《やま》うなぎ」**

山イモを食べると精力がつくため、古くは〝山うなぎ〟と呼んで珍重された。精液と同じアミノ酸であるアルギニンの含有量が多いためで、これが生殖能力を高めるからである。漢方では、山イモを白く干したものを薬として服用する。これを「山薬《さんやく》」と呼ぶのは、山の〝薬〟といってもおかしくないほど、精力の減退や疲れ、寝汗、虚弱体質、去痰などに効果があるからだ。デンプン消化酵素のジアスターゼをダイコンとはくらべものにならないほど多く含んでいる。したがって、麦ごはんにトロロ汁をかけ、ほとんど嚙まずに飲み込んでも、少しも胃にもたれない。ヌルヌルはムチン質で、肝臓の解毒作用を高める効果がある。山薬粉（山イモを乾燥させて粉末にしたもの）を、生鶏卵でよく練り混ぜ、一日に三回服用すると精力がつき早漏が克服できるそうである。

**夜《よる》の牡蠣《かき》は見逃《みのが》すな**　⬇　第五章「魚」に関することわざ

**夜《よる》の昆布《こんぶ》は、見逃《みのが》してはならぬ**

「夜昆布《よるこんぶ》」は「よろこぶ」に通じるところから、縁起をかついで食べること。コンブの煮出し汁やコンブ茶には保温効果があり、年寄りや冷え症の女性によろこばれるところからいう場合もある。

むかしは、冷え症の女性はコンブをあぶって腹にまいて寝たものである。男性の場合は、あぶったコンブを睾丸にまきつけて寝ると、その機能が向上するという。

**若布《わかめ》のみそ汁《しる》は、〝食毒《しょくどく》〟を消《け》す**

〝食毒〟というのは食品添加物などのことで、ワカメのみそ汁にはそれらの異物を排出する作用がある。日本人は、朝ごはんにみそ汁をかならず食べ、その数六〇兆個もある体細胞にスタミナをつけてから、元気につとめに出たものである。

日本人は何百年にもわたり、一杯のみそ汁で風邪を予防して疲れをほぐし、元気をつけ、そして脳細胞の活力を養ってきた。数あるみそ汁のなかでも、とくに優れているのが、豆腐の入ったワカメ汁。みそ汁の実《み》のビッグ・スリーは、古来「大根」と「豆腐」と「ワカメ」が不動であるが、ワカメ汁にはその代表チャンピオンがふたつも入っている。ワカメは、カルシウムを多量に含む代表的なアルカリ性食品。カルシウムのほかにも、カロテンやB群、C、鉄やフコイダン、カリウムなどが豊富に含まれている。

ヌルヌルはアルギン酸などの食物繊維。便通をよくしたり、高血圧を防ぐ作用がある。また、体内にとりこまれたカドミウムや水銀などの重金属類やある種の有害食品添加物、つまり〝食毒〟を吸着して体外に排出する能力があることがわかっており「ワカメのみそ汁」は公害多発時代の救世主といってもよいだろう。タバコのみに、ワカメのみそ汁がよいというのは、ワカメが持っている有害物質の吸着作用をいったものである。

コラム　和食のツボ㉔

## 蓬莱山《ほうらいさん》のヨモギ

ヨモギに含まれている自然の不老長寿力を、むかしの人たちも実感していた。仙人の住む山を蓬莱山《ほうらいさん》と呼ぶ。もちろん、伝説の山で、「蓬」はヨモギ、「莱」はアカザのこと。どちらも生命力はきわめて旺盛で、どのような荒地にも、しっかりと根をのばし、他の野草など蹴散らして繁殖するパワーがある。

ヨモギもアカザも食用になるが、両者ともに薬用としての効果も少なくない。

とくに、古くから幅広く活用されてきたのがヨモギで、平安時代の『和名抄《わみょうしょう》』という辞典に「一名医草」とあり、不老長寿に役に立つ薬草とみられていたようである。江戸時代の『本朝食鑑《ほんちょうしょっかん》』にも、「あらゆる病邪を治して、長わずらいの人を病床からおこす」とあり、自然治癒力や免疫力を強化するうえで、役立つ薬草と考えられていた。

成分的にみると、ビタミンCやカロテン、ビタミンEなどがとくに多く、これらは抗酸化作用や免疫力の強化、さらに加えて美容効果もあり、確かに、蓬莱山の仙人たちの不老長寿にも役に立っていたのではないだろうか。

ヨモギの薬効は多彩で、鮮やかな濃い緑色のクロロフィルには、ガン予防のほかにも、殺菌や血液のサラサラ効果があることもわかっている。

苦味成分のアデニンやコリンは心臓を丈夫にしたり、脳の老化や痴呆症の予防などにも期待されている。

むかしのお年寄りは、ヨモギの若芽を噛んだり、だんごやみそ汁、あえ物、ヨモギ茶などにして楽しんでいたが、実は健康寿命をのばす立派な知恵だったのである。

一方のアカザについて、前出の『本朝食鑑』は、「各地の原野や庭に多く生える。（中略）茎のたけたものは、大きくなるので杖にできる。（中略）若葉は蔬菜として食べる」とあり、こちらもむかしから食用にされてきた。よく「アカザの杖をつくと中風にならない」といわれてきたのは、アカザの老化防止効果をいったもので、カロテンやビタミンCなどに血管を丈夫にする働きがあり、経験的に知られていたのである。

「蓬萊山」は仙人や仙女が住む、不老長寿を実現するための理想郷をいったものであるが、そこには文字通りヨモギやアカザが生え茂っていたのである。

コラム 和食のツボ㉕

## ニンニクの刺身

ニンニクは臭気が強く、辛さも強烈なために、悪霊除けなどに用いられ、また、薬用としても、古くから珍重されてきた。江戸時代の『本朝食鑑』には、「伝染病が流行したときには、各家がニンニクの束を門の上にかけて、これを防ぐ」とある。

また、ニンニクをみそ漬けにして、夏の暑さをのりきる体力食にしたり、冬の寒さをしのぐ薬食にしていたとある。江戸時代初期の『料理物語』には、ニンニクの利用法として、「汁、さしみ、なます、みそ、吸い口」などとあげている。現代人などよりはるかにニンニクの臭気や辛味が好まれており、日常的に用いられていたことがわかる。刺身は薄くスライスしてしょう油味で食べることで、これがふだんのご飯のおかずや酒の肴になっていたのである。したがって、どこへ行ってもニンニク特有の臭気があり、それが食欲を高める作用をしていた。

そうはいっても、吸血鬼のドラキュラも逃げ出すという臭気であり、なかにはニンニク嫌いな男もおり、次のような江戸の川柳がある。

## 湯屋けんくわ元にんにくの出入《でいり》なり

銭湯でニンニクを食べた人の臭気がもとで喧嘩になってしまったという意味。とくに、風邪などが流行すると、老若男女がこぞって生ニンニクを食べたというから、その猛烈な臭気だけで、風邪の悪鬼たちは腰を抜かして逃げ出したのではないだろうか。

「吸い口」は、みそ汁やおすましなどに添える薬味の一種の香味料のこと。ふつうは木の芽やユズ、ネギなどが用いられるが、ニンニクを使用していたということは、強烈なニンニク臭も平気だったのである。

ニンニクは生でも煮てもうまいが、とりわけニワトリやイノシシなどの料理にはなくてはならぬものだ、とニンニク効果を強調している。むかしのひとたちにとって、ニンニクは常用すべき無病息災のためのサプリメントのような食べものだった。何よりもニンニクは体力強化に効果の高い成分の宝庫なのだ。ビタミン類が豊富で免疫力を強化するパワーが強い。

現代人のように脂肪の多い食生活を継続していると、コレステロールや中性脂肪がたまり動脈硬化や血栓などが発生しやすくなることがわかっているが、ニンニクには血栓を防ぐアリシンやビタミンEが含まれており、心臓を丈夫にするうえでも強い味方になることで注目されている。

コラム　和食のツボ㉖

## あっぱれな牛どん

日本人は「どんぶり民族」といってもいいくらいにどんぶり物が大好きである。

価格の手ごろさもあるが、その機能が、せっかちな日本人向きなのである。どんぶりのご飯の上にのせた料理、薬味、汁などで、一回の食事で必要とする栄養がほとんどとれてしまうという仕掛けが、まずあっぱれである。

たとえば「牛どん」。

主菜は牛肉で副菜はタマネギ、シラタキ、ネギ、それに鶏卵をつける場合もあり、上から汁がかけてある。ネギの薬味、紅ショウガ、香辛料がつき、さらに漬物にお茶まで添えてある。まさに、どんぶりのなかは、牛肉が中心のフルコース。

一般的な牛どんの場合、家庭でつくられるケースも含めて、牛のばら肉が用いられる場合が多い。脂肪が多めではあるが、アミノ酸バランスのよいタンパク質が一四パーセント前後含まれている。

注目されるのは、牛肉には必須アミノ酸のトリプトファンが多いという点。ランチタイムに牛どんを食べて店を出てくるひとたちの表情は、ちょっと小汗をかいていて、ニコニコととっても幸せそうに見える。トリプトファンの多い食べものをとると、脳の中のハピネス・ホルモンとも呼ばれる神経伝達物質のセロトニンが増える。セロトニンが増えると、心地よさが体中に広がり、ストレスの解消に役立つといわれている。免疫力も強化されるから、病気に対する抵抗力も強くなる。鶏卵を加えれば、卵黄からは記憶力をよくするレシチンもとれる。

一方のタマネギには、抗酸化成分と注目されているケルセチンも含まれており、こうみてくると牛どんは抗ストレス・フードであり、長寿食といってもよいだろう。

コラム　和食のツボ㉗

## ざくざく汁

「ざくざく汁」は、江戸の町に伝わる面白い料理名で、江戸初期の『料理物語』に「よもぎ汁」のつくり方として、「みそにだしを加える。よもぎをざくざくに切り、塩を少し用い、もみ洗いして入れる。またゆがいてもよい。豆腐などをさいの目に切って入れる」とある。

ヨモギは野草でアクが強いために、塩もみしたり、さっとゆがいてから用いたもので、その切り方が「ざくざく」なのだ。

「ざくざくは、野菜を切る音を言い、はりはり、ほりほりのたぐい」と説明する書物もあり、野菜や山菜をざくざく切って料理することをいった。

もともとは、合わせみそ仕立ての野菜をたくさん用いた鍋料理をいったが、やがて、みそ汁とほとんど変わらないところから、料理名自体にはあまり用いられなくなり、野菜の切り方に「ざくざく」という呼称として残り、いまでもごく普通に用いられている。

「ざくざく汁」は簡単にいうと、実だくさんのみそ汁のこと。

ちなみに、すき焼きに牛肉とともに入れる五分切りのネギも「ざく」といい、ざくざく切るところからの呼び名である。

# 第八章　「医」と「健康」に関することわざ

## 長寿への近道

「ことわざ」には、病気を予防したり、元気に生活するうえで役に立つ情報を伝えたものが多い。つまり、どのような食事観を持てば、長生きできるかである。抗生物質などのなかった時代に健康を維持していた、ご先祖さまからの心やさしいメッセージである。

現在だったら、どこへ行っても、その近辺には先端技術を備えた立派な病院があるが、むかしは、土地によっては医師すらもあてにはできなかったから、病気にならないような生活をふだんから心がけていた。

健康に生きるうえでもっとも気を配ったのは、毎日の食べものである。

単にカロリーを補給するというような消極的なものではなく、からだによいものを積極的にとって、病気をよせつけない活力を持続するという「食事観」である。

風邪をひきそうになったり、ほかの病気にかかりそうになったら、それに対処する特別な食べものをとって、未然に防いでしまう。

「薬食」、つまり、「食は薬である」という発想。

「薬食」を現実の健康法にするためには、疲労したときには何を食べればよいかとか、風邪や腹痛には何がよいかというように、食べものに備わっている一種の〝薬効〟についての精通した知識がなければならない。

「薬食健康法」についての知識を、むかしのひとは実に豊富に身につけていた。これは、「病気は自分で治すもの」という時代の生活術であり、医学や薬品の発達していなかった時代の知恵である。

われわれはたしかに、立派な近代医学で守られてはいるが、逆に、むかしはあまりなかったガンとか心臓病、糖尿病、痛風などで苦しめられている。平均寿命は世界一になったが、幼児死亡率が減少して、かさ上げされた〝人生九〇年時代〟でもあることを忘れてはならない。

一億総半病人といわれるように、現代人は半分病気にとりつかれて生活している傾向が強い。やたらに飽食して肥満し、そのあとであわてて薬を飲んだり、ダイエットに励んだりするように、生活の仕方が実にへたになってしまった。

古くから伝えられてきた「ことわざ」には、その点で、実にさまざまな健康への知恵が含まれている。もちろん、現代にも通用する立派な内容であり、生命の活力をとり戻すうえで大いに参考になると思う。

**淡《あわ》きを食《く》らい薄《うす》きを着《き》る**

うす味のものを食べ、厚着をしない。質素な生活のたとえであるが、健康法の原点でもある。うす味が高血圧を予防し、うす着が皮膚を丈夫にする。

**合《あ》わぬ薬《くすり》は、湯水《ゆみず》にも劣《おと》る**

体質や病気に合った薬でなければ、どんなに高価なものでも白湯《さゆ》（ふつうの湯のことで、お茶などに対していう）にも劣る。したがって、何の役にも立たない。

**医者《いしゃ》の「い」の字《じ》は、命《いのち》の「い」の字《じ》**

医者と人間の命は密接な関係のあることをいう。

**医者《いしゃ》の匙《さじ》かげん**

どんなにすぐれた医薬品でも、分量が正しくなければ効果はあがらない。場合によっては、副作用がでる。

**医者《いしゃ》のただいま**

急病人がでたときなど、医者に往診を頼むと、すぐに行きますとはいうが、実際にはなかなかきてくれない。あてにならないことのたとえとして使う。

**医者《いしゃ》の不《ふ》養生《ようじょう》**

医者は患者に対して養生をすすめながら、自分では案外からだを粗末にしている。転じて、他人にはりっぱなことをいいながら、自分自身では実行がともなわないことのたとえ。『風流《ふうりゅう》志《し》道軒《どうけん》伝《でん》』に「医者の不養生、坊主の不信心、むかしよりして然り」。同じようなことわざに「人相見わが身を知らず」「大工の掘立小屋」「紺屋の白袴」「髪結いの乱れ髪」などがある。

**医者《いしゃ》の若死《わかじ》に出家《しゅっけ》の地獄《じごく》**

医者は不健康なことをして若死にする場合が多いし、坊主は堕落して地獄に落ちる者が多い。自分自身を救うのはむずかしい。

**医者《いしゃ》は蠅《はえ》の生《う》まれかわり**

むかしの医者は、もみ手をしたり頭をこすったりしてお得意の機嫌をとった。その様子がハエに似ているところからいう。

**医者《いしゃ》は見《み》かけによらぬもの**

うまい医者かへたな医者かは、見かけだけではわからない。やぶ医者ほど、はやるように見せかけている場合が多いから、外見だけではあてにならない。

**医者《いしゃ》魔羅《まら》八寸《はっすん》、坊主《ぼうず》魔羅《まら》九寸《きゅうすん》**

医者と僧侶は意外に多淫であるというたとえ。「魔羅」は男性性器の古い呼び名で「未裸」とも書く。

**医者《いしゃ》、役者《やくしゃ》、芸者《げいしゃ》**

いずれも人気商売で、こちらが金のあるうちはちやほやしてくれるが、金がなくなると掌をかえしたように縁の切れめになってしまう。

**医者《いしゃ》より養生《ようじょう》**

病気になってから医者にかかるよりも、ふだんから健康に心を配り、からだを大切にすることのほうが肝心である。健康の出発点は、まず食生活。高カロリー、高脂肪の食べものをひかえてビタミンやカロテン、食物繊維の多い緑黄色野菜をたっぷりとるようにしたい。

**医者《いしゃ》を持《も》つより、料理人《りょうりにん》を持《も》て**

いきいきとした健康を維持し、生命力を補強するのは食べもの。日に三度の食事に気を配ることが、健康にはもっとも効果があるというたとえ。

**一淫《いちいん》二《に》酒《しゅ》三《さん》湯《とう》四《よ》力《りき》五《ご》行《ぎょう》六《ろく》音《おん》七《しち》火《か》八《はち》風《ふう》九《く》白《はく》十《じっ》細《さい》**

眼の病気を治療するにあたって、避けなければならない事柄を悪影響度の高いものからあげている。まず、セックスからはじまってアルコール、入浴、力仕事、遠出、音楽、火のそば、風に当たること、反射光線の強い白い色、こまかい仕事と一〇項目が続く。「眼の養生に十禁あり」ともいう。

### 一《いち》にほめられ、二《に》に憎《にく》まれ、三《さん》に惚《ほ》れられ、四《し》に風邪《かぜ》をひく

くしゃみの数による俗説的なうらない。一つなら誰かにほめられているしるし、二つなら憎まれ、三つなら惚れられ、四つなら風邪をひく前兆である。

### 飢《う》えて死《し》ぬは一人《ひとり》、飲《の》んで死《し》ぬは千人《せんにん》

空腹のあまり死ぬ者は少ないが、酒を飲みすぎて命をとられる者は多いという意味。

### 蛙《かえる》におんばこ

「おんばこ」はオオバコのことで、野原や道ばたなどにごくふつうにみられる多年草。むかしから、死んだカエルにオオバコの葉をかぶせると、生き返るといわれてきた。そのくらいオオバコには強烈な薬効があるというところから、薬がよく効く場合のたとえとして、「蛙におんばこ」という。乾燥したオオバコを漢方では「車前草」といい、煎じて解熱や利尿、咳どめ、動脈硬化、健胃などに用いる。むかしは飢饉のときに非常食として食べられたが、現在では食用薬草として人気がある。

### 風邪《かぜ》は万病《まんびょう》のもと

風邪は、あらゆる病気のもととなりやすいものだから、たかが風邪くらいといって、軽視してはならない。風邪そのもので死亡するケースはあまりないが、気管支炎や肺炎などの余病を併発し、重態におちいったり死んだりする例はいくらでもある。とくに年輩者は肺炎に進む場合が多く、油断はならない。風邪をひくと抵抗力がダウンして、余病を併発することの恐ろしさを教えている。

### かぜ袋《ぶくろ》

年中風邪ばかりひいているひとをいう。次々と病気をするひとは「やまいの紙袋」。

### 燗鍋《かんなべ》かからなければ薬鍋《くすりなべ》かかる

「燗鍋」というのは、酒の燗をするのに使用する鍋で銅でできている。意味は、酒の燗をしているうちが花で、薬鍋をかけて煎じ薬を飲むようになったらおしまいだ。酒の燗をしていられるのも達

者なしるしと、上戸が気焔をあげていうことば。

**食《く》うに倒《たお》れず病《やまい》に倒《たお》れる**　⬇第一章「食」に関することわざ

**薬《くすり》　亜米利加《あめりか》、医者独逸《いしゃどいつ》**

文明開化の明治時代に使われたことばで、薬はアメリカのものがよいが、医者はドイツのほうが進んでいるという意味。

**薬《くすり》　一日分《いちにちぶん》と米一升《こめいっしょう》は同値《どうね》**

むかしは、医者のくれる一日分の薬価は米一升分とだいたい同額が相場だったということ。

**薬《くすり》が多《おお》くなれば、病《やまい》はなはだ多《おお》し**

薬を乱用すると、かえって健康をそこねて病気を重くしてしまう。このことわざは江戸時代に用いられたものであるが、現代になって薬の乱用はますます〝重症〟になっている。風邪ぐらいで病院に行っただけでも、薬を山ほどくれる。いま薬の重複処方が問題になっているが、複数の病気をかかえる高齢者の場合に特に多いという。ふだんから、食による健康管理に注意したい。

**薬《くすり》が毒《どく》になり、毒《どく》が薬《くすり》になる**

用い方によっては、たとえ薬でも毒になるし、毒でも薬となって病気を治すものだ。

**薬《くすり》狩《が》り**

「薬草つみ」のことを、古くは「薬狩り」といった。とくに、五月五日に野山に出かけて行って、薬草を採集したり、シカの袋角を取って薬用にしたりする風習があったので、この日を「薬狩りの日」とか「薬日」と呼んだ。『万葉集』に「うづきとさつきの間に、薬狩り仕ふるときに」（三八八五）とある。

**薬《くすり》食《ぐ》い**

冬に、寒さに対して抵抗力をつけるために、シカやイノシシなどの獣肉を食うこと。むかしは、けものの肉はけがれがあるということから、「薬」と称してひそかに食べたのである。川柳に「ご隠居は、嫁のいやがる薬食い」。

**薬鍋《くすりなべ》を首《くび》にかける**

薬を手放さずに、常に飲んでいるひとをいう。日本人は世界有数の〝薬好き民族〟であるが、それを裏付けるように、平成二三年度の国民ひとり当たりの医療費は約三〇万円にものぼっている。医者の薬づけ、患者の薬ねだりが最大の原因であるが、薬だけでは決して本当の健康体にはなれないことを知るべきだろう。薬代に高い金を支出する前に、まず食を正すべきである。

**薬《くすり》にしたくてもない**

薬はごく少量用いるところから、ほんの少しもない、または、全然ないことのたとえ。滑稽本の『浮世風呂《うきよぶろ》』に、「江戸前ものは、薬にしたくもねえ」。

**薬《くすり》は匙《さじ》かげん**

薬の選択と飲む量が適切でないと、せっかくのよい薬も効かなくなってしまう。

**薬《くすり》は身《み》の毒《どく》**

どのようにすぐれた薬でも、飲み過ぎればからだによくない。場合によっては、かえって毒になる。

**薬《くすり》掘《ほ》り**

秋の野山に行って薬草の根を掘ることをいう。古句に「薬掘り、まむしもさげて戻りけり」がある。

**薬《くすり》より、まず養生《ようじょう》**

薬を飲むより、日常の養生のほうが大切だ。ふだんから健康に注意して養生していれば、薬のせわにはならないですむ。

**薬《くすり》よりも看病《かんびょう》**

病気を治すには、薬をあれこれ服用するよりは、心のこもった看病のほうがより効果があるということ。

**苦爪楽髪《くづめらくがみ》**

苦労しているときは爪が早くのび、楽な生活をしていると髪が早くのびる。明治生まれの老人などは、いまでもこのことばを使う。生活に追われて、爪を手入れする余裕がないと実際以上にのびるのが早く感じられる。また、栄養状態がよいと髪ののび方は早くなる。

## 匙《さじ》の先《さき》より口《くち》の先《さき》

薬の調合や治療はへただが、口先だけがうまい医者のこと。このような医者にかかったら、病気は重くなるばかりだ。

## 三寸《さんすん》の舌《した》に五尺《ごしゃく》の身《み》をほろぼす

「舌はわざわいのもと」で、ことばをつつしむべきことを教えたことわざであるが、健康法としても解釈したい。舌のごきげんばかりとって、美味追求しているとコレステロールのとり過ぎとなり、体中脂肪だらけとなって、しまいには五尺の身を滅ぼしてしまう。

## 塩《しお》もなめられず

いまにも飢えて死にそうな極貧を形容していう。人間は塩分がなければ生存はできない。だからといって塩分のとり過ぎも、血圧を高くするので困る。

## 四十《しじゅう》がったり

人間も四〇歳を過ぎると、体力ががくんと落ちる。「がったり」は、目に見えて衰えていくこと。たしかに体力はダウンするが、逆に頭脳機能は向上し、各分野ですばらしい業績をあげているひともたくさんいる。

## 四十《しじゅう》くらがり

四〇歳前後を峠にして、視力が衰えていくことをいう。また、四〇歳あたりから老眼に移行していくこと。「四十の退《の》き目」ともいう。

## 七養《しちよう》は長寿《ちょうじゅ》の近道《ちかみち》

「摂生《せっせい》の七養」を守れば、自然に長生きできるといったもの。その〝七養〟は、つぎの通りで現代にも立派に通用する健康法である。

その一、ことばを少なくして内気を養う。
その二、色欲をいましめて精気を養う。
その三、美食を少なくして血気を養う。
その四、唾液をのみ下して臓気を養う。
その五、怒りをおさえて肝気を養う。
その六、飲食を制限して胃気を養う。
その七、心配ごと（ストレス）を少なくして心気を養う。

以上は、貝原益軒が『養生訓』のなかに紹介している『寿親養老書《じゅしんようろうしょ》』の長寿法である。

**芝居《しばい》、蒟蒻《こんにゃく》、芋《いも》、南瓜《かぼちゃ》**

女性の好物を並べたもので、枕ことばに「女の好きなものは」がつく。江戸時代のことわざで、現代だったら芝居のかわりにイベントやテレビ局となるのかもしれない。食べものはすべて食物繊維の多いものばかりで、便秘体質の強い女性は、本能的・生理的にこのような腸壁を刺激するような食べものを好む。この傾向は、むかしもいまも変わらない。「芋、たこ、南瓜」という場合もある。

**上戸《じょうご》は毒《どく》を知《し》らず、下戸《げこ》は薬《くすり》を知《し》らず**
第六章「茶」と「酒」に関することわざ ➡

**頭《ず》寒《かん》足《そく》熱《ねつ》腹八分《はらはちぶ》**

古くから伝わる無病長寿の健康法。頭部は常に冷やすようにし、足をあたためて腹八分を守れば病にかかることはないといっている。

**大食《たいしょく》非力《ひりき》病者《びょうしゃ》もの**

腹いっぱい食べているのに、体力がつかないのは、どこかに病巣のある証拠である。

**暖衣飽食《だんいほうしょく》はかえって命短《いのちみじか》し**

ぬくぬくと衣服を着こみ、毎日満腹するような恵まれた生活をしていると、かえって早死にしてしまうということ。

**つまずくのは小石《こいし》**

大きな石は避けて通るが、うっかりしていると、小さな石につまずいてしまう。ガンとか心臓病といった大きな病気は、ふだんから検診をうけて早期発見につとめるが、ちょっとした風邪や頭痛には、それほど注意をはらわない。ふだん丈夫なひとが肺炎で命を落とす例はいくらでもある。中高年になったら、風邪くらいとバカにせず、だいじにすべきだ。

**天仙《てんせん》なお四苦《しく》の身《み》なり**

天上に住む仙人にも、生、老、病、死の四種の苦悩があって、まぬがれることはできない。まして、生身の人間はいうまでもない。

**年寄《としよ》りの命《いのち》と春《はる》の雪《ゆき》**

先のないもののたとえ。はかない存在という意味であるが、平均寿命の驚異的な伸びによって、元気なお年寄りも確実に増えている。

**人参《にんじん》で行水《ぎょうずい》**

高価な薬用ニンジンの煎じ薬を浴びるほど飲むこと。つまり、医療のかぎりをつくして治療に当たることのたとえ。

**人参《にんじん》飲《の》んで首《くび》くくる**

高価な薬用ニンジンを飲んだおかげで病気は治ったが、こんどは、その薬代のために首をくくるはめになる。身分不相応なことをすると、わが身を破滅にみちびくことにもなりかねない。「人参飲んであと難儀」ともいう。『仮名手本忠臣蔵』に「仕損じたらこの方の首がころり、仕おおせたらあとで切腹、どちらでも死なねばならぬというは、人参飲んで首くくるようなもの」と出てくる。

**飲《の》まねば薬《くすり》も効果《こうか》がない**

どんなにすばらしいアイデアでも、それが実行されなければ役に立たないというたとえ。

**腹八分《はらはちぶ》に医者《いしゃ》いらず**

大食いの害を教えたことわざで、いつも控えめに食べていれば病気にかかることもないし、健康でいられる。食べすぎはカロリーのとり過ぎにつながり、恐ろしいガンの誘発因子になることが知られている。「腹八分に病なし」で、節食こそ無病長生の土台なのだ。

貝原益軒は『養生訓』のなかで、腹八分が健康の近道であることを説き「たとえ財産や収入が多くても、多病短命だったら何にもならない」といっている。

**腹《はら》も身《み》のうち**　⬇　第一章「食」に関することわざ

**人《ひと》は果《は》て**

ひとは死にぎわが大切だ。「果て」は最期という意味。健康な往生《おうじょう》をするためには、健康な食生活が大事である。

**人《ひと》は病《やまい》の器《うつわ》**

俗に〝四百四病〟などといわれるように、ひとのからだは実にさまざまな病気にとりつかれやすいものであるというたとえ。病気を予防するうえで最強の武器は、ふだんの食生活。野菜や海藻を毎日欠かさずとり、肉料理はひかえめがよい。

**病気《びょうき》と荷物《にもつ》は軽《かる》いほうがよい**

病気も荷物も重いのはこまる。「病気と任《にん》は軽い方がよい」という場合もある。

**病気《びょうき》に主《ぬし》なし**

病気は、相手をえらばずだれにでもとりつく。だから、ふだんから健康には十分に注意しなければならない。

**病気《びょうき》は治《なお》りぎわ**

病気は治りぎわが大切で、うっかり油断するとぶりかえしたりするから、細心の注意が必要だ。

**病気《びょうき》は身《み》のほうけ**

長わずらいをすると、からだばかりでなく精神もおかしくなって、もうろくしてしまう。

**枇杷《びわ》が黄色《きいろ》くなると、医者《いしゃ》が忙《いそ》しくなる**

ビワが色づくのは初夏であるが、このころになると食欲不振や消化不良など、いわゆる〝夏バテ症状〟がはじまり、医者が忙しくなる。

**太《ふと》り過《す》ぎのライオンはいない**　⬇　第一章「食」

に関することわざ

**平家《へいけ》を滅《ほろ》ぼすのは平家《へいけ》**

平家一族は権力を手中にする時期と並行して、食生活がぜいたくになり堕落していく。そのおごりか体力と精神力の弱体化につながり、結局、命とりになってしまった。自分を害する者は、自分であるという意味であるが、そのくらい人間は安楽な生活に弱い。現在の〝飽食日本〟を見ていると、いまから八〇〇年前、壇の浦で滅亡した平家と同じ運命をたどっているような気がしてならない。

**坊主《ぼうず》捨《す》てておけ、医者《いしゃ》だいじ**

病人のいる家にとっては、明日はどうなるかわからないが、いまは坊主よりも医者のほうがだいじであるということ。

**みそ汁《しる》は医者殺《いしゃごろ》し** ➡ 第三章「大豆」に関することわざ

**みそと医者《いしゃ》は古《ふる》い方《ほう》がよい** ➡ 第三章「大豆」に関することわざ

**やぶ医者《いしゃ》が七味《しちみ》を調合《ちょうごう》するよう**

むやみに時間ばかりかかって、すこしもらちのあかないことをいう。「やぶ医者」の「やぶ」は「藪」、または「野夫」で、竹藪を通り抜けて往診に出かけるような、草深い土地に住むへたな医師のこと。ただし「やぶ」の本来は「野巫《やぶ》」である。つまり、医術の知識でなく、呪術で病気治療にあたるような、あまり頼りにならない医者のことをいう。「やぶ医者」より、さらに程度のよくない医者が「たけのこ医者」。「竹庵」といったら「やぶ医者」の別名である。

**やぶ医者《いしゃ》の玄関《げんかん》**

へたな医者は建物のりっぱさで患者を信用させようとして、堂々たる玄関を建造する。不似合にりっぱな玄関を蔑視していうことば。「山師の玄関」も同じ。

**やぶ医者《いしゃ》の病人《びょうにん》えらび**

へたな医者ほど、病人をえりごのみする。腕の劣る者ほど、仕事の種類をあれこれ品定めをするものだ。

**病《やまい》上手《じょうず》に死《し》に下手《べた》**

よく病気にかかるひとは、ふだんから養生するので、かえって長生きする。

**病《やまい》と不運《ふうん》はついてまわる**

病気と不運はかさなっておこりやすい。悪いことがかさなっておこりやすいことのたとえ。

**病《やまい》治《なお》りて医師《いし》を忘《わす》れる**

病気が治ると、世話になった医師のことなど忘れてしまう。苦しいこともそのときだけで、過ぎてしまうとけろりと忘れてしまうものだ。苦しいときに受けたひとの恩も、楽になればそのありがたさを忘れてしまうことのたとえとしていう。同じようなことわざに、「のど元過ぎれば、熱さを忘れる」がある。「病治りて医師《くすし》忘れる」ともいう。

**病《やまい》には勝《か》てぬ**

ふだんはどんなに頑強なひとでも、病気になっては何もできない。病気になってしまっては、しようと思うこともできない。浄瑠璃の『賀古教《かこきょう》信七墓廻《しんななはかめぐり》』に「義理も仁義も腕立も、病には勝たれぬかや、残念なり」とある。

**病《やまい》は医者《いしゃ》、歌《うた》は公家《くげ》**

病気を治すのは医者であり、和歌をつくるのは公家。ひとには、それぞれ天職がある。

**病《やまい》は気《き》から**

病気は気の持ちようで、よくもなるし悪くもなる。ストレスが蓄積すると胃潰瘍《いかいよう》になるように、精神状態が病気の引き金になることはよくあることだ。

**病《やまい》は口《くち》から入《い》り、禍《わざわい》は口《くち》から出《で》る**

たいがいの病気は口から入る飲食物が原因だ。

反対に、禍は口から出ることばによってひきおこされやすい。口の使い方には気をつけなければならない。

## 病《やまい》晴《ば》れをした

病気がやっと全快した。やっかいばらいができて、せいせいすること。

## 指先《ゆびさき》をもむと頭《あたま》がよくなる

左右一〇本の指先には、それぞれ何千本もの神経が集中していて、脳細胞と直結している。手が〝外にあらわれた脳〟とか〝第二の脳〟といわれるのは、指先の鋭いセンサー能力によるものだ。したがって、指先に刺激を与えると、神経を通して脳細胞も刺激を受けることになり、頭脳機能が向上する。頭がよくなるだけでなく、脳の老化、つまりボケ予防にも役に立つ。

## 養生《ようじょう》に身《み》がやせる

健康のことをあれこれ心配して、とりこし苦労ばかりしていると、元気になるどころか、かえってやせてしまう。

## 老少不定《ろうしょうふじょう》

老人だから早く死ぬとか、若者だからあとから死ぬとはかぎらない。人間の寿命は、老若にかかわらずいつ尽きるかわからないものである。ふだんから健康に気をつける以外に、長生きする方法はないのだ。

コラム　和食のツボ㉘

## こうじの力に驚く

こうじは、みそやしょう油、甘酒、日本酒、みりん、漬け物などの発酵食品の製造に広く用いられてきた。蒸した米にこうじ菌を繁殖させたのがこうじで、米こうじの他にも麦こうじ、豆こうじなどがあり、こうじ菌はカビの一種で「こうじかび」とも呼ばれている。

こうじは和食文化には欠かせない基本的な食材で、うま味や甘味、それに香りなどに加え、健康や長寿、美容に役立つ成分も、数多く生み出している。

こうじの凄さは、その小さなひと粒のなかに含まれている酵素の数だ。その数一〇〇種以上ともいわれているのだから驚く。こうじの持つ酵素で有名なのが、デンプン質をブドウ糖に分解するアミラーゼ、タンパク質をアミノ酸にするプロテアーゼ、脂肪を分解するリパーゼなどがある。

和食のすばらしさは、ダシ使いの知恵にあるが、ダシの代表がカツオ節。カツオには、もともと脂質が含まれているが、カツオ節をダシに用いた汁には、脂が全然浮かんでいない。カツオ節の製造過程でこうじカビを用いているために、脂成分が酵素で分解され、うま味成分に変化するために他ならない。

こうじ菌は、いろんな有効成分もつくり出すが、その筆頭がビタミン類。ブドウ糖を脳や筋肉が必要とするエネルギーに換えるビタミン$B_1$、脂肪をエネルギーに変えるビタミン$B_2$などであるが、非常に強い抗酸化力で注目のこうじ酸もつくる。美肌や細胞の老化防止に役立つ成分で、酒づくりを手がける職人さんたちの白くて美しい手もこうじに含まれているこうじ酸によるところが、極めて大きい。

甘酒に塩を加えて漬け床にする漬け物は、古くから東北各地にあり、中でも有名なのが福島県会津地方の「三五八漬け」。数字は材料の比率をあらわしており、塩が「三」、こうじが「五」、米（ご飯）が「八」の割合で混ぜてつくるところから「三五八」と呼ばれるようになったもので、こうじの自然の甘さと、やさしい香りが、季節を問わずに楽しめる上品な漬け物である。

夏はキュウリやナス、ショウガ、冬はダイコン、カブ、ニンジンなどがおいしく、魚や肉、それにスルメや数の子なども漬けられ、冬の楽しみになっている。漬け床の材料は、ひところブームになった「塩こうじ」と同じように煮物や鍋物にも用いられ、こくのある汁に仕上げている。

ダイコンのこうじ漬けといえば、東京にも名物があり、「べったら漬け」。江戸時代からの名物で、秋ダイコンの出はじめのころに、本タクアン漬けに先がけてつくられていた。毎年一〇月一九日に日本橋大伝馬町で開かれるえびす講に立つべったら漬けで売り出されて有名になった。米こうじの甘味とダイコンのカリカリした歯ごたえが特徴で、表面に白いこうじがべとべとについているところから、この呼び名がついたようである。

三五八漬けにしてもべったら漬け、そして塩こうじにしても、重要な働きをしているのがこうじである。

コラム　和食のツボ ㉙

## 発酵食品の三兄弟

日本人の食事、つまり、和食には、何種類かの発酵食品が必ずつく。このような食事スタイルが、日本人の免疫力を強化して、寿命をのばすうえでたいへんに役に立ってきた。

主食であるご飯の右側には、大豆発酵食品のみそで味をととのえた「みそ汁」がつき、ご飯とみそ汁の間には、乳酸菌と酵素がたっぷりの「漬け物」が置かれている。

大豆はふしぎな豆で、三五パーセントもタンパク質が含まれていて、牛や豚肉の二〇パーセント前後よりも、はるかに多い。大豆は肉や魚に負けない、堂々たる高タンパク食品なのだ。

古代から肉をとらない食生活をしてきた日本人の健康をタンパク質の面から支えてきたのも、大豆と大豆加工食品だった。大豆のタンパク質を発酵させると、みそになり、しょう油になり、納豆になる。和食の「大豆発酵食三兄弟」。これらを食ごとに食べてきたのが日本人。

発酵食品には、ほとんどの場合酵素が含まれているから、日本人は世界一の酵素活用民族といってよいだろう。

酵素は消化をよくし、腸内の環境をよくし、善玉菌が元気になるよう整えてくれる。みそやしょう油をはじめ、漬け物などの発酵食品は、発酵する過程で乳酸菌が増える。乳酸菌は代表的な腸内の善玉菌であり、発酵食品をとることは、腸の中の善玉菌を増殖することになり、整腸効果を高めてくれる。

腸の健康が、免疫力や自然治癒力に大きな影響を及ぼしており、病気にならない力を強化するためにも、納豆を食べ、みそ汁をとることは大変に重要になってくる。

腸の若さを保つためにも、腸内細菌、とりわけ善玉菌の勢力を強くしておくことが重要になってくるのである。

# 人生は一〇〇歳である

## ——人生は二〇年ごとに変化、その変化を五回経験したころにお迎えがくる

健康な長寿者が多い村に行ったときに、たいへんに興味深い話をうかがった。

今年で九八歳になる現役老人の「人生一〇〇年説」である。人間は、「オギャー」と生まれてから二〇年ごとに変化し、その変化を五回経験したころに、お迎えが来るというもの。ニコニコといかにも楽しそうに教えてくれたのである。

まず、生まれてから二〇年間は、大人になるための「勉強の時代」。次の二〇年間は結婚して家庭を持ち、子どもを産んで育てる時代。四〇歳からの二〇年間は、老後に備えて貯金をし、老化の進行を防いで「長寿力」の土台を形成する。

六〇歳から八〇歳までの二〇年間は「人生を楽しむ時代」であり、好きなこと、やりたかったことを実行してエンジョイする。まだまだ、体力も知力も充実しているから、新しいビジネスを立ち上げて、チャレンジしてもよい。

そして、八〇歳からの二〇年間は「人生の総まとめ」のような時代であり、いつかお迎えが来ても、「まだまだ早いから。もっともっと先にしてくれませんか」と、丁寧にお断りして「ワッハッハ」と大笑いとばし、しぶとくさらに一〇年くらい人生の楽しさを謳歌する。

長寿者が多い村の九八歳になる、その現役老人は、ニコニコと笑いながら、「そのように自信を持って生きることによって、ピンピンコロリと自然に大往生できる」と言っていた。人間にテレビなど電器

製品のように品質保証期間があるとすれば、「文句なしに一〇〇歳だ」とも熱く語ってくれた。「寿命の保証期間」を決めるのは、病院でもなければお寺でもない。心の持ち方であり、日々の食事の仕方であるのはいうまでもない。

長寿の足を引っぱるのは、「食べ過ぎ、飲み過ぎ、働き過ぎ、ストレスのため過ぎ」。食べ過ぎや飲み過ぎは、病的な肥満を呼び込みやすく、働き過ぎは生活を不規則にして活性酸素を発生させるから、長生きにブレーキをかけてしまう。現代社会はストレスだらけで、逃避するのはむずかしい。

ところが、長生きして自立しているご老人は、いつもニコニコしながら、渋茶をズーッと飲んでサツマイモなどを頬張り、少しもストレスを感じさせない。ストレスを捨てるのがうまいのだ。

まずは、だしのよく効いたうっとりするほどうまい「みそ汁」だ。ホルモンのバランスを整えてストレスを減らす抗酸化成分のイソフラボンやレシチン、さらにストレスで失われやすいカルシウムなどのミネラルがたっぷりなのだ。だしのカツオ節には、うつを防ぐ幸せホルモンの脳内物質・セロトニンの原料となるトリプトファンというアミノ酸が含まれている。

さらに、納豆やぬかみそ漬けといった発酵食品にも、抗ストレス成分のギャバ（ガンマ・アミノ酪酸）が多い。主菜の煮魚や焼き魚、刺身などの魚料理には、脳の若々しさを保ち、記憶力をよくするドコサヘキサエン酸やエイコサペンタエン酸が含まれている。

主食のご飯には、脳のストレス負担の加重を癒やすブドウ糖が多く、これに梅干しを加えれば、クエン酸などの有機酸が血液をサラサラにして、からだにかかるストレスもさらに軽くしてくれる。長寿者に梅干しの好きな方が多いのも、納得できる。

つまり、村に伝わるむかしながらの和食が、一番健康によく、それが「人生五段階説」の成功に役立つのではないだろうか。

**うどん、そばより嬶《かかあ》のそば**

語呂を合わせておかしくいったもの。女房のそばにいるのが、いちばん気楽で気も休まるという意味。「うどん、そばより女房のそば（103頁）」とも。

**うまいものだよゴマだれうどん**

とくに夏の「ゴマだれ冷やしうどん」が人気があった。手打ちのうどんをたっぷりの湯で茹でて、冷や水にさらし、両手でもみ洗いしたら大皿に盛り上げ、家族みんなで大笑いしながら、ちょっと甘めのゴマだれをつけて食べる。

もうひとつの食べ方が、「冷や汁」風のぶっかけうどん。冷やしうどんをどんぶりにとり、汁をかけてたぐる。

まず、すり鉢で黒ゴマをよくすり、軽く火であぶったみそを入れ、少々の砂糖も加えて、さらにする。混じり合ったら、冷たくしておいただし汁でのばし、薄切りのキュウリ、みじん切りのオオバなどを薬味として混ぜ、どんぶりに盛っておいた冷やしうどんに、たっぷりとかけて食べる。

白ゴマよりも、夏の強烈な紫外線を防ぐ意味で、抗酸化作用の強い黒ゴマのほうがよい。黒ゴマにはビタミン$B_1$やEが多く、みそ中のアミノ酸や酵素などといっしょになって、夏バテ防止にも役立った。まさに、夏負けを防ぐ、サプリメントのような「ゴマだれうどん」である。

**うまい物《もの》にはあてられる**

いいことには、後難のおそれがありがちなことのたとえ。「旨い物を食わす人に油断するな」と同じ。

**うまい物《もの》は頬《ほお》かむりして食《く》え**

うまい物を食べるときには、ほっぺたが落ちぬよう用心せよという意味。頬かむりして、ほっぺたの落ちるのを防ぐ。

**うまい物《もの》は宵《よい》に食《く》え**

うまい物を惜しんで、まずくなってから食べるのはつまらない。冷めないうちに食べよ、という意味。

## 海老《えび》は尾《お》まで食《た》べよ

古くから「エビを食べる時には、尾まで食べれば病気にならない」とよくいわれてきたものである。エビの尾には、病気に対する抵抗力を強くする成分が含まれていることを、むかしの人は知っていた。経験の知恵である。

実は、尾をはじめエビのからなどには、キチンと呼ばれる動物性の食物繊維が豊富に含まれていて、便通をスムーズにして腸内環境をよくしたり、老化の抑制、血栓の予防、さらにはガンに対する免疫力も高めるといった幅広い働きのあることがわかってきた。エビを丸ごと食べればカルシウムもとれるから、イライラなどストレスの予防にも役立ち、骨を丈夫にするうえでも効果的。

エビの赤い色素成分はアスタキサンチンで、強力な抗酸化作用があり、老化促進物質の活性酸素を除去して悪玉コレステロールが血管にこびりつくのを防ぐ働きで知られている。アスタキサンチンには、視力の低下といった眼の老化を防ぐ作用もあるといわれ、さらに肌の酸化によるシワを予防するともいわれている。美肌効果も期待できるのだ。

## 老《お》い木《き》に花《はな》咲《さ》く鰻《うなぎ》の蒲焼《かばや》き

老木も手入れによっては、時として花を咲かすことがある。人間の場合、その手入れに当たるのが食物でいったらウナギの蒲焼きということ。ここでの「ウナギ」は、ウナギのように精のつく食物という意味もある。確かに、若さをとり戻すには食物の選択が大切である。

## おみおつけは養生《ようじょう》 長寿《ちょうじゅ》の宝物《たからもの》

日本人の主食は古代から「米」。その米のご飯にぴったりと寄り添ってきたのがみそ汁。「おつけ」といったり、「おみおつけ」と呼んで、健康維持のかなめとし、大切にしてきた。後者は、みそ汁の丁寧語で「おみそおつけ」の略という説もある。つまり、「お味噌おつけ」。

みそを米のご飯に、欠かさずに添えるという意味で、むかしのみそは食生活にとって、そのくらい大切な食物だった。調味料というより、おかずのような価値を持っていたのである。みそのように貴重な食物で作る「汁物」であり、丁寧語の「御（お）」をつけて、「おつけ」といったり、「おみおつけ」と呼んだりした。

次のことわざは、江戸時代のものだ。

「医師《いし》に金《かね》を払《はら》うより、味噌屋《みそや》に払《はら》え」

病気になってから、医師に高い金を払うよりは、毎日、みそ汁を食べていれば、病気もよりつかなくなるから、結局は安上がりという意味だ。

みそは、大豆を発酵させたアミノ酸食品であり、非常にこくのあるうま味をかもし出している。この濃厚なアミノ酸のうま味成分があるおかげで、みそ汁は具として、野菜、海藻、豆腐、魚介類、肉など、どのような材料とも合う力を秘めている。みそ汁は、濃厚なアミノ酸スープであり、具はおかずみたいなもの。

和食の基本中の基本的献立は「一汁一菜」であるが、具だくさんのみそ汁であれば、栄養成分もバランスよくとることができたのである。

「長生きする人は、腸が元気」といわれ、腸を元気にする発酵食品や食物繊維が脚光を浴びている。

そのツートップ（二大要素）が同時に含まれているのが具だくさんの「おみおつけ」なのである。まさに、「養生長寿の宝物」である。

**枯木《かれき》に花《はな》咲《さ》く**

「埋木《うもれぎ》に花咲く」ともいう。衰えたものが再び栄えること。世間から忘れられていた身の上が、再びはなやかに返り咲き、脚光を浴びること。

世間から忘れ去られても、気にせず、黙々と何ごとかを研究していれば、その成果はいずれ光を浴びるものである。そのためにも大切なのは、健康管理と老化防止であり、とくに脳の衰えを防ぐ、食生活に気配りをしなければならない。

とくに大豆系の納豆やきな粉、みそ汁、そして刺身などの魚系の料理、つまり、和食である。

**食《く》い出《で》の無賃《むちん》**

何の報酬も受けないで、手弁当で人のために奉仕すること。自分から進んで社会事業などに奉仕することで、ボランティア。

**食《く》いものと念仏《ねんぶつ》はひと口《くち》ずつ** ➡ 第一章「食」

に関することわざ

## 口《くち》みそをつける

口のまわりにみそがついている。見苦しいことのたとえで、しくじることをいう。

むかしは、みそはおかずであり、ご飯に味の相性のよい美味なる菜であったため、ついつい夢中になって食べたために、口のまわりにつけてしまったのであろうか。みその魅力のたとえとみることもできることわざである。

## 小《こ》食《ぐ》いは長《なが》生《い》きのしるし

「小食い」は小食のことで、腹八分めどころか、腹六分めくらいのことで、からだに負担をかけないから長生きできるというもの。「食べ過ぎ」の害を説くためのことわざ。

## 枯《こ》木《ぼく》死《し》灰《かい》花《はな》開《ひら》く

老人または不遇の人が、思いもよらぬことがきつかけで再び光を浴びて、幸運にあうことのたとえ。「枯木に花咲く」と同じ。「死灰」は、いかにも恐ろしげなことばであるが、生気のないこと、ときに老人を指したりする。しかし、「死灰」といわれるような老人になってはいけない。

世の中に幸せの花を咲かせる「花咲け老人」になるべきだ。和食は世界一の長寿食であり、老化防止食なのである。

## 転《ころ》ばず達者《たっしゃ》な梅干《うめぼ》しおばあさん

年寄りは、よく転んで骨折し、それが原因で寝たきりになってしまうケースが多い。ところが、梅干し大好きの梅干しおばあさんに限って、トコトコと出歩くわりには、滅多につまずいたり、転倒しないという意味。

では、なぜ「梅干しおじいさん」がないのかというと、むかしは男性は、顔にシワがたくさんできる前に亡くなってしまう場合が多かったからだ。一般的に女性は男性よりも長命の場合が多く、顔に立派なシワをつくってから寿命を終えることができた。これが本当の「梅干しおばあさん」。女性長命の理由が、女性のほうが楽天的なひとが多く、男性よりも梅干しのように酸っぱいものをはるかに好むという傾向が強いことが重要なのだ。

梅干しをなめると唾液がとめどなく湧き出てくる。唾液には、〃若返りのホルモン〃とも呼ばれるパロチンが含まれていて、細胞の若返りをはかる役目も果たしている。疲労回復や殺菌作用のクエン酸も多く、ふだんの健康管理に大きく役に立っていたのである。

## 節季《せっき》の病気《びょうき》は日《ひ》ごろの不養生《ふようじょう》

年の暮れの節季は、とくに忙しく、大切な時期。それは毎年のことで、前からわかっているはずなのに、そのようなときに病気になるのは日常の養生が悪いからである。まわりに迷惑をかけぬようにするためにも、用心が肝心なのだ。

## 代用食《だいようしょく》でイモばっかり

戦時中から戦後にかけて、「代用食」ということばが流行。米の代用になる、代わりの食物という意味で、虫から山菜、根菜、木の実までいろいろあったが、よく出廻った代用食の筆頭はサツマイモで、次はダイコンであった。「代用食でイモばっかり」は、戦後の世相をいったもの。サツマイモもダイコンも、どちらも丸々として太い食物である点が共通している。

子どもから女性、お年寄りまで人気があったのは、いうまでもなくサツマイモ。甘味が強く、ほくほくした食感が好まれたのである。代用食ではあったが、健康面からみると「一物全体食」となり、焼きイモやふかしイモだったら皮ごと食べることとなり、イモの栄養や生命力が、丸ごととれた。

焼きイモだったら、皮に多いセルロースなど筋状の食物繊維をたっぷりとることができる。日本人の腸はウサギ型で、肉食比率の高い欧米人にくらべて長いことがわかっている。このため食物繊維が不足すると、便秘しやすい。サツマイモには食物繊維に加えて、ヤラピンという通じをよくする成分も含まれているため、排泄をよくして便秘を防ぐにはうってつけなのだ。免疫力を高めたり、若さを保つビタミンCやE、それにカロテンなども豊富に含まれており、実はむかしの非常食は、現代の不老長寿食なのだ。

## 夏《なつ》は酢《す》みそ

　村で古くからいわれてきた、薬いらずの健康に、季節によって、とったほうがよい「味」がある。「春は苦味、夏は酢の味、秋は辛味、冬は油の味」というもの。季節ごとに、とるべき味の特徴を覚えることによって、暑さ、寒さに負けない健康管理をしてきたのである。春の山菜や木の芽の苦味には、消化を助ける成分や紫外線による細胞の酸化を防ぐ成分、ビタミンCなどが多く、夏の酢の物には夏バテを防ぐ力がある。

　秋の辛味は食欲増進剤であり、冬に備えてエネルギーをたくわえ、冬の油料理は寒さに打ち勝つ体力をつける。

　とくに重要なのは夏で、猛暑をのりきるため、むかしは苦労した。暑いと寝不足になったり、食欲がダウンしてスタミナまで低下してしまうからだ。そこで、むかしの人は「夏は酢の味」とし、スタミナ強化作用のあるみそといっしょにした「酢みそ」をよく用いて体力を強化した。酢の酸味は、酢酸やクエン酸などの有機酸で、単に食欲を進めるだけではなく、強い殺菌効果があり、とくにクエン酸には血液サラサラ効果もある。酢みそなどの酢の物をとったあと、頭のなかがスッキリして、からだも軽くなるのは、疲れや暑さなどによって、からだや脳のなかにたまりやすい乳酸などの疲労物質が解消されるためである。みそに酢、砂糖などを加えて、すり混ぜたのが酢みそで、材料を酢みそで和えた料理が酢みそ和え。材料にはマグロやアジ、イワシ、アサリ、アオヤギなどの魚介類、ネギ、ワケギ、ウドなどの野菜類、それにワカメといった海藻も用いられる。

## 生《なま》木《き》若《わか》味《み》噌《そ》若世帯《わかじょたい》

　三つとも不経済のたとえ。生木で飯を炊こうとしても、火がつかないし、若みそは発酵熟成がしっかりできていないから、食べてもまずい。若世帯は、何ごとをするにしても経験が少ないから無駄ばかり。

## 怠《なま》け者《もの》の食急《じきいそ》ぎ

　怠け者は、ふだんは何ごとにしてものろり、のろりしているのに、食事のときだけはひとよりも急ぐ。

## 畑《はたけ》の赤《あか》ぐすり

トマトのこと。畑で、まっ赤に完熟したトマトは美味なだけではなく、薬のような効果がある、という意味。はちきれそうなトマトは、夏の太陽がくれた、まっ赤な長寿食といっている。

トマトの赤い色素はリコピンで、紫外線の害を防ぎ、万病のもとといわれる活性酸素を除去して、ガンを予防する作用で期待されている成分なのだ。トマトには、抗酸化ビタミンのカロテンも含まれているが、リコピンはカロテン以上の抗酸化パワーがあるそうである。リコピンには、血液の流れをよくしたり、動脈硬化を防ぐ働きもある。ヨーロッパには、「トマトのある家に病人なし」とか、「医者いらず」といったことわざがあり、そのくらいに栄養効果の高い健康食品という意味。

トマトには免疫力を高めるビタミンCや若返りに役立つビタミンE、骨を丈夫にするビタミンK、脳の血管を守る葉酸、さらにカリウムや鉄といったミネラルも含まれている。毛細血管の老化を防いで、出血などを予防するルチン（ビタミンＰ）も多い。

夏の完熟トマトが、かすかな甘味まで濃縮して美味なのは、太陽のエネルギーによって、果肉中のうま味成分であるグルタミン酸などのアミノ酸が増えるためであるが、それらのうま味や栄養をそっくりちょうだいするためには、やはり、皮ごとの丸かじりが理想的であり、病気に対する免疫力、さらには老化に負けない力もつく。トマト独特の酸味は、クエン酸やリンゴ酸などで、これらの有機酸には健胃作用がある。二日酔いなどで、胃がムカムカするときにトマトを食べるとスッキリするのは、この酸味成分の作用による。

まさに、夏の完熟トマトは〝畑の赤ぐすり〟なのである。

## 美人半食《びじんはんしょく》

容貌が整っていて美しい女性は、たくさん食べない。したがって、肥満体にはならない。ダイエット法が自然に身についているから、スリムな美しい容姿を保つことができるのである。

**百病《ひゃくびょう》は気《き》から起《お》こる**

「病は気から起こる」と同じ、病気は気の持ちようから起こるという意味。イライラやストレスが長引いたり、心配ごとをかかえて生活していると、免疫力も低下し、思わぬ病気にかかりやすくなる。

どんなことでも悪い面ばかりではない。いい面もとらえ、プラス思考に気分を転換する。そのきっかけになるのが食べる精神安定剤（トランキライザー）といわれるカルシウム。ところが、このミネラルは日本人に慢性的に不足している。イワシの缶詰や干しエビにカルシウムがたっぷり。チーズや海苔などにも多い。ふだんからしっかりとっておきたいミネラルである。

**貧乏《びんぼう》は達者《たっしゃ》のもと**

貧しい生活をしていれば、必要以上に食べ過ぎることもないだろうから、過食による健康の害もないということ。質素な食生活こそ、長寿に役に立つのである。

**ふだんの豆《まめ》に祭《まつ》り日《び》の小豆《あずき》**

「ふだんの豆」というのは、大豆と大豆加工食品のことで、日常的に食べている豆腐や納豆、きな粉、そしてみそなどのこと。「祭り日の小豆」は、祭日などお祝いの日に食べる小豆で赤く染めたおこわや小豆ご飯のこと。とくに、大豆系の加工食品は、和食文化の中核として重要である。とくに、村人の健康生活を支えるために、豆類の多角的な利用は欠かせなかった。これからの日本人の健康と長寿を支えるうえでも、「ふだんの豆に祭り日の小豆」の栄養成分は大切である。

**豆息災《まめそくさい》が身《み》の宝《たから》**

「豆」は労苦をいやがらずに、よく働くこと。「息災」は健康なこととか達者なことをいう。「人は達者であることが、何よりの宝である」ということ。「無病は一生の極楽」といったりもする。よく働ける達者なからだを維持するのが毎日の食事であることを、むかしの人はよく知っていた。

**みそ汁《しる》で顔《かお》を洗《あら》ってこい！**

水で顔を洗ったくらいではシャキッとしない人

に投げかけることばのこと。ぼんやりしている者に対し、目を覚ませ、しっかりしろなどの意味で使う。

そのくらいに、みそ汁をひと口すると、日本人は活躍モードに入った。みそ汁には、脳やからだを活性化するアミノ酸などの成分が多く、むかしの人はみそ汁の効果をからだで知っていたのである。

⇩みそ汁で顔を洗え（第三章「大豆」に関することわざ）

### みそを上《あ》げる

⬇第三章「大豆」に関することわざ

### 餅《もち》に百味《ひゃくみ》あり、百《ひゃく》の力《ちから》あり

餅はどのような食べ方をしてもうまいし、餅を食べると、ふだん以上の力が出て、いくら働いても疲れないという意味。日本人にとって、古くからの最高のご馳走が、この餅だった。あんころ餅、ごま餅、納豆餅、くるみ餅など、どれもうまくて、うまくて、いくらでも食べられる。お正月の雑煮もうまいし、大福餅も豆餅、草餅もうまい。

餅の種類は、東北地方へ行くと、二〇〇種類とも三〇〇種類もあるといわれるくらいに多く、さまざまな材料でからめたり、なかに入れて包んだり、あるいは搗《つ》きこんだりした。用いる材料によって、餅の味が変化し、大変に楽しいご馳走になった。なかには、水田や溜め池に繁殖しているドジョウを用いた餅まであり、小エビを用いた餅などもあって、まさに百味のにぎわいである。

## 足の三里は長生きのツボ

**百歳を過ぎてから子を産む**

『雲錦随筆《うんきんずいひつ》』という文久年間（一八六一～六四）の本に「三里の灸」の驚異的な長寿効果について、くわしく記してある。

筆者は暁晴翁で、戯作者であり、雑学の大家。大坂の住人で「みそ汁坊一禅」とか「あかつきの鐘也」「鶏鳴舎」などの狂名をもつ粋人であり、学者である。

当書は、江戸時代の奇事異聞を収録したものであるが、健康法や長寿法の記述も少なくない。「三里の灸」もそのなかのひとつで、まず「士農工商ともに、成功をのぞむ者は、第一に養生にはげみ、長命を本とすべし。短命では、どれほどの功をたてても、何の役にもたたず」と述べ、一〇〇歳を過ぎてから実子をもうけた医師を紹介している。

「ことし百二十七歳になる浪花の医師・杉本一斉翁は、きわめて壮健だ。眼歯ともに何の故障もなく、記憶力も強い。手足も達者で日々医療に出るが、常人の六十歳くらいにしかみえない。

翁の妻は四十歳で、名を藤江という。娘の夕ツは十七歳で、男子の三蔵は十五歳。天保十一年（一八四〇）の春、公《おおやけ》に召し出され、これからも、ますます長寿をのばすようにと称賛を受け、御扶持をたまわった。当年の誕生日に、白扇に〝吾是酔中翁《われこれすいちゅうのおきな》〟と書いたが、その筆勢は、とても老筆には見えなかった」

**「三里の灸」で超長生きした農夫**

筆者は、まず「灸」の解釈から手がけている。

「灸《きゅう》」の和名は「也比《やひ》」。「灼《や》く火」の略言で、「灼《や》く処《ところ》」の意味も含まれている。男は三十歳過ぎたら、足の「三里」に灸をすべきである。三里は気を下す効果が強いからだ。とくに四〇歳を過ぎると、陰気がおとろえて上気しやすくなるから、三里を灼いて気を引き下げるようにしなければならない。

『徒然草《つれづれぐさ》』（吉田兼好の随筆集）にも、四〇歳以後のひとは、三里を灼かなければ、気が頭にのぼることがあるから、かならず灸をすべきだと出ている。

二〇〇歳近くなっても、いまなお元気な農夫満平のことは、世の中で知らぬ者もないだろうが、「三里の灸」とも密接な関係があるので、念のために説明する。

三河国水泉村の農夫満平はいたって長命で寛政八年（一七九六）に、一九四歳になった。江《こう》府《ふ》にも召されて参り、その見事な白髪を献上して、御米を下賜されている。享保年間（一七一六〜三六）にも召されたことがあり、そのいずれのときか役人が、満平に長寿の秘訣についてたずねた。

満平こたえて「秘訣というほどのこともありませんが、私の家では、先祖代々三里の灸をしてきました。灸の仕方ですが、毎月一日から八日まで連日おこない、九日以降はしません。月が変わっても、八日間の灸は続けます」といい、ただ「灸の数」は「日」によってちがい、また、右足と左足によってもちがうと、つぎのように言上した。

○右の足　一日（八壮）、二日（九壮）、三日（十一壮）、四日（十一壮）、五日（九壮）、六日（九壮）、七日（八壮）、八日（八壮）。

○左の足　一日（九壮）、二日（十一壮）、三日（十一壮）、四日（十一壮）、五日（十壮）、六日（九壮）、七日（九壮）、八日（八壮）。

寛政八年、満平一九四歳、妻一七三歳、子一五三歳、孫一〇五歳、曽孫子以下にはまだ一〇

○歳にならない者がたくさんいる――。

以上のような内容であるが、驚くべき「三里の灸」の効果である。なお「一壮」というのは、灸を「一回」すえることである。

灸をしたことのないひとでも足の「三里」というツボの名前は知っているだろう。そのくらい有名なツボで、俗に〝万病に効くツボ〟といわれている。膝蓋骨《しつがいこつ》（ひざの皿）の外側のすこし下にあって、強く圧迫すると痛みがピリッと走るから、すぐにわかる。

文中の「三十歳以上になったら、三里に灸をしないと上気する」というのは、この灸が下肢をあたためるため、誘導的に上半身の血行がコントロールされて、病感が解消されることを指している。つまり「頭寒足熱《ずかんそくねつ》」の実践である。

三里に刺激を与えることによって、血行のとどこおりがなくなるから、高血圧や動脈硬化、眼や耳などに発生しやすい障害の予防に役立つ。

「三里」は、東洋医学的には胃経といって、胃の働きに直結しているツボでもあるので、消化機能を活性化するうえでも効果がある。

コラム　和食のツボ ㉚

## 五皿盛り

ご飯に添える副食物のことを「おかず」という。「おかず」は「お数」で、数々とり揃えるという意味になり、「お菜」とも呼んだ。

江戸時代の医師である水野沢斎《たくさい》の記した『養生辨《ようじょうべん》』に「御加数」と出ており、日常的に使用されていた用語であることがわかる。

身の養生のためには、旬の食材を数々とり揃えバランスよく食べることが重要という意味だ。

海のもの、山のもの、畑のものなどの産物を上手に活用して、季節の味わいを楽しみながら健康管理し、寝たきりなどにならない「老入《おいいれ》（老後）」を楽しみましょうという食事術。

現在の保養学にもかなっており、「おかず健康法」といってよい。健康の自己管理時代の知恵であり、現代でも立派に役に立つ。

おかず健康法として、当時よくいわれたのが「五皿盛り」。

ご飯と香の物の他に、おかずを五品用意して更に盛り片寄ることなく食べるというもの。一皿一皿は少量でもよいから、品数を食べるという点に意味が強調されている。

コラム　和食のツボ ㉛

## 季節の位置がわかる「一汁三菜」

世界の無形文化遺産として、ユネスコへ登録された和食が、いま、もっともクール（かっこいい）な食事システムとして、世界中で脚光を浴びている。

和食のすばらしさは、「一汁三菜」のなかにある。主役はいうまでもなく米のご飯。ご飯が中心であり、ご飯をおいしく味わい、栄養のバランスをとるための献立が「一汁三菜」なのである。

一汁はみそ汁か、または吸い物。「三菜」は、三品のおかずがつくという意味で、「主菜（メインディッシュ）」は魚系が中心であるが、ときには肉料理がつくこともある。

副菜は二つあり、まず、野菜や海藻料理などの「副菜」、続いて豆腐料理や煮豆、納豆など大豆系を中心とした「副々菜」である。

献立には記されていないが、和食膳には、米飯と「香の物」、つまり、漬け物も必ず置いてある。日本人が食事をするということは、米飯を食べることであり、米飯には漬け物が必ず添えられるのが慣習であり、改めて書き込まなくてもわかることが前提になっている。

この献立でまんべんなく食べ進めていくのが和食であり、栄養のバランスもたいへんにとりやすい。「日本人は、ライスを主食にして、魚、大豆、野菜、海藻をおかずにする。この食事法が、世界でトップの長寿国にしているのだ」。これが、世界の和食評である。

とくに世界の先進国では、どこでも高齢化比率が高くなっている。そのなかでもずば抜けて高いのが私たちの国。日本は超高齢国であり、老人大国である。日本人の長生きを支える食べ方のノウハウが「一汁三菜」の和食であり、和食のもうひとつの魅力になっている。

健康意識の高まりを見せている欧米人の間で、一日に必要なカロリーの半分を日本人のように穀物など植物系からとろうという食事法が人気を集めている。穀物食を増やすことで、脂肪からのカロリーが抑えられ、肥満や心臓病などの生活習慣病を予防することができるという考え方であり、まさに「和食志向」といってよいだろう。

一汁も三菜も季節の食材を中心に用いるのが決まりで、食卓に並べられた料理を見ただけで、季節の位置がわかるように、美しく盛るのがならわしである。

コラム　和食のツボ ㉜

## 食は方三里

「方三里」は三里四方という意味で、一里は約四キロだから一二キロ四方ということになる。むかしから村の面積はほぼこの広さにあてはまり、地元でとれた旬の野菜は薬のような効果で病気も防いでくれるから、常に健康的に暮らせるという養生の基本を教えている。

極端にいうと、朝露のついているような「生気」に満ちた野菜ということになり、時間をかけて遠くから運ばれてくるものとはちがってビタミンCやカロテンばかりではなく、ビタミンEや抗酸化成分のポリフェノールなどに加えて、多彩な酵素まで生きたまま含まれているからこれ以上長寿作用を期待できるものもない。

「食は方三里」の場合、その食材は野菜であれ、山菜、魚であれ、すべて旬の物が中心となり、栄養効果もさらに向上する。

# 第九章　「食」に関するおもしろことば

## おもしろことばコレクション

短いことばのなかにも、さまざまな意味がこめられている。

一読して吹き出してしまうようなもの、または鋭い警句、そして、生活上手になるためにちょっと参考になる言葉、健康にプラスになる情報など、食に関連したものばかりを集めた、〝おもしろことばコレクション〟である。

**味《あじ》も素気《そっけ》もない** 何の味わいもない、つまらないこと。

**油《あぶら》がきれる** 脂肪分がからだから抜けて、元気がなくなる。スタミナがダウンする。精気のないことについてもいう。

**油《あぶら》がのる** からだに脂肪が増して、栄養状態がよくなること。とくに、旬になり、魚や鳥などの脂肪が増えて味がよくなることをいう。転じて、仕事に乗り気になること。

**油《あぶら》に水《みず》** おたがいにとけ合わない、しっくりとなじまないもののたとえ。油と水は異質のために、おたがいに融合しないからだ。浮世草子の『御前義経記』に「女郎の能に男まじるは油に水」とある。 ⬇ 水と油（第六章「茶」と「酒」に関することわざ、「水に関することわざ集」）

**油《あぶら》をいう**　火に油をかけたように、相手がうれしがるようなことをぺらぺらという。おべっかを使うこと。「油をかける」ともいう。

**油《あぶら》を売《う》る**　むだ話をして、仕事をなまけること。目的地にまっすぐ行かず、途中で道草を食ったり、寄り道したりして、ぶらぶら行くこと。江戸時代、髪油を商う油屋が、女性を相手に話しこみながら売り歩いたところからきている。

**油《あぶら》をさす**　ひとをほめて元気をつけてやる。扇動する。機械や車に油をさすと、動きがよくなるところからいう。

**阿房宮《あぼうきゅう》**　食用菊の一種で、青森県の特産。天保時代（一八三〇〜四四）から八戸《はちのへ》地方の郷土食として珍重されてきたもので、香気と気品に満ちた大輪の黄菊である。花をゆでてあえものや酢のもの、汁の実などにするが、乾燥品は保存もきき「阿房宮」として有名である。

**甘《あま》い汁《しる》を吸《す》う**　苦労もしないで、利益だけを手中にすること。

**いかもの食《ぐ》い**　「いかもの」は「いかさまもの」のなかを略して縮めたもので、いかにもそのものであるように似せた、まがいものという意味。「いかもの食い」というのは、ひとびとがあまり食べないヘビの血や肉、ブタのホーデン（睾丸）、ヴァギナ（膣）、ウテルス（子宮）、子牛の脳、脊髄などのゲテモノを食べることをいうが、これらのものには動物性ホルモンやビタミン類が多いために強精効果がある。

**一《いち》赤《あか》二《に》白《しろ》三《さん》黒《くろ》**　イヌの肉の味のよさをいったもので、一番うまいのは赤犬で、白犬、黒犬と続く。むかしは、イヌ肉を食べるのは珍しくなかったが、なかでも赤犬の肉はからだがあたたまるといわれ、夜尿症の子どもに食べさせたものである。

**一粒百行《いちりゅうひゃくぎょう》**　一粒の米ができるまでには、多くのひとたちの苦労の積み重ねがある。たとえ、一粒の米でもたいせつにとり扱わなければならない。

**一粒万倍《いちりゅうまんばい》**　一粒の種子でも、それをまけば万倍もの粒になってかえってくるように、わずかなものから、非常に多くの利益をあげることのたとえ。したがって、わずかだからといって、粗末にしてはならない。歌舞伎の『夢結蝶鳥追』に、「おとととと、こぼれるわえ。一粒万倍と、こぼれし酒を額へつけ」とある。

**一切《いっさい》食《く》う役《やく》**　仏教後の「一切《いっさい》苦厄《くやく》（この世のすべての苦しみや災難）」をもじったもので、ただ食べるだけで他には何のとりえのないひとをいう。人間は食うことに追いまわされるものだという意味にも使用される。

**一食万銭《いっしょくばんせん》**　一回の食事のために巨額の金銭を費やすこと。飲み食いにおごりをきわめることをいう。

**一時菜《いっときさい》**　一時《いっとき》（二時間）前に食事をしていれば、空腹もすすんでいるので、副食物がなくともうまく食べることができる。経過した時間は、おかずと同じような作用をもつものだ。

**一飯《いっぱん》の恩《おん》**　一度食事を与えられた恩。わずかな恩という意味。

**炒《い》り豆《まめ》に花《はな》**　衰えた者が、ふたたび息を吹きかえして栄えることのたとえ。また、ありそうにないことが、たまに実現することのたとえとして使う場合もある。

**魚千里《うおせんり》**　いくら魚でも、千里の距離を泳ぐには、長い時間がかかる。学問も同じで、ひとつのことをきわめようとすれば、決して短時間でなしとげられるものではない。

**魚身鳥皮《うおみとりかわ》**　一般的に魚を焼くには肉のほうから、また、鳥ならば皮から先に焼いたほうがよい。

**羽化登仙《うかとうせん》**　からだに羽が生え、仙人となって天へのぼること。酒に酔って、ふわふわとよい気持ちになることにたとえていう。

**うどん屋《や》のかつお**　うどんの汁はカツオ節でとる。カツオ節から出しを抜きとるところから、ひとを出し抜く意味のたとえに用いられる。

**海《うみ》なすび**　海鞘《ほや》のこと。「海のパイナップル」ともいう。どちらもスタイルが似ているためだろう。

腔腸動物の一種で、イソギンチャクやフジツボに交じり、磯辺の海中の岩肌に吸いついて生息している。日本周辺の海域ならどこにもいるが、とくに名高いのは、宮城県や三陸地方の産で、養殖もさかんにおこなわれている。

外見はまことにグロテスクで、大人のゲンコツよりひとまわり大きい。「ホヤは藤の花の咲くころから味がのる」といわれるように、夏から秋口にかけてが旬。キュウリもみの酢のものが風味があってうまい。仙台藩主の伊達政宗は、「ホヤを食ったら中の水を飲め」といったといわれるが、ホヤの中心の水はうまく、強精効果もあるらしい。

**梅根性《うめこんじょう》**　頑固な根性の持ち主をいう。よくいえば努力家といったところ。梅は、梅干しにしても、また煮ても焼いても酸っぱさが抜けないところからいう。

『わらんべ草』に、「梅こんじょう、柿こんじょうというのは、梅は黒焼きにしても酸気をあらためず、柿は一夜のうちに甘くなる」とある。

**えせ牛《うし》**　みすぼらしくて見苦しい牛。転じて、風采のあがらないひとのことをいう。

**江戸助《えどだす》け**　江戸時代に盛んに用いられたことわざ。酒の席などで、ひとの杯を助けて飲み干したうえに、さらに一杯注いで返杯することをいう。

**江戸前《えどまえ》**　享保（一七一六〜三六）のころまでは「江戸前」とは呼ばずに「芝ざかな」といっ

た。「江戸前」というのは、江戸城前面の海でとれる魚という意味であるが、この呼び名が使われるようになるのは、江戸が文化の中心となる宝暦（一七五一～六四）のころから。

**大服**《おおふく》　お正月の元旦に飲む大福茶のこと。「王服」とも書く。元旦の早朝にくんだ若水をわかし、梅干し、山椒、コンブ、かち栗などを入れて点じた一種の薬茶である。

**大松**《おおまつ》　江戸時代に用いられたことばで、大いに食いまくることをいう。「大松」がなぜ大食漢と結びつくのかは定かではない。

**おかべ**　豆腐のことで、「お壁」と書く。室町時代に生まれた女房ことばで、主として、京都の上流階級で使われた。むかしの料理書には「白壁」などとも書かれており、その形や色からきたものだろう。

**おこうこ**　ダイコンの漬けものをさす女房ことば。「こうこう」とか「こうのもの（香物）」ともいう。「香」はその匂いからきている。江戸時代以降は、もっぱら沢庵漬《たくあんづ》けにかぎっていう。「おしんこ」は「お新香」で、古漬けに対する呼び名である。

**おこわ**　古くは「強飯《こわいい》」といった。蒸した飯のことで、現在のお赤飯。「おこわ」は女房ことばで、『御湯殿上日記』に「天正十五年（一五八七）二月十五日、御しやうたんしやう日御いわえ御こわ」とあり、当時も誕生日に赤飯をたいていたことがわかる。

**おすそわけ**　着物の裾《すそ》が〝すそ〟で、はしのほう、つまり余っている部分を分け与えること。転じて、珍しい到来物《とうらいもの》（いただきもの）などがあったときなど、はしのほうで失礼ですが、めし上がってくださいと隣近所に分け与えることをいう。

**おそ蒔《ま》きの唐辛子**《とうがらし》　時期外れの唐辛子は気が抜けたように辛味が少ないところから、間抜けやとんまのことをいう。また、時機におくれたというしゃれことばとして使う。

**お多福豆**《たふくまめ》　ソラマメの一種で、粒が大きいので「一寸豆」ともいう。呼び名の由来は、マメの形が丸形で鼻が低く、ほおの高いお多福（おかめともいう）に似ているため。江戸時代は「子孫繁昌豆」とも呼んだ。「多くの福を招来する豆」で、縁起のよい食べものである。

**お茶**《ちゃ》**の子**《こ》　お茶菓子のこと。簡単な食事や間食をいう場合もある。また、彼岸に仏前に供えるぼた餅やおはぎをいう場合もある。

**おでん**　〝煮込み田楽《でんがく》〟からきたもので、「田楽」の「でん」に愛称の「お」をつけたもの。

**鬼殺**《おにごろ》**し**　➡第六章「茶」と「酒」に関することわざ、「酒と肴ことば集」

**鬼**《おに》**なめ**　毒味をすること。「鬼」とか、「鬼をする」、「鬼食い」などともいう。江戸初期の軍学書である『甲陽軍鑑』に、「大身衆ふるまいの時には、かならず亭主鬼をつかまつる。もっともなり」とある。また、同じく江戸時代の『類聚名物考《るいじゅめいぶつこう》』には「鬼くい。人君の食物の試しをして、味のよしあし、あるいは毒の有無をも心むるをいう」。

**鬼**《おに》**の一口**《ひとくち》　鬼は人間などをひと口でがぶりと平らげるところから、大口を開いてひと口に食べること。ものごとをてっとり早く処理してしまうことのたとえ。

**御**《お》**実**《み》**御**《お》**汁**《つ》**食**《け》　みそ汁を「おみおつけ」ともいう。しかし厳密にいうと「みそ汁」と「おみおつけ」はちがう。みそ汁は文字通り「みそ」の「汁」で、「実《み》」があまり入っていないもの。「御実御汁食」の「御汁」の上に「御実」がのっているのはなぜか。「実」は「汁」の上に盛り上がるほど豊富でなければならないという意味がこめられているからなのだ。同時に下の「食」は、おみおつけが「飲む」よりも「食べる」ほうに重点を置いていることを示している。実がたっぷりだから、塩分のとり過ぎの予防になると同時に、バランスのよい栄養をとることができた。以上のように、

「みそ汁」と「おみおつけ」は、正確にはそのなかに用いられている「実」の量によってちがう。

**御《お》養《やしな》い** 神さまに食べものをお供えすることを、擬人的にいったことば。お正月中の行事にだけ使用する例が多い。

**柿《かき》根性《こんじょう》** 渋味が強くて、とても食べられないような渋柿でも、焼けば渋がとれてしまうし、干し柿にするとすごく甘くなる。表面的には頑固そうにみえても、なにかがあると、ころりと変わってしまう性格の持ち主をいう。

**欠《か》け徳利《とっくり》** 口の欠けた徳利を用いると、なかの酒がどっと出てしまう。このように、口から出まかせに勝手な悪口をいうこと。

**かっぱ** 鮨屋の用語でキュウリのこと。キュウリはかっぱの大好物というところからきたもので、キュウリを芯にしたのり巻きを「かっぱ巻き」という。

**かまとと** だれでも知っていることがらに、知らないふりをする。何も知らないふりをして、無邪気に見せかけること。「かま」は「蒲鉾《かまぼこ》」、「とと」は魚の女房のことば。「かまぼこも魚《とと》か」とたずねたことからきている。

**雷汁《かみなりじる》** フグ汁のこと。雷がこわいように、フグもあたると恐ろしい。

**唐臼《からうす》まん** 唐臼をつくとき杵《きね》が上下するように、運がよいかと思えばたちまち下がり、また上がるというように、まわりあわせが定まらないこと。「唐臼」というのは、臼は地面に埋めて固定し、長い杵の端を足で踏んで穀物などをつく臼のこと。「まん」は「間」、つまり「めぐりあわせ」とか「運」という意味。

**烏《からす》の埋《う》め食《ぐ》い** カラスは忘れっぽい鳥で、クリの実などを土に埋めておいても、その場所をすぐに忘れてしまう。忘れっぽいひとをいう。ひとにかくれて自分だけ楽しむことのたとえとしても使う。『教草女房形気』という書物に、「まことは烏の埋め食い、人にかくして楽しみけるを」とある。

**寒水《かんみず》**　寒中の水をいう。むかしは寒中の水を飲むと薬用になるといわれ、珍重された。厳寒期につくる寒ざらしの餡《あん》とか、寒中の水を利用した寒仕込みのみそなどがある。

**きかずの一杯《いっぱい》**　最初の一杯は、相手が酒を好きかきらいか確かめないで酌をしてもよいという意味。酒を好まない客は、固辞することがあるが、耳をかさずにとにかく一杯注ぐのが酒道のしきたり。

**菊根性《きくこんじょう》**　ぐずぐずしていて未練がましい性格の持ち主のこと。菊の花は桜のように散りぎわがよくないところからいう。

**京《きょう》のお茶漬《ちゃづ》け**　京都のひとは、客が帰ろうとするころ、心とはうらはらに口先だけで食事をすすめる。お世辞だけで、根はけちなことをけなしていうことば。「京のなんなら茶漬けめし」も同じ。

**京《きょう》の生鱈《なまだら》**　珍しいもの、めったにないもののたとえにいう。京都は周囲を山にかこまれているため、むかしは塩干魚が主体で、新鮮な魚はめったになかった。

**切《き》り盛《も》り**　食べものをほどよく切って料理したものを器に盛りつけすること。転じて、ものごとを適切に処理することをいう。

**食《く》い出《で》の無賃《むちん》**　⬇第八章「医」と「健康」に関することわざ

**食《く》いものにする**　自分の利己的な利益をあげるために、他人やものを利用すること。たとえば「女を食いものにする」。

**食《く》うや食《く》わず**　毎日の食事も満足にとることができない。日に三度の食事も、とったりとらなかったりしていること。やっとその日を過ごしている貧しい生活のたとえ。江戸時代の洒落本に「裏店住居の食うや食わずのお旦那様だぜ」とある。

**口果報《くちがほう》**　いつもうまいものに恵まれていること。食べものが豊かで、何の心配もないこと。

**口《くち》きたない**　食い意地がはっていること。

**口《くち》しのぎ**　いちじしのぎの食べものをいう。また は、いちじしのぎの生活。

**口茶《くちちゃ》**　でがらしの茶の上に、新しい茶葉を加えることをいう。また、そのようにして出したお茶湯。

**口貧乏《くちびんぼう》**　酒も煙草もたしなまず、甘いものも食べない損な性格のひとをいう。また、常に食べものに困っているひとのこと。しかし、成人病の予防という見地からすれば、煙草はやらないほうがよいし、甘いものや酒もほどほどにしてひかえたほうがよい。

**食《く》わずぎらい**　食べもしないできらいだと一方的に決めてしまうこと。ものごとを試しもしないで、ただ先入観だけでむやみにきらうことのたとえ。

**くわせもの**　「くわす」は「食べさせる」。一杯食べさせよろこばせてから、だますことが「くわせる」。「くわせもの」は「人をだます奴」で、油断のならない人間をいう。

**げてもの**　最初は、「人工をあまり加えない安値で素朴なもの」とか、「地方の土産的なもの」というような意味に使われていたが、やがて、「大衆的で粗雑なもの」をいうようになり、ついで現在のような「邪道なもの」とか、「風変わりなもの」「一風変わったもの」というような意味に用いられるようになった。「げてものを肴に酒を飲む」というように酒肴に使われる場合が多い。蛇料理やサナギ、ザザ虫、蜂の子などの虫類、カエル、イモリなどである。語源についてはふたつある。驚きあきれるという意味の「怪顚《けでん》」と、仏典以外の書物を指す「外典」からきたというもの。

**石一両《こくいちりょう》**　米一石（一五〇キロ）の値段が一両であるという意味。江戸時代に米価の常識として、一石を金一両とみたことをいう。現在、スーパーなどの米は一〇キロで約五〇〇〇円している。これでいくと、一石は約七万五〇

○○円となり、一両を円に換算すると七万五○○○円也。なお、一両は四○○○文である。

**五葷《ごくん》**　ニンニク、ノビル、ラッキョウ、ネギ、ニラの五種の植物をいう。いずれも強い臭気と辛味をもっており「五辛《ごしん》」とも呼ぶ。強精の効きめが強すぎるため、禅家では修行のさまたげになるとして、僧に口にすることを禁じた。

**後家《ごけ》のあき重箱《じゅうばこ》**　後家はあいている重箱と同じで求められればいつでもよろこんで貸す。「重箱」は女陰のことである。

**御《ご》馳《ち》走《そう》**　禅寺の台所には、よく韋駄天《いだてん》の像がまつってある。足が速いので有名なインドの神さまだ。韋駄天をかかげることによって、禅寺の食堂《じきどう》では東奔西走して食べものを用意する心をあらわしている。ここから、客へ料理をふるまうことを「馳走（走り回るという意味）」というようになり、さらに「御」がついた。ただし、「ご馳走」は、決して料理自慢をせず、利休がいうように、「寒きころは、いかにも暖かきよう」といった心づかいが第一である。

**ごまかす**　「ごまかす」の由来にはさまざまな説がある。まず、質の悪い油にごく少量のゴマ油を混ぜると、香りがよくなって高く売れるところからきたという説。もうひとつは、たいがいの料理は、ゴマ油を用いれば美味に化かすことができるところから、人をだますという意味に使用されるようになったという説。また、餅につき混ぜて「ごま菓子」と呼んでいたのが、いつのまにか「ごまかす」になったというもの。いずれの場合でも、味をよくするためにゴマが使用されており、ゴマの油は、そのくらい香気が高く味がよい。

**ごますり**　擂り鉢にゴマを入れて擂ると、ゴマは鉢のあっちにもこっちにもつく。転じて、誰にでもこびへつらう者のこと。「みそ擂り」も同じである。

**蒟蒻《こんにゃく》のうらおもて**　どちらとも区別のはっきりしないことのたとえ。

**菜食《さいぐ》い貧乏《びんぼう》**　おかずに美食好みのひとは、貧乏する。貧乏なくせに、うまいものを好む。

**菜《さい》の菜《さい》**　食事のときに、ひとつの菜（副食物）を食べて、ご飯を口にせず、すぐに別の菜に箸をつけること。副食物から副食物へ移り食いすることは、不作法としてきらわれる。第一、このような食べ方をすると偏食になりやすく、健康にもよくない。

**猿《さる》も食《く》わねど高楊子《たかようじ》**　「武士は食わねど高楊子」をもじったもの。サルにさえ気位というものがあるのだから、まして人間たるものは、衣食のために節をまげるようであってはならない。たとえ食に困窮していても、高楊子を使うくらいのプライドがほしい。

**三国伝来《さんごくでんらい》**　「三国」というのは、インド、中国、日本のこと。「三国伝来の品」といえば、インドから中国を経て日本に渡ってきたという意味で、貴重な船来品のことである。

**三風《さんぷう》**　和食の賞味の仕方に「三風」があり、「風土、風味、風景」の三つの「風」をいう。いかにも、山紫水明の国の料理にふさわしい美意識である。

風土……産地やとれた土地のこと。

風味……素材特有の持ち味をいう。

風景……完成した料理の景色、つまり、見た目の美しさである。日本料理では、配膳や器に盛りつけられた彩り、つまり〝景色〟を目で十分に味わってから箸をつけることが大切である。

**塩《しお》を踏《ふ》む**　世間でつらい目にあうこと。辛酸をなめること。

**しめこの兎《うさぎ》**　ものごとがうまくいったときにいうしゃれ。うまくいったぞ、しめしめという意味。「しめた」を「兎を締める」にかけた地口。むかし、人家の近くにいる獲物で割合に多いのは野ウサギだった。ウサギ汁は、冬期のご馳走として珍重されたが、そのうまいウサギが自分の自由になるということ。古くから使われてきたことわざで、黄表紙の『一粒万金談』に「千両しめこの兎にして、すっと駆落ちとはうまいもの」とある。

**しゅん**　「しゅん」は「旬」の漢音で「十日」のこと。現在でも、ひと月を上旬、中旬、下旬と分けている。その時期、その時期の野菜や魚、貝、くだものなどの出さかり時をいう。味も充実していて、もっともうまい。味がよいだけでなく野菜類だったらビタミンCが多く、魚類だったら脂がのっていて栄養効率がもっとも高くなるのが「しゅん」である。

**春《しゅん》夏冬《かとう》二升《にしょう》五合《ごごう》**　江戸時代に使われたしゃれ文字。「春夏冬」で「秋」が欠落しているので「あきない」となる。「二升」は一升桝《ます》が二つだから「ますます」。「五合」は一升の半分だから「はんじょう」。通すと、「あきないますますはんじょう」となる。そば屋や居酒屋などの壁などに、書いたものがよく貼ってあったものである。

**食《しょく》が進《すす》む**　食欲が出てくること。それまで以上に食べられるようになること。

**食《しょく》が細《ほそ》る**　病気や心配ごとのために、食欲が減退する。食べる元気がなくなる。

**食後《しょくご》の百歩《ひゃっぽ》**　食後のゆったりした散歩は健康によいということ。

**食前方丈《しょくぜんほうじょう》**　自分の席の前に、さまざまな料理を一丈（約三メートル）四方いっぱいに並べること。豪華ですばらしい料理のたとえ。「食前方丈」もよいけれども、ほどほどにしないと、〝美食短命〟になりかねない。

**食《しょく》より口《くち》**　食べものもだいじであるが、もっと大切なのは口、つまりからだである。

**身土不二《しんどふじ》**　「身」と「土」は別々なものではない、いっしょであるという意味。土は生きものが生存していくうえで、根源的に必要なものをすべて生み出してくれる。穀物や野菜などの食糧ばかりではない。樹木や多種多様の草を茂らせ、生命活動に不可欠な酸素も供給してくれている。

　さらに、土は食べかすや排泄物、汚物、そして死体まで、その深いふところに抱きこみ、分解してきれいに浄化してしまう。まさに「土は母なる大地」。生活環境がいくら都市化し、便利になっても、人間は土から離れては生きていけない。食生活にしても、土から離れれば離れるほど不健康になってしまう。距離的にも時間的にも、土により近いものがいちばん健康によい。しっとり精気を含んだ土のついたままのダイコンであり、ニンジンであり、ジャガイモであり、ネギだ。

**西瓜《すいか》上戸《じょうご》**　酒を飲んで顔の赤くなるひとを「色上戸」といい、顔には出ないが内側で酔って火照っているひとを「西瓜上戸」と呼ぶ。スイカは外側は青くてなかみが赤いから。

**吸《す》い口《くち》**　タコの口ではない。吸いものやみそ汁などに添える〝薬味〟のこと。古くは「鴨《こう》頭《とう》」ともいった。たとえば、青ユズの皮の小片が汁のなかに浮かんでいる様子が、鴨の頭に似ているためである。ユズや木の芽、タデ、シソ、ミツバ、ショウガ、ネギ、ゴマなどが用いられる。

**末《すえ》の初《はつ》もの**　季節のおしまいにできる野菜やくだもののこと。むかしは、初ものと同じように、寿命が伸びるとか、味がよいといって珍重した。

**摂津《せっつ》雑炊《ぞうすい》大和《やまと》粥《がゆ》**　土地が変われば習慣も変わるというたとえ。摂津（現在の兵庫県東部と大阪府北部）では雑炊が常食だし、大和（奈良県）は粥が常食となる。一日一回は、粥か雑炊を食べる風習が、いまでも近畿や中国などの旧家に残っている。

**葬礼《そうれい》九《ここの》つ酒《さけ》七《なな》つ**　葬儀は九つ（昼の一二時ごろ）、宴会は七つ（午後四時ごろ）におこなうのが通例である。

**続飯殿原糸女郎**《ぞくいとのばらいとじょろう》　「続飯」は飯粒を練ってつくった糊。「殿原」は男性を敬っていうことば。つまり、男は続飯でくっつけたようにがっちりとしていて強いほうがいいし、女は糸のようにほっそりしていて優しいのがよい。「続飯殿原」は、体格が堅固であることのたとえ。

**そば屋**《や》**のけんか**　「そば」を「傍（そば）」にかけて、はたが迷惑するというしゃれことば。

**大食短命**《たいしょくたんめい》　大食いは健康を害し、長生きできない。腹いっぱいの食事を続けていると、寿命をちぢめる。

**鷹**《たか》**のつめ**　トウガラシのなかでも、もっとも辛味の強烈な品種で、外皮は深紅色でタカのつめのような形をしている。また、芽を出して三センチくらいに伸びたアサツキも「鷹のつめ」と呼ぶ。形が似ているからである。

**だしに使**《つか》**う**　「だし」は汁にうまい味をつけるために用いるもので、「だし」そのものは食べない。つまり、だし自体が目的なのではなく、汁をうまくするという結果が目的なのだ。そこから、自分の利益のためにひとやものを利用することをいう。

**たたらめの花**《はな》　平安時代「たたらめの花」ということばがあった。紅い可愛らしい花のことで、当時の酒肴の一種に「たたらめの花搗《はなつ》き」がある。紅梅の花を塩漬けにしたもので、王朝貴族の酒宴の膳などに、肴の添えものとして用いられたもの。

紅梅だけでなく、やがて八重桜の花も使用されるようになっていく。九分咲き程度の花を塩と梅酢で漬けたもので、酒肴の彩りとして添えたり、熱湯に入れて、その香気と味を楽しんだ。サクラの花は単なる添えものではなく、食中毒を予防する〝毒消し〟としても珍重されたのである。

**田作**《たづく》**り**　ゴマメのことで、カタクチイワシを清水で洗い、そのまま日干しにしたもの。ゴマメは「五万米」と書き、米が四万俵しかとれない土地でも、カタクチイワシを肥料にすれば五万俵もとれるところからきている。「田作り」も同じで、干しイワシを肥料にすると、水田の地味が肥えて豊作につながるという意味。稲作農耕民族である日本人にとって、稲の大豊作ほどおめでたいことはない。このため、お正月の献立にはかならず加え、豊作を祈って食べたのである。

最近ではゴマメに含まれているカルシウムが評価され、健康食品としても人気が高い。カルシウムが不足するとイライラしたり怒りっぽくなるが、家庭内暴力や校内暴力もカルシウム欠乏と密接な関係があるといわれるだけに、ゴマメのように〝一物全体食〟のできる小魚類をもっともっと見直す必要がある。

**ちり鍋《なべ》**　単に「ちり」ともいう。魚介を豆腐、野菜などと鍋に入れて湯煮し、酢じょう油をつけて食べる。「タラちり」や「タイちり」「フグちり」などがある。「ちり」は明治時代の造語で、日本にやってきた欧米人が、日本料理のさしみがなかなか食べられないために、小鍋で煮立てた熱湯にちょっと通し、ちりりとちぢれたところをしょう油につけて食べたのがはじまりといわれている。

**つまり肴《ざかな》**　宴会などが予定よりのび、準備しておいた肴だけではたりずに、あわてて追加する料理のこと。転じて、打つ手がつきて、拙劣な策を出すことのたとえ。

**亭主《ていしゅ》八杯《はっぱい》、客《きゃく》三杯《さんばい》**　客をもてなすとき、主人が客よりも酒を多く飲むこと。客をだしにして、酒を飲むこともいう。「亭主三杯、客一杯」という場合もある。

**てっちり**　フグちりのこと。「てつ」はフグの異名の鉄砲の「てつ」。「ちり」はちり鍋の略である。

**手《て》盛《も》り八杯《はっぱい》**　自分で盛りつけしながら、遠慮なく好きなだけ食べること。自分で勝手に決めて、好きなようにおこなうことのたとえ。

**手盛《ても》りを食《く》う**　相手をおとしいれようと計略をたてて、逆にはまること。「手盛り」には、相手をだまそうとして、かえってだまされるとか、私利私欲をはかるといった意味がある。

**天地長旅《てんちながたび》かまどの前《まえ》の都《みやこ》**　死ぬまで家から遠くへ出ないことをいう。家から離れることなしに生涯を終えること。

**年《とし》が薬《くすり》**　年をとるにしたがって、思慮分別がついてきて、ことばや行動を制御する〝薬〟になるという意味。「年は薬」も同じ。

**徳利《とっくり》めし**　山で賞味する風流なマツタケめし。一升入りの貧乏徳利を用いるが、だいたい酒が底をつきかけのころを見はからってつくる。少量の残り酒にしょう油を加え、洗い米と裂いたマツタケを入れる。さらに水加減をしたら、徳利をよく振ってなかみを混ぜ、口に栓をして地上に立てる。そのまわりに落ち葉を寄せ集めて焚き、マツタケめしに仕立てる。徳利を割って食べるが、かけらがなかみに付かないよう注意しなければならない。むかしの風流である。

**とどのつまり**　結局のところとか最後には、という意味。トドというのは、大きく成長したボラのこと。ボラはいわゆる出世魚で、成長につれて呼び名が変わる。最初が「おぼこ」、ついで「すばしり」「いな」「ぼら」となり、最後が「とど」となる。「とど」で詰まり、そこから先はない。もっとも「到々《とうとう》」や「到《とう》頭《とう》」がつまったという説もある。「とどのしまい、とどのはて」ともいう。

**鈍《どん》知《ち》貧福《ひんぷく》下《げ》戸《こ》上戸《じょうご》**　頭のにぶい者、かしこい者、貧しい者、富のある者、酒ぎらいな者、酒好きな者と、人間は種々雑多であるということ。だから世の中はおもしろい。

**無《な》いもの食《く》おうが人《ひと》の癖《くせ》**　有るときにはそれほど食べたいとも思わないが、ないとなると無性に食いたくなるのが人間の癖だ。

**長食《ながぐ》い長糞《ながくそ》三代《さんで》の屁《へ》**　長くてきらわれるものを

いう。

**なしのつぶて**　何の音沙汰もないこと。「梨《なし》のつぶてもない」ということわざからでたもので、「梨」を「無し」にかけた洒落《しゃれ》になっている。投げたつぶてはかえらないという意味。

**七色唐《なないろとう》がらし**　江戸時代に考案されたもので、ブレンドされており香辛料の傑作である。その内容は、コショウ、けしの実、麻の実、陳皮、サンショウ、乾燥唐がらし、黒ごまの七種を混合したもの。江戸では、張り子の大きな唐がらしを背負って売り歩いた。

そのはやしことばがおもしろい。「サアサア、チトしゃべりましょう。台に使いますのが、四谷内藤さまの名物八ツ房の唐がらし。つぎは黒ごま。精根気をましお髪のつやを出す。次は陳皮。紀の国みかんの皮の製法、実に毒ありて、皮に効能ありて、引きたる風邪を発散す。次は芥子《けし》。けしは温法の補薬。次はあさの実。お医者方では麻仁といい、淋病消渇《しょうかち》の薬。次に使いますのが朝倉の山椒。からくて大うん薬。次はやきとうがらし。辛くて、香ばしくて、おいしい。かように袋いっぱい詰めまして、また、おっこちの分までおまけを入れます。モソット、モソット」。

**波《なみ》の花《はな》**　「塩」の異名で、もとは女房ことば。「おみかき」とか「しろもの」ともいう。「波の花」は、むかしは午後から夜にかけての呼び名として使った。「晩に塩買いにいくと貧乏する」とか、「夜に塩を買うと火事が出る」などのことわざがあるように、塩は午前中に買うものとされ、夜は「塩」という呼び名すら使うのを忌避した。

**憎《にく》まれ子の端菜《はなざい》**　「端菜」はわずかなおかずとか野菜とかいう意味。ひとからきらわれる子は、食事のときでものけものにされる。おかずも少ない。

**にべもない**　愛想がない。思いやりがない。ニベは海魚で、さしみや塩焼きにしたり、かまぼこの材料に使ったりする。腹中の浮き袋からつくったニカワ（ニベ）は粘着力が強く、食用や薬品用に使用される。べたべたとくっつくところから、お世辞や愛想の意味に使われたが、いつのまにかその下に「ない」をつけ、否定形でいわれるようになった。浄瑠璃の『心中天の網島』に、「つれあい五左衛門殿はにべもない昔人」とある。

**猫《ねこ》にクルミ**　味のよいクルミも、ネコにとっては何の価値もない。「猫に小判」と同じで、与えても価値のわからないことのたとえ。

**猫《ねこ》の食《く》い残《のこ》し**　ネコは全部食べずに、食い残すくせがあること。乱雑に食べ残すひとをいう。

**猫《ねこ》の手《て》に餅《もち》**　ネコの手に餅がくっついたように、始末におえないさま。不器用なことのたとえに使う。

**猫《ねこ》の鼻《はな》に魚《とと》**　ネコの鼻先に魚をおくこと。食べてくれ、とってくれといわんばかりで、危険この上なし。

**寝床《ねどこ》へ杖《つえ》**　夕飯をあまりにも早く食べすぎたために、寝床に行く時間になって空腹になってしまい、杖をつかなければ動けないというたわむれことば。

**念仏《ねんぶつ》汁《しる》吸《すい》又《また》左《ざ》衛門《えもん》**　念仏講に行っても、念仏をとなえるよりも接待の汁を何杯もおかわりするのに熱心なひとをからかっていうことば。

**のどが鳴《な》る**　うまそうなものや酒などを見て、手を出したくてうずうずすること。

**のどが干《ひ》上《あ》がる**　「あごが干上がる」と同じで、食えなくなること。生活ができなくなる。

**のど三寸《さんずん》**　いくら美味といっても、それを味わうのは、口からのどにかけてのわずかな間であり、飲みくだしてしまえばみな同じ。舌のごきげんばかりとって美味あさりをしていると、そのうち体中をコレステロールで占領されかねない。

**のどをならす**　空腹のときに飲食物を見て、思わずごくりと唾液を飲みこんで音をたてる。

転じて、非常にほしがることをいう。浮世草子の『傾城色三味線』に「のどをならして羨みけるも断りぞかし」とある。

**馬鹿《ばか》の一升《いっしょう》めし**　大めし食いをからかっていう。一升は約一・五キロである。

**馬鹿《ばか》の大食《おおぐ》い**　ばかは飲み食いする量だけは多い。大食いするものを戒めることば。また、食事の礼儀作法をわきまえないことをいう。

**馬鹿《ばか》のかす食《ぐ》い**　行動のにぶいものは、ご馳走をいつもひとに食われてしまい、つまらない残りものしか食べられない。「馬鹿にはうまいものは食えぬ」ともいう。

**初物《はつもの》七十五日《しちじゅうごにち》**　はつものを食べると七五日も寿命が伸びるという俗信。もっとも、浮世草子の『世間学者気質』には、「初物を食へば七十五日生きのばはると申すが、それでは世界中に死ぬ者がひとりもござらぬ」とある。

**花《はな》よりだんご**　花も美しくていいが、腹のたしになるダンゴのほうがもっとよい。

**母方《ははかた》より食《く》い方《かた》**　親類の問題よりも、自分自身の暮らし向きのほうが大切である。

**早飯《はやめし》、早糞《はやくそ》、早算用《はやざんよう》**　食事、用便、計算が早くできるということは、いってみれば特技である。この〝技能〟は、ひとに使われる身分の者にとっては、大切な才能である。ひとむかし前のことわざであり、いかにもせっかちな日本人の雇用観である。食事と用便くらい、ゆったりしなければよい仕事もできないだろう。「早飯、早糞、早走り」「早飯、早糞、早仕度」ともいう。

**腹《はら》が北山《きたやま》**　「北山」の「北」を「来た」にかけたしゃれで、「腹がすいてきた」という意味。弥次さん喜多さんの珍道中で有名な『東海道中膝栗毛』のなかに、「ときに腹が北山だ。いま飯をたくよふすだ」とある。

**未《ひつじ》の料理《りょうり》**　「未」は「未の刻」のことで午後二時、または午後一時から三時までの間を指す。したがって、昼さがりには腹がへっているので、粗末な食べものでもうまく感じられる。「空腹にまずいものなし」に同じ。

**ひねしょうが**　掘りとってから一年以上を経過したショウガのことで、「ひね」は「老成」という意味。漢方で用いる生薬の原料である。生を「生姜《しょうきょう》」、乾燥したものを「乾姜《かんきょう》」と呼ぶ。両者の主なる効果をあげてみよう。

　生姜……健胃効果を中心とするが、他に食欲増進、はきけ、解毒、風邪、頭痛、せき、のぼせ、鼻づまり、のどの痛み、腹痛、解熱、けんたい感、一般的な疲労、脳細胞の疲れなど。

　乾姜……保温効果を中心に、強心、下痢、風邪、はきけ、腰痛、腹部の冷え、胸痛、夜尿症など。

**美味《びみ》ものど三寸《さんすん》**　どんなにうまい料理でも、のどを通過するまでで、腹のなかに落下してしまえば、まずいものと同じである。

**百姓《ひゃくしょう》の秋大名《あきだいみょう》**　収穫の秋は、農民のふところも豊かだから、大名になったような気分になる。

**百姓《ひゃくしょう》の五斗《ごと》いきり**　農夫は、わずか五斗（七五キロ）よけいに米がとれても天にものぼるような大よろこびをする。「いきり」は、りきんでからだが熱くなること。

**冷《ひ》やめしぞうり**　ワラで編んだだけの粗末なぞうりのこと。

**冷《ひ》やめしを食《く》う**　冷遇されることのたとえ。また居候《いそうろう》すること。

**ふぐの立泳《たちおよ》ぎ**　腹の突き出た妊婦の歩く姿を形容していう。

**ふにおちない**　「腑《ふ》」は臓腑のことで、むかしはこの腑に思慮分別が宿ると考えられていた。したがって、腑におちない、しっかりおさまらないということは、理解しがたいということになる。

**風呂吹《ふろふ》き大根《だいこん》**　ゆがいた輪切りのダイコンにユズみそをのせて食べる。湯気の立つ熱いダイコンにふうふう息を吹きかけながら食べる様子が、風呂吹きに似ているところから名付けられたダイコン料理。冬食べると、からだが芯からあたたまる。

**米塩博弁《べいえんはくべん》**　その日その日に消費する米や塩のように、実にこまかいところまで詳しく話すこと。

**みいり**　「実入り」と書き、はじめは穀物の実の入りぐあい、または実の成熟を意味していた。収穫が多くなれば、身代もふとる。転じて、「収入」とか「所得」の意味にも用いられるようになったもの。狂言の『狐塚』に、「田の実入りがよいは、さてもさても見事にできた」。

**水《みず》くさい**　江戸時代の上方のことばで塩気がたりないこと、つまり、水っぽい。そこから不真実なこととなり、薄情となって、さらに転じて他人行儀とかよそよそしいという意味になったもの。

**やかん信心《しんじん》**　やかんのように熱しやすく、さめやすい信仰心をいう。信心が長続きしないことのたとえ。「やかん道心」ともいう。

**野《や》鳥《ちょう》の献立《こんだて》**　まだ鳥を捕えてないのに、つかまえたらどのような料理にしようかと、しきりに献立を考えることで、「捕らぬ狸の皮算用」と同義である。不確実なことをもとにして、あれこれ計画をたてることのたとえ。「熊を捕る前に酒を買う」というようないい方もある。

**やまいもを掘《ほ》る**　酒に酔ってくだをまくこと。そのかっこうが、山イモ掘りに似ている。南九州地方のことわざ。

**闇汁《やみじる》**　亭主が大鍋に汁をつくり、ほかの仲間が思い思いに持ち寄った材料を入れて煮込み、明かりを消した闇のなかで食う。江戸時代、旗本奴の水野十郎左衛門一派がよく闇汁パーティを開いている。といっても、ネズミやナメクジ、それにえたいの知れない虫などが入った闇汁というから、そうとうないかもの汁である。

**他所《よそ》の徳利《とっくり》より内《うち》のきっくり**　よそのものでは、たとえどんなにすばらしいものでも何の意味もない。つまらないものでも、自分の持ちもののほうが役に立つ。「きっくり」は「徳利」に対する語呂あわせで、特に意味はない。

**鯉素《りそ》**　手紙のこと。「鯉素」は「鯉素尺素《りそせきそ》」の略。「尺《せき》」は「尺簡《せきかん》」で手紙を意味し、「素」は絹のこと。むかしは絹に手紙を書いた。コイの腹の中から絹の手紙が出てきたという伝説から、手紙を〝鯉素〟ともいう。

**若水《わかみず》**　お正月の元日早朝にくむ水を若水という。井戸水をくみ上げる際には、縁起を祝って「福どんぶり、徳どんぶり」、または「福くむ、徳くむ、幸いくむ」などと唱えごとをするのがしきたりである。

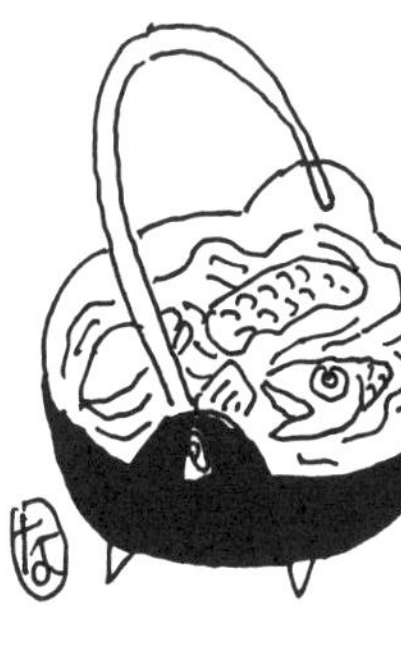

コラム　和食のツボ㉝

## 野戦食だった「ほうとう」

「ほうとう」は山梨県の郷土料理として、よく知られているが、煮込みうどんの一種。季節の野菜をみそ味仕立ての鍋にして、生めんを入れて煮込んだもので、とろ味がよく出てからだがあたたまる。ぶた肉やとり肉などを用いるときもあり、味もよい。とくにカボチャを入れた「ほうとう」を食べると風邪を引かないといわれ、「うまいものだよ、カボチャのほうとう」といわれるほど有名だ。

戦国時代、最強といわれたのが武田信玄（一五二一〜七三）を頂点とする武田軍団で、その機動力で近隣の諸国を震え上がらせている。

武士たちのエネルギー源が、信玄が陣中食としてつくらせた「ほうとう」という説がある。甲斐（山梨県）は山国だから、水田が少ない。かわりに山地を開いてつくった畑で小麦やそばなどを栽培したのである。

このため、粉食文化が発達。その傑作が、小麦粉を水で練って細長く切り、生めんのまま野菜などと煮込んだ「ほうとう」といわれている。武田信玄の軍法を記した『甲陽軍鑑』にも「麺子《めんす》」という言葉がたびたび登場し、武田氏の屋敷跡からは、粉を挽く道具がたくさん出ているため、さまざまな穀物粉をつくり、麺状にして食していたことがわかる。

麺子はうどんの一種とみられ、当時、煮込みうどんが食べられていたのはまちがいない。陣中では、鳥やイノシシなどが用いられていたはずで、みそ味でとろりとしていて、消化もよく体力のつく即戦力強化食だったのではないだろうか。

小麦粉とみそ、鍋さえあれば、どこでも簡単につくることができ、ひと鍋で戦うために必要なエネルギーから脂質、タンパク質、ビタミンＣやカロテンまで入れるという理想的な陣中食だった。

コラム　和食のツボ ㉞

## みぞれ鍋の極意

冬の夜寒の日など、とくに人気があるのが「みぞれ鍋」だ。「みぞれ」は雨混じりの雪のことで、鍋のなかの汁が、みぞれに似ているところからこの呼び名があるが、「雪鍋」ともいう。ネーミングが風流なだけではなく、味がよく、からだの芯からあたたまるのがみぞれ鍋だ。

大きめの土鍋と大根おろし、カツオ節とコンブのだし汁、それにシャブシャブ用のぶた肉を多めに用意してかかれば、異常気象の寒波がやってきても、びくともしない体力がつく。

作り方は簡単。土鍋にだし汁をたっぷり入れて火にかけ、沸騰してきたら大根おろしを入れ、ひと吹きしたら、ぶた肉の薄切りをさっとくぐらせ、ポン酢をつけて食べればよい。熱を通しすぎるとかたくなるから、ほどほどがよい。

ご飯の主菜によいし、酒肴にまたよし。家族や友人と囲むもよし。独身鍋もまたよしである。

ぶた肉のアミノ酸がだんだんと汁と融合し合って、汁がいちだんとうまくなる。

シャブシャブと肉をたら腹食べたら、しめはうどんを入れてもよいが、せっかくぶた肉のうま味が濃厚に出ているのだから、ラーメンをすすめたい。

小鉢にスープをとり、ちょっと塩味をつけ、荒びきのコショウをふって飲んでみると、極上のラーメンスープである。そこで、うどんでもよいが、ラーメンということになるのだ。

コラム 和食のツボ ㉟

## 浅草海苔は朝食の宝物

和食には、外国人が不思議議がる食材がいくつかある。そのひとつが「海苔」だ。「日本人は黒い紙《ブラックペーパー》を食べるのか」といって目を丸くする。ペーパーに見えたとしても、不思議ではない。

江戸時代に、浅草で紙すき用の木枠を応用してつくられるようになったものだからだ。いまでも「浅草海苔」という呼び名に地名が残されている。ちなみに、江戸時代の東京湾は日本有数の海苔の産地でもあった。

江戸っ子に創作された海苔は、いまでは日本人の朝ご飯や鮨などに欠かせない食材になっている。江戸の町人の間から始まった習慣で、あぶった海苔にちょこっとしょう油をつけ、ほかほかのご飯の上にのせて、箸で上手にくるみ、口のなかに運ぶ。すると、ほのかな磯の香りがひろがり、気ぜわしい江戸っ子の朝を少しだけぜいたくな気分にしてくれる。

江戸っ子流でいうと、海苔は火であぶってから食べるのがならわし。焼くと色が鮮やかになり、うま味も増して、香りが強くなるからだ。江戸の前海は遠浅で、内湾性の海苔が豊富に自然発生していた。江戸初期の『料理物語』に、「浅草海苔」と記されて火であぶって肴にするとある。

元禄（一六八八～一七〇四）のころになると、海中に木や竹などでつくった枝状の篊《ひび》を立てて、海苔を養殖するようになっていた。

養殖には幕府の許可が必要で、品川や大森の海岸が当時の産地。両海岸一帯でとれたものを、浅草で商品化されて売られていたために「浅草海苔」の名前で呼ばれ、味がよくて米飯に合うところから評判となり普及した。

浅草海苔はやがて代表的な江戸みやげとなり、江戸の味と香りとして全国的に有名になっていく。

　潮引いて枯木に咲いた海苔の花

この川柳によって、当時の養殖の仕方の見当がつくが、次の作品も同じ。

大森は海苔のなる木を植えて置き
大森は枯木を海へ植ること

火にあぶってご飯の菜や酒の肴にするだけではなく、海苔を揉んでみそ汁や吸い物に浮かべたり、蕎麦やうどん、湯豆腐などにも用いられている。

　蕎麦切りに海苔さらさらと押もんで
　湯豆腐に載りさらさらと押もんで

海苔は、ご飯のうまさを引き立てるだけではない。海苔には、ご飯の主成分である糖質（炭水化物）をエネルギー源にするのに欠かせないビタミン$B_1$が、黒ゴマや大豆よりも多く含まれている。

脳のエネルギー源はブドウ糖だけで、炭水化物によって形成される。会社や学校で成績を上げるためには、ブドウ糖が欠かせない。したがって、一日のスタートに食べる朝食のご飯と海苔はベストパートナーなのである。

若さを保つうえで欠かせないビタミンEやビタミン$B_2$も多い点でも注目される食材といってよいだろう。

コラム　和食のツボ㊱

## 簡単便利などんぶり物

日本人は、ひとつの物にいろんな機能を付加する能力にきわめて優れた才能を持った民族であるが、そのひとつが「どんぶり物」である。

どんぶり鉢のなかに温かい米飯を入れ、上から調味した具と汁をかけた料理で、汁かけ飯と呼ぶ場合もある。

うなどんに深川どん（深川めしともいう）、天どん、親子どん、牛どん、カツどん、鉄火どん、カレーどん、かけそばにうどん類と、いちいちあげてもきりがないほど多いが、いずれも一人前用で、それだけで一回分の食事が過不足なく、しかも待たされることなく食べられるようになっている。

飯ものの場合がとくにそうで、どんぶり鉢という、ひとつの容器に主食のご飯から、うなぎの蒲焼き、天ぷらといった主菜、汁、薬味などが全部入っていて、漬け物までついている。

つまり、一回の食事でとる必要のあるカロリー源としての炭水化物から主菜のタンパク質、野菜系のビタミン類、漬け物類からは乳酸菌、とまんべんなくとれるようになっているのがどんぶり文化の凄さなのだ。

どんぶり物は、最近では海外にも進出して人気を呼んでいるが、登場したのは江戸時代である。江戸の町で、とくに人気のあったのがウナギの蒲焼きをご飯の上にのせた「うなどん」。江戸でどんぶり物のような即席料理が非常に発達したのは、江戸は出稼ぎの町であり、極端に男性人口が多かったためである。

ただでさえ独身男性が多数を占める町に、各藩の参勤交代で武士や足軽たちが全国から集まってくる。足軽や職人たちは、待たされるのを何よりもきらった。江戸の住人は気が短いのである。

独身男性社会のニーズが、即席便利の「どんぶり物」を生んだのである。

# 第一〇章　月々の行事食と長寿の知恵

## 一月……棚探し　――残り物は長寿食

一月二〇日を「骨正月」とか「骨おろし」、あるいは「棚探し」と呼ぶ地方がある。このころになると、お正月の年取魚や祝い肴も、あらかた食べつくして、頭部とか骨くらいしか残っていないという意味だ。お正月料理の残り物をすべて平らげてしまうのが一月二〇日なのだ。土地によっては一月一五日の場合もある。

昔は塩ザケは年の暮れに、二、三匹ぶら下げておき、使う分だけ切り取って食べていたので、二〇日もすると、ほとんどが頭部と骨だけになっていたのである。塩ザケの頭部には脂分が多く、焼いたり煮物などの料理に用いると、いい味が出て美味なのだ。骨も焼くと、これまたうまい。これらの残り物は、実はコラーゲンの宝庫であり、現代的にみれば、一月二〇日は不老長寿や美容などに役立つ「コラーゲンを食べる日」でもあった。

私たちのからだを構成する全タンパク質の約三〇パーセントをコラーゲンが占め、からだの形成と機能の維持にかかわっている。美しい肌や髪をつくるのに欠かせない栄養素で、これが不足すると、肌のみずみずしさは失われて荒れ、老化も進んで、しわが増える。コラーゲンは目の水晶体や角膜にも含まれていて、目にうるおいを与え、その若さを保っている。

ところが年とともに体内のコラーゲンは減少するために、腰や膝の軟骨はすり減って、歩くたびに痛みをともなうようになる。「棚探し」の残り物は、コラーゲンとタンパク質がたっぷりの長寿食なのだ。残り物の頭部や骨などには、カルシウムも多い。カルシウムは食べるトランキライザー（精神安定剤）といわれるほど、心のやすらぎをもたらすミネラルだ。もちろん、骨も丈夫にする。しかもコラーゲンといっしょだから、若々しい骨格を形成して、老化を防ぐうえでも役に立つ。

## 二月……節分の福豆 ――年の数だけ食べると長生き

立春の前日が「節分」で、太陽暦では二月三日ごろにあたる。この日、暦の上では冬から春に改まる日を意味し、「寒ばなれ」とか、「節替わり」とも呼ぶ。節分の日の夕方「福は内、鬼は外」と唱えながら豆まきをする。疫病や災害を「鬼」と見立てて、それらを家のなかから追い払う習慣で、生まれたのは室町時代。

炒った豆を「福豆」とも呼び、年の数だけ食べると幸せになれるとか、年齢よりも一個余計に食べるとその年は病気にならない、さらに長生きできるという信仰も生まれ、現在も行われている。

なぜ「豆」なのかというと、マメは「魔滅《まめ》」に通じ、特別の霊力が含まれていると信じられていたからだ。

古くから行われてきた「歯固めの行事」とも関係があり、昔、歯根を丈夫にするため、干魚とか干肉、鏡餅、炒り豆など、固い物を特定の日に嚙んでみる行事があった。

歯の状態によって、自分の老化の進行をはかる行事で、生命を維持するための歯の重要性を認識するための習慣。石ころのように固い「炒り豆」を嚙んでみることによって、歯の根っこを丈夫にし、大豆に含まれているタンパク質やレシチン、イソフラボン、ビタミン類をとることによって、体細胞の老化を防ぐ。

節分の豆まきは、大豆の重要さを伝承するための行事でもある。豆まきで唱える「鬼」は、病気や心配ごと、事故などのことであり、「福」は不老長寿と富のことをいっているのはいうまでもない。

ただ、炒り豆をそのまま食べると、歯を痛める恐れがあり、昆布などといっしょに煮てやわらかくしてから食べるとよいだろう。

## 三月……散らし鮨
### ――娘が美人になる鮨

三月三日は「ひな祭り」。子ども、とくに女の子が丈夫に美しく育ちますようにという親心がこめられた行事である。むかしは幼児の死亡率が高く、無事に成長させたいという願いのこめられた祭りだ。

霊気の強いひし餅や具だくさんの散らし鮨、貝類を食べさせ、子どもの生命力に元気をつけた。古くは三月に入ってはじめての巳《み》の日に行われていたが、後になって「重三《ちょうさん》」が定着し、三月三日となった。この日は、自然の生命力がもっとも盛んに燃え上がり、人間の運気も強くなると考えられていた。そこで、季節の桃の花を飾り、芽吹いたばかりの若菜、海藻、そして、ハマグリなどの貝類を食べて、自然に充満した春のエネルギーをちょうだいしたのである。白酒を飲むのも、血液の循環をよくして、肌の美しい、頭のよい子に育てるためだ。

ひな祭りのご馳走は、何といっても、散らし鮨。祭り鮨とか「おひな鮨」とも呼ぶ。主役は穀霊のこもった米。ふっくらと炊き上がったご飯に酢をふって「主役」をつくり、これにエビやレンコン、ニンジン、シイタケ、タケノコ、魚肉、紅ショウガなどを刻んでのせ、錦糸卵やミツバ、そぼろ、のりなどを散らす。「散らし鮨」には、季節の精気がバランスよく集約されている。鮨めしに使用する酢は、娘になる前の体の血液を浄化するといわれ、その他の材料には、栄養だけではなく、からだを美しくする成分の多いものが選ばれている。「散らし鮨」には、ハマグリの吸い物が欠かせない。ハマグリはひな祭りのころが旬で、身もぷっくりと厚みを増し、まろやかなうまさのなかに、かすかな甘味さえたくわえている。二枚貝のハマグリは、他の貝とは殻が絶対に合わないところから、昔流の〝純血教育〟にも用いられたという背景もある。ハマグリにはアミノ酸の一種のタウリンが多く、血管や心臓の若さを保つうえで役に立つといわれている。

## 四月……桜狩り　――きな粉おにぎりで豊作祈り

野にも山にも、陽気のあふれる春。「桜狩り」の季節である。桜狩りは、花見のルーツで、もともとは稲作と関係の深い行事である。

春のはじめ、農業をなりわいとする人たちは山に入り、田の神のよりしろである山桜の小枝を手折ってきて水田の水口に立てた。山の神はその小枝の花を目印に水田におりてきて、稲作の神となり、秋になって山に帰るまで、稲の生長を見守ってくれた。

このように、元来は稲の豊作祈願行事だったものが、江戸時代になって町人社会にもとり入れられ、春最大のレクリエーションとなって、現在もなお盛んに行われている。

桜狩りでは、ひょうたんや竹筒に入れた酒ときな粉おむすびや煮しめを詰めた重箱をたずさえて山に入る。そして、山桜を見つけたらその下に入って、まず、きな粉おむすびを出して酒といっしょに根元に供え、秋の豊作を祈る。きな粉を用いるのは、黄金色の稲穂に見立てるためで、祈りが終了したら、盃に酒を酌んでありがたく飲み干し、きな粉おむすびをしっかり食べてからだに力をつける。

酒に浮かれて、やがて踊る人も出てくる。桜の木に宿った山の神さまも、いっしょに踊る。すると、風にさそわれた桜の花びらが、盃のなかに二片、三片と落ちてくる。花びらにはビタミンやミネラルの多い花粉が付着している。実は「桜狩り」は、豊作祈願であると同時に「花粉健康法」でもあった。そして、用意してきた煮しめやかまぼこなどを神といっしょに食べ、神といっしょに大笑いし、神といっしょに踊り続ける。

一日、山のなかで愉快に過ごすことによって、山の精気をちょうだいし、これから始まる春の多忙な農事に備えた。

## 五月……田植え前の厄除け食　――かしわの葉は神さまの食器

五月五日は「端午の節供」。

この日、かしわ餅を食べて厄ばらいをする。「端」は「はじめの」の意味で、毎月はじめの「午《うま》」の日をさした。ところが「午」と「五」が同音であるところから、五月五日を「端午の節供」と呼ぶようになった。

田植え前の五月行事というのは、身を清めた早乙女《さおとめ》たちが、田の神さまに豊作を祈るための祭りごと。ヨモギの葉や強い香気が邪気を払うと信じられていたショウブを家のなかに飾ったり、身につけたりして、厄ばらいをした。

この日のために村の人たちがつくり、食べてお祝いしたのが「かしわ餅」。かしわ餅の原型は「ぶと」と呼ばれた古代菓子で、兜の形をしている。米の粉を練って、小豆あんを包み、兜形の餅をつくりかしわの葉で包んで蒸したものである。形を敵を防ぐ兜のようにして、悪霊よけとした。

かしわの葉は古代の食器で、広い葉に米飯はもちろん、固練りの酒、肴なども盛った。とくに、神への供物の神饌《しんせん》をのせる食器として用いられ、古代の料理人を「膳夫《かしわで》」と呼ぶのも、かしわの葉からきている。

かしわ餅のあんには、小豆あんとみそあんがあり、小豆あん入りの場合、葉の表を出し、みそあんは葉の裏側を出すことによって区別がつくようにつくるのがならわし。

## 六月……夏越《なご》しの祝い

### ――夏越しまんじゅうでさらに長生き

六月三〇日は「夏越しの祝い」。

六月の晦日《みそか》は、一年の前半の最終日にあたり、半年間の無事を祝うと同時に、半年の間に、積もりに積もったけがれを洗い流す大切な日である。

神社では、茅の輪くぐりをしたり、人形《ひとがた》にけがれを移して川に流し、厄除けをするが、まれには、火祭りをおこなって、災いを清めるところもある。土地によっては、人間ばかりではなく、馬や牛も海や川に入って沐浴し、からだのけがれを流す。この日は、河童《かっぱ》が出ないから、自由に泳ぐことができるとか、この日に泳ぐと長生きできるとか、病気にならない、美人になれるという言い伝えもある。

六月は悪い病気が発生しやすい時期であり、みそぎをすることによって、からだを清潔にし、健康の維持を図った。

「なごし」は「和《なご》し」に通じ、神の心をやわらげると同時に、無事に「夏」を「越す」につなげる。「なごし」には、何事もなく、とか「無事に」という意味もある。

この日はからだを清めたら、「夏越しまんじゅう」を食べるのがならわし。その年に収穫された小麦の粉を甘酒の酵素で発酵させ、ふくらませたまんじゅうで、たっぷりの小豆あんを入れる。小豆には、体力強化や疲労回復に役立つビタミン$B_1$が多いから、夏バテ防止には効果的だ。赤い色素は抗酸化成分のアントシアニンで、夏の強力な紫外線から体細胞を守るうえでも効果的である。

土地によっては、まだ青いススキの茎で「新箸」をつくり、お赤飯にその箸を添えて、田の神へお供えする。この場合でも、小豆が用いられており、これも夏を乗りきる体力をつけるための行事とみることもできる。

## 七月……お夏めし　――川原めしを食べて大人になる

七月は「文月」。中国では、古くから七月七日に書物の虫干しをする行事があった。これが日本に入ってきて、「文月」になったといわれている。

一方で「ふみづき」は、日本独自の古来からの呼び方からきているという説もある。「ふみづき」は、「穂見月《ほみつき》」が変化したというもの。つまり、稲穂がだんだん大きく育ってきて、目だってくる月という意味。考えてみると、「穂見月」のほうが、瑞穂《みずほ》の国、稲作農耕の国日本の七月にふさわしいといえるかもしれない。

七月といえばお盆。祖霊を迎えて供養するお盆の期間中に、各地でおこなわれる行事に「お夏めし」がある。土地によっては、「お盆がま」とか「川原めし」とも呼び、女の子を中心とする行事であるが、男の子だけでおこなう土地もある。この日は、鍋釜などの炊事用具と米、里イモ、ダイコン、油揚げ、調味料などを持って、近くの川原に集まり、石でかまどをつくって五目飯を炊く。炊き上がった五目飯は、豆の葉や柿の葉に持って食べるのがならわし。三月の「ひなの節供」と並んで、女の子の行事としてむかしから大切にされてきた。

別名を「飯事《ままごと》」という。この行事には、やがて嫁に行っても、切り盛りが上手になるようにという願いもこめられている。子どもたちの「ままごと遊び」は、実は、この習慣からきている。参加した女の子が一四歳だったら、「お夏めし」を食べる行事に参加して、はじめて一人前の女性として認められ、腰巻きをつけるようになる。「お夏めし」、あるいは「川原めし」は、いってみれば、村の「成女式」の行事だったのである。川原でみそぎをしながら、ご馳走をたくさん食べて、立派な大人になれという親心がこめられた行事である。

## 八月……八朔《はっさく》のお赤飯 ――小豆物を食べて猛暑をのりきれ

八朔とは八月一日のこと。「朔」は月の第一日め、つまり、ついたちである。

この日は「田の実の祝い」ともいい、そろそろ出始める稲穂の生長を祝い、秋の豊作を祈願、おたのみする日であった。お赤飯をつくり、まず田の神に供え、日ごろお世話になっている方たちに、葉つきのショウガを添えて贈る習慣として残っている。

「八朔」にかぎらず、日本には祝日や祭日、それに一日と一五日にお赤飯を食べるならわしがいまでも受けつがれている。これはすばらしい健康自己管理の知恵。お赤飯を食べることによって、実は歴史的な「小豆健康法」を実行していたのである。

小豆には、すぐれた成分が豊富に含まれているが、そのひとつがサポニン。脂肪太りを防ぎ、血管に付着しやすいコレステロールや脂肪などを溶かして、洗い流す作用をしている。赤い色素成分のアントシアニンには、紫外線からからだを守る抗酸化作用もあり、若々しさを維持する重要な働きをしている。

ビタミン$B_1$も多い。米の炭水化物をエネルギー源として完全利用するのに欠かせないビタミンで、不足すると、疲れやすくなったり、記憶力も鈍化し、集中力が低下するといわれている。

カリウムも多いので、高血圧を予防して生活習慣病を防ぐ作用も期待できる。お赤飯は、まさに、「小豆健康法」である。

八朔のもう一方の主役は、新ショウガ。辛味成分のジンゲロンには発汗作用や保温作用があり、血のめぐりもよくするから元気が出る。ショウガには殺菌作用もあり、夏の食中毒予防にも役に立った。食欲増進や消化促進などの作用もある。

## 九月……中秋の名月　――肌を美しくする月光と里イモ

秋は、月の光も冴えて、月見の季節。旧暦の八月一五日（新暦では九月）の満月を「中秋の名月」と呼ぶ。旧暦では、七月を初秋、八月を中秋、そして、九月を晩秋と呼び、この三か月が「秋」である。

中秋は、一年中でいちばん空気が澄み、もっとも美しい満月を観賞することのできる季節だ。平安時代の女官たちは、茹でた里イモに、萩の箸で孔をうがち、その小孔を通して満月を観賞しながら、

月々に月見る月は多けれど
月見る月はこの月の月

と詠んで楽しんだという。こうこうたる満月の光を浴びながら、肌の美しさ、女の盛りがいつまでも続きますようにと祈ったのである。

十五夜を「芋名月」とも呼んだ。その理由は、里イモが稲作文化の到来に先がけ、縄文時代に南の海から渡来して、米食が普及する前の主食だったからとみられている。米よりも古い歴史のある里イモを、十五夜の満月に供えて感謝したのである。土地によっては、米粉のダンゴを供えるが、実は里イモをかたどって、つくられている場合が多い。月見のダンゴには、里イモへの感謝の気持ちがこめられている。

平安時代の女性たちは、月が山に沈むころになると、競い合いして里イモを食べたという。満月の夜に里イモを食べると、若さが衰えない、と信じられていたからだ。月のしずくが付着しているためといわれ、月には「変若水《おちみず》」があって、名月の夜に、その霊水がしずくになって降ってくるからと伝えられている。

ぬるぬるする粘りは、老化防止などに有効なガラクタンという多糖類とタンパク質が結合した植物性の粘着物質で、脳細胞を活性化させて、免疫力を高める働きもあるといわれている。

## 一〇月……亥《い》の子の祭り

### ――亥の子餅を食べると長生き

一〇月は十二支に当てはめると亥の月。そこで亥（イノシシ）の多産にあやかって、亥の月の最初の亥の日に、新米で搗《つ》いた餅を食べて健康長寿と子孫繁栄を祈る行事となった。

この日に食べるのが「亥の子餅」。古代に中国からもたらされた祝いで、最初、宮中などではイノシシの形をした色つきの餅が用いられていたが、室町時代になると、白餅、赤餅、黄餅、粟餅、胡麻餅の五色餅がつくられるようになったらしい。いずれも、大豆や小豆、胡麻などビタミン類やサポニン、イソフラボン、セサミン、アントシアニンといった老化防止に役立つ成分が豊富に含まれており、「亥の子餅」は、まさに〝長寿の餅〟である。

これらの五色餅のうち、小豆を用いた餅が後になって「牡丹餅《ぼたもち》」に変化したという。ちなみに「牡丹」とはイノシシのことで、イノシシを用いた鍋を「牡丹鍋」と呼ぶ。農村地方では、春の亥の子の日に、村に降りてきた田の神さまが、秋の亥の子の日に山に帰るという言い伝えがあり、むかしは、重要な収穫祭であった。その祝いの食物が餅だったのである。

亥の子の祝い行事は土地によってさまざまであるが、子どもが中心になる場合が多い。そのひとつが「亥の子突き」で、子どもが新わらの束などで地面を叩きながら、家々を巡って餅やお菓子などをもらって歩くもの。もらえば「繁盛せえ、繁盛せえ」と祝うが、くれないときは「貧乏せえ、貧乏せえ」と悪口をいったという。

この日のお供えは亥の子餅や牡丹餅、小豆がゆ、まんじゅうなど、小豆を使ったものが中心となる。

# 一一月……女の神ごと

## ――霜先《しもさき》の薬食いをして冬に備える日

一一月になると、野山は日増しに冬枯れの様相を深めていく。紅葉もそろそろ終わり、北国の山は白雪に染まり、冬の化粧となる。

一一月一五日は、「女の神ごと」の日。この日は、「霜先の薬食い」とも呼ばれている。秋の間中続いたとり入れの重労働で疲れきったからだに、新たな生命力を補給するための行事であり、同時に、里に霜がくる前、長い冬ごもりに備えて、栄養をたっぷりとり、精気を養っておこうという知恵である。

「女の神ごと」の日は、朝から〝女天下の公認〟の日であり、この日は、男が台所に入って料理をつくり、女性はふところ手で、のんびりと骨休めをして過ごす。

「女の神ごと」は「油祝い」ともいって、油気の多い料理を作る。里イモやダイコン、ニンジン、シイタケ、ゴボウ、ネギなどの野菜類を油で炒め、コンニャクや豆腐を加えた「けんちん汁」にするのがならわし。いってみれば、冬の寒さを乗りきるための薬膳汁。いろりにかけた大鍋で、具だくさんのけんちん汁をつくり、「霜先の薬食いだぞーッ、ワッハッハ」と大笑いしながら、汗をふきふき食べる。実だくさんのけんちん汁には、年中働きづめの女房殿に、一日ゆっくり過ごして疲れをとってほしいという、夫のやさしい思いやりがこめられている。

この季節は、どの地方でも、稲のとり入れを終えたばかり。イモや大豆、キノコ、ダイコン、クリなど、食べものも一年中でいちばん豊富なときである。

むかしは、自家製のどぶろくを大々的に仕込み、女性を上座にして、お腹がはちきれるほど大いに飲み食いをして祝った。もちろんこの日は、まっ白いご飯がお椀に山盛りにされ、女房殿の前に供えられるのである。

## 一二月……冬至《とうじ》のカボチャ
### ――太陽の力が弱くなるから「ん」のつくものを食べろ

冬至は二十四節気のひとつで、現在の暦でいうと、一二月の二二日ごろに当たる。

一年でもっとも昼が短い日で、次の日から畳の目ひとつずつ日足がのびていくが、陰が極まって、陽に変わる意味で「一陽来復」の日であり、大切な祝い日であった。

冬至は太陽の力がもっとも弱くなる日であり、災厄に見舞われやすいとむかしの人は考えた。季節の変わり目で、健康に重大な影響があるため、生活上の注意がいろいろと必要である。この日が来ると、冬に向かって、寒さに対する準備をしなければならない。

とくに重要なのは、体力を強化するための食べもので、できるだけ珍しいものを食べる習慣が生まれた。

そのひとつが「ん」のつくものを七種類食べるという伝承だ。レンコン、ミカン、ニンジン、コンニャク、ダイコン、ニンニク、キンカンなどだ。

しかし、冬至は何といってもカボチャだろう。

この日のカボチャには、中気や風邪を防ぐ霊力が備わっていると伝えられているが、確かにカロテンをはじめビタミンB群、C、E、カリウム、食物繊維などを豊富に含む緑黄色野菜だ。

カロテンは黄色い色素成分で、体内では必要に応じてビタミンAに変化して吸収され、肌の若さや粘膜をすこやかに保ち、免疫力を強化するうえで役に立つ。目の疲れにも効果的だ。ビタミンAに変換されずに残ったカロテンも、抗酸化作用によって、ガンや老化を抑制する働きがある。ビタミンCやEにも抗酸化作用があり、カロテンといっしょに働いて老化の促進を防ぎ病気に対する抵抗力をいっそう強くする。冬至のカボチャは栄養的にも、理屈の通った言い伝えなのだ。

「冬至の柚子《ゆず》湯」は、ユズを風呂に浮かべて入浴する習慣で、ユズのビタミンCを肌にすりこむと皮膚が若返り、体中がポカポカしてきて、腰が冷えない。

カボチャとユズは、どちらも鮮やかな黄色で太陽の色。つまり、カボチャとユズを通して、太陽の力をからだのなかにとりこみ、冬に向かって暗くなりがちな気分を吹きとばしてしまおうという習俗なのである。

そして、大晦日《おおみそか》に食べるのが「年越しそば」。年越しのそばは「運そば」とも呼び、新年も運が向くように、福禄寿《ふくろくじゅ》を願いながら祝った。次のような面白い川柳がある。

百人のそば食う音や大晦日

江戸の商家の年越しで、決して誇張ではなく、このくらい盛大におこなわれていた。そばは細く長いので、長寿や身代が長く長く伸びますようにと、祈りながら食べたので、このように盛大になったのだろう。そばには、毛細血管を丈夫にして、血圧の安定に役立つルチンが多く、まさに長寿食である。

## コラム　和食のツボ ㊲

# 土手食い

いまから半世紀以上も、東北地方には「土手食い」の習慣があった。

春になると、父親が子どもたちを連れて土手に行き、食用になる野草の見分け方、食べ方などを教えた。

そのとき、父親は生みそを持参し、そのみそをつけて、実際にヨモギやノビル、ヨメナなどの新芽や若葉などを食べさせる。そのようにして、大地の糧《かて》ともいうべき野草の味を覚えさせた。これを「土手食い」といった。健康を守るための「食育」である。むかしは、冬の間はよく野菜不足になった。その不足していた野菜の成分を「土手食い」することによって補給し、体の健康力をとり戻すのが目的のひとつであった。

もちろん、現場で口にするのは少量であったが、採取して持ち帰り、待っていた母親がいろんな山菜料理をしてくれた。だから、ビタミンCやカロテン、ポリフェノールなどがふんだんにとれたのである。

むかしはよく、「五月のかつえ日」といった。旧暦の時代だから、現在でいったら六月である。「かつえ」は「飢える」という意味で、食糧不足で苦労することをいう。このころは、米の収穫はまだずっと先で、米が底をつく時期であり、サツマイモもとれず食糧の端境期にあたり、むかしは子どもも多く、食糧の確保には苦労した。子どもといえども、食糧不足が発生したときの非常食として、安全で食用になる野草を頭のなかにインプットしておくことは、生命を守るための知恵であった。

土手食いは、冬の間不足していた太陽光を浴びることにもなり、成長盛りの子どもの骨格の健康に欠かせないビタミンDの合成にも役に立った。日光浴効果である。ビタミンDはカルシウムの吸収を助けて骨を強くするだけではなく、骨粗鬆症《こつそしょうしょう》の予防にも役に立つ。最近では、筋肉を強くする働きや糖尿病、高血圧などのリスクの低減との関係でも注目されている。

コラム　和食のツボ ㊳

## ねぎま鍋

「ねぎま」といったらネギとマグロをとり合わせた鍋料理で、生まれたのは江戸時代の天明（一七八一―一八九）のころ。ネギは、古くは「き」とひと文字で呼び、「ねぎ」となったのは江戸時代になってから。マグロも同じで、「しび」という名前だったものが、江戸時代になって「まぐろ」と呼ばれるようになる。したがって、呼び名からいっても「ねぎま」と呼ばれる料理は、江戸時代以前にはない。「ねぎま」はもちろん「ねぎ、まぐろ」から来たものであるが、その歯切れのよい簡略化に江戸っ子の感性が感じられる。

マグロは、トロ至上主義の高価な現在とはちがって、江戸時代は下魚《げざかな》であり、「ねぎま」は安価で経済的な庶民の惣菜として生まれ、やがて商品化されて居酒屋料理になった。太くて白い根深ネギを一口大に切って鍋の底に敷き、その上に、さいの目にしたマグロの脂身の部分をのせ、だし汁、しょう油、酒、砂糖などで甘辛く煮込み、粉さんしょうをぱっぱっと振りかけて食べる。

まぐろは脂身が多いために、長い間、敬遠されて、赤身の部分を煮たり、塩マグロを焼いたりして食べていたが、脂身の部分でも鍋にして煮込むと、ネギとの味の相性もあって、そのうまさが際立ち、人気が出てくる。

次のようなマグロ売りの川柳もある。

このどてはいくらだと葱下げている

「どて」はマグロの肉塊のこと。ネギをぶら下げ、これから「ねぎま鍋」をつくろうとしている。

寒い夜などよろこばれる鍋料理で、体の芯からあたたまる。とくに老人に好まれたのは、マグロとネギには発汗作用や保温効果があると信じられていたためだ。

コラム　和食のツボ ㊴

## 野駆けぶるまい

日本人は古くから春になると、「野掛《のが》け」を楽しんだ。「野駆け」とも書き、もともとは、山の神、野の神といっしょになって、野山を走り廻り、共に楽しむところに意味があった。冬の間におとろえたからだの精気を再生させるためである。田植えなどの農作業が始まる前に、体力を強化するという意味もあるのはいうまでもない。

春になって、山菜や若菜を摘んだり、野山に遊ぶことを「野駆け遊び」といい、そのルーツが『万葉集』にある。

春の野にすみれ摘みにと来《こ》し吾ぞ
　野をなつかしみ一夜寝《ね》にける

「春の野にスミレを摘みにきた私ですが、野っ原があまりにもなつかしかったので、とうとう帰りそびれ、そこで寝て過ごしてしまいましたよ」という意味で、有名な山部赤人《やまべのあかひと》の作品。

行楽には、野駆けばかりではなく、「磯遊び」や「潮干狩り」もあるのはいうまでもない。ぬくもりはじめた春の陽気のなかで、からだをときほぐし、明日からの生活に備えたのである。野駆けの楽しみは何といっても弁当で、いろんな料理をてんこ盛りにつくった。春の野駆けは花見の季節でもあり、心もうきたった。

「一日の遊びは百年の命をのばす」（『江戸繁昌記』）といって、「人はみな弁当を提げ、ひさごの酒を携えて」（同書）といいヒョウタンに酒まで用意して花見に出かけて行った。

行楽に持参する弁当を「野駆けぶるまい」と呼び、重箱や弁当箱に海苔まきやらちらし鮨、煮しめ、玉子焼き、かまぼこ、煮豆、あえもの、焼き魚、つくだ煮、たくあん漬けなどを詰め、もちろん酒を加えるのも忘れない。甘い芋きんとんやようかん、まんじゅうなどは女性用。

開花をはじめたサクラの下で弁当を開く。

田楽へ花の散りこむ野弁当
弁当箱へ詰めてきた田楽へ、サクラの花びらがひらひらと落下してくる。春ならではの風情である。帰りは、空っぽになった重箱へノビルやヨメナ、ヨモギ、セリなどの摘み草をして詰め、となり近所への野駆けおみやげ。

コラム　和食のツボ㊵

## おでん

おでんは、味、材料、汁ともに和食の集合体といってよいだろう。

ダイコン、つみれ、はんぺん、竹輪、がんもどき、コンニャク、タコ、イカ、コンブ、ゴボウ、ニンジン、ジャガイモなど、和食系の食材、和食系のだし、和食系の調味料が混じり合い、溶け合い、染め合いしながら、おでん特有の郷愁を感じさせるなつかしいうまさに仕上がっている。

四角だったり、丸だったり、ひょうたん型だったりする大きな鍋のなかでコトコトと煮込まれ、汁が少なくなれば注ぎ足しされるけれども、店特有の鍋にしみついた味はぶれることがなく、きちっと守られている。

なかには、何十年も使いこんできた汁もあったりして、濃厚で美味きわまりない。こうなってくると、おでん鍋のなかの混沌味であり、おでんワールドである。

今時は、コンビニでも定番の惣菜になっていて、味も材料もしっかりしていて見事である。お客も舌が肥えているから、いいかげんな味では、リピーターになってくれないのだ。

おでんのルーツは室町時代の豆腐田楽である。串に刺した豆腐に甘みそを塗って焼いたものであったが江戸時代の後期になって、おでんの材料を汁のなかで煮込んだものが江戸の町に登場する。当初は、豆腐田楽のように串に刺して煮込んでいたが、やがて串を外して汁で煮込み、客の注文に応じて取り分けて出すようになった。

その頃、人気のあった材料はコンニャク、豆腐、里イモ、ダイコン、コンブ、つみれなどで、現在とあまり変わらない。初めは「煮込み田楽」などと呼んでいたが、省略されて「おでん」となった。「おでん」は田楽の女房言葉で、コンニャクや里イモなどの煮込み料理は、もともと女性の好物であったことがわかる。しかし、女性がうまそうに食べているものは男だって食べたい。しょう油味にかつお節を利かせた汁で煮込んだ料理がまずいはずがない。流行するのに時間はかからなかった。

そして、時は流れて現在のおでんである。むかしは冬のものだったが、最近は通年の料理になっている。山菜や海藻、きのこなどを含めた野菜系が増えている点が健康を意識する時代に合っているのだろう。

しかも、かつお節や煮干し、焼き干し、コンブ、干しきのこといった具合にだしも本格的になっている。

## 主要参考文献


『古事記』 武田祐吉訳註 角川書店 一九五六年
『東洋文庫 風土記』 吉野裕訳 平凡社 一九六九年
『今昔物語』 佐藤謙三校註 角川書店 一九六四年
『醒睡笑』 安楽庵策伝 鈴木棠三訳 平凡社 一九六四年
『毛吹草』 松江重頼 竹内若校訂 岩波書店 一九七一年
『雑兵物語』 浅野長武監修 樋口秀雄校註 人物往来社 一九六七年
『本朝食鑑』 人見必大 島田勇雄訳註 平凡社 一九七六年
『養生訓』 貝原益軒 松田道雄訳 中央公論社 一九七七年
『日本歳時記』 貝原好古編録・貝原益軒刪補 大森志郎解説 八坂書房 一九七二年
『日本随筆大成』 日本随筆大成編輯部編纂 吉川弘文館 一九二七～二九年
『増補俚言集覧』 村田了阿編 名著刊行会 一九七八年
『諺語大辞典』 藤井乙男編 有朋堂 一九一〇年
『日本のことわざ』 金子武雄 大修館書店 一九五九年
『暮らしの中のことわざ辞典』 折井英治編 集英社 一九八三年
『ことわざの真実』 大後美保 三省堂出版 一九五六年
『故事俗信ことわざ大辞典』 尚学図書編 小学館 一九八二年
『ことば・ことわざ大全集』 渡辺昇一監修 主婦と生活社 一九八三年
『故事ことわざ辞典』 鈴木棠三・広田栄太郎編 東京堂出版 一九八一年
『長寿村回診記』 古守豊甫 社会保険出版社 一九八五年
『故事ことわざ事典』 守随憲治監修 新文学書房 一九八六年
『ことわざの常識』 俚諺同好会編 東栄堂 一九六九年
『健康ことわざ辞典』 大後美保編 東京堂出版 一九八五年

『ことわざ歳時記』 大後美保編 毎日新聞社 一九七一年
『「食」故事ことわざ事典』 磯部真理 大和書房 一九八〇年
『ととやのたわごと』 保科武 ミリオン書房 一九八二年
『年中行事覚書』 柳田國男 修道社 一九五六年
『日本の民間医療』 今村充夫 弘文堂 一九八三年
『日本の長寿村・短命村』 近藤正二 サンロード 一九七二年
『置賜の庶民生活』（一） 置賜民俗学会 農村文化研究所 一九八四年
『ふくしまの年中行事』 山本明 福島中央テレビ 一九七八年
『陸前の年中行事』 東北民俗の会編 万葉堂書店 一九七一年
『しなの食物誌』 田中磐 信濃毎日新聞社 一九八〇年
『東北の食習』 山口彌一郎 河北新報社 一九四七年
『檜枝岐民俗誌』 今野圓輔 刀江書院 一九五一年
『信州の民間薬』 信濃生薬研究会編 医療タイムス社 一九七三年
『生きている民俗探訪・岐阜』 吉岡勲 第一法規出版 一九七八年
『瀬戸内・吉備路・味の風土記』 山陽新聞社編 昭和書院 一九七九年
『近江・奈良四季の味』 樋口清之・柳原敏雄監修 集英社 一九八二年
『地域と伝承』 千葉徳爾 大明堂 一九七六年
『健康食なっとう』 永山久夫 農山漁村文化協会 一九八三年
『健康食みそ』 永山久夫他 農山漁村文化協会 一九八三年
『酒雑学百科』 永山久夫 河出書房新社 一九八三年
『上州ことわざ風土記』 都丸十九一 上毛新聞社 一九八〇年
『長崎の食事』 日本の食生活全集長崎編集委員会編 農山漁村文化協会 一九八五年
『ふるさとことわざ集』 横山篤美 郷土出版社 二〇〇九年
『村のことわざ事典続』 星克美 富民協会 一九七九年

# あとがき

日本の人口が、急速に減少を始めた。

予測によると、現在の一億二七〇〇万人が、四〇年後には八〇〇〇万人台になってしまうという。昭和三〇年代の人口とほぼ同じで、その頃の世相をバックにして人気のあった映画『ＡＬＷＡＹＳ三丁目の夕日』の時代だ。

昭和には、子どもたちがたくさんいて、町を走り回っていたが、これから来る時代は子どもに代って高齢者が多くなり、人口そのものが減っていく。地方では、もう〝新しい時代〟が始まっているのはご存知の通り。

一方で頼もしいことに、社会や地域、マスコミなどで活躍する元気な高齢者が増えてきた。現役として、シニアパワーを発揮する社会になってきたのである。

ただの老人大国ではなく、「恐るべしシニアパワー」の新時代が始まり、日本は世界でも珍しいほど、長寿者の多い成熟した文化国家となるだろう。

いずれにしても、人生の基本中の基本は、食による「健康管理」。頼らない健康、自立し、自力で長生きできる健康、物忘れの少ない脳、それらを実現するための知恵が、「和食のことわざ」には、いっぱい詰まっている。

二〇一三年に「和食――日本人の伝統的な食文化」が、世界の無形文化遺産としてユネスコに登録され、世界中の注目を集めている。

和食は世界のヘルシーな理想食として、スタンダードになろうとしているのだ。先進国を中心に、どこの国でも人口の高齢化が進行中である。長寿先進国・日本の食のことわざは、世界的にも、もっともっと注目されるだろう。長生きできる和食の知恵を、ショートな文章の中に、的確に伝えているからだ。

本書は、昭和六〇年（一九八五）に河出書房新社から刊行された『食ことわざ百科』を中心に、大幅に加筆、訂正して、東京堂出版から再び世に出していただくことになった。

伝統的、歴史的なことわざに加え、筆者が五〇年ほど前から日本各地を取材して集めた、聞き書きもある。

新しく加えたのが、和食の特徴と和食がなぜ世界中のグルメたちをとりこにするのか、その背景をテーマにしたコラム「和食のツボ」である。

日本人の寿命はこれからも上昇し、一〇〇歳以上の方も増える。皆さまのご長寿を心よりお祈りいたします。本書が長寿実現のためにお役に立てば幸いです。

刊行に当たり、山本濱賜《はまし》氏、そして東京堂出版の堀川隆氏、吉田知子氏にひとかたならぬお世話になりました。記して御礼申し上げます。

二〇一四年七月

永山久夫

## 【む】



## 【め】

【ひ】



【ふ】



【へ】



【ほ】



【ま】



【み】

【と】



【な】

## 【た】



## 【ち】



## 【つ】



## 【て】

## 【す】



## 【せ】



## 【そ】

## 【こ】

## 【く】



## 【け】

【え】



【お】

# 見出し索引

本書に見出しとして掲げたすべてのことわざ・言い伝えを五十音順に配列し、そのページを示した。

## 【あ】



## 【い】

カバー・本文イラスト――永山久夫
装丁――小泉まどか